# 出る順 宅建士

2022年版
Deru-jun
Takkenshi

合格の
れっく
LEC

## ウォーク問 過去問題集

### ❷ 宅建業法

# はしがき

　本書は，宅建士試験合格のためのテキスト「出る順宅建士 合格テキスト」の姉妹本の過去問題集として1988年に発刊され，多くの受験者の皆様から支持されてきました。過去に出題された問題を単に並べるのではなく，同じ項目ごとに出題された問題を編集し，同じ項目に関する問題を連続して解き，その項目に関する知識が完全に理解できるようにしています。さらに，2021年（10月試験）の出題傾向を踏まえ，確実に試験に合格できるよう，下記のような工夫をしています。

① 「出る順宅建士 合格テキスト」と完全リンク

　受験勉強の王道は，「テキストを読み，問題を解き，知識を頭に入れる」ことです。これを実現するため，「出る順宅建士 合格テキスト」の暗記項目「合格ステップ」に本書の問題番号及び選択肢を記載し，1項目勉強するごとに，その項目に該当する問題を解くことができるようにしました。是非本書と合わせて，「出る順宅建士 合格テキスト」もお求めください。

② 解説に「出る順宅建士 合格テキスト」の合格ステップ及びテキスト掲載箇所を記載

　過去問を解く，といっても，全く同じ問題が出るわけではないので，正解できるか否かは問題ではありません。その問題を解くために必要な知識を覚えることが重要です。それが「出る順宅建士 合格テキスト」の暗記項目「合格ステップ」です。これを本書の選択肢ごとに記載し，その問題を通して何を暗記すればいいのか，がわかるようにしています。また，問題に該当する合格ステップが無い場合も，テキストの本文に記述があれば，その箇所を記載しています。

③ 問題ごとの重要度について特AからCまでの4段階の重要度ランクを掲載

　最近の問題は，満点をとらせないために，普通の受験者では到底勉強しないような知識が出題されることがあります。このような問題は正解できなくても合否に影響はありません。捨ててもいい問題です。これをCランクとして表示し，効率よく勉強できるようにしています。

④ 2021年（10月試験）に出題された問題を巻末に一挙収録

　変動する宅建士試験の最近の傾向を体感していただくために，最新の本試験問題をそのまま収録しました。これを連続して解くことにより，実際の試験を体感してください。

　上記のような特長のある本書を姉妹編の「出る順宅建士 合格テキスト」とともにご利用され，一人でも多くの方が合格されることを祈念します。

2021年11月吉日

　　　　　　　　　　　　　　　　株式会社　東京リーガルマインド
　　　　　　　　　　　　　　　　LEC総合研究所　宅建士試験部

# CONTENTS

はしがき
ウォーク問・本試験問題対照表
本書の使い方
こうして使えば効果バツグン！
インターネット情報提供サービス

## 第1編　宅建業法

| | |
|---|---|
| 宅建業の意味 | 3 |
| 事務所の設置 | 21 |
| 免許の申請 | 27 |
| 免許の効力 | 35 |
| 免許総合 | 45 |
| 事務所以外の場所の規制 | 47 |
| 宅地建物取引士の登録 | 55 |
| 宅地建物取引士証 | 69 |
| 宅地建物取引士総合 | 75 |
| 手続きの総合問題 | 93 |
| 営業保証金 | 105 |
| 弁済業務保証金 | 123 |
| 保証金総合 | 141 |
| 媒介・代理契約 | 143 |
| 広告等に関する規制 | 165 |
| 重要事項の説明 | 175 |
| 37条書面 | 197 |
| 35条・37条書面 | 213 |
| その他の業務上の規制 | 217 |
| クーリング・オフ | 221 |
| 手付金等の保全措置 | 233 |
| 自己所有に属しない物件の契約締結の制限 | 241 |

担保責任についての特約の制限 …………………………… 243
自ら売主制限総合 ………………………………………… 245
住宅瑕疵担保履行法 ……………………………………… 263
業務上の規制総合 ………………………………………… 271
報酬額の制限 ……………………………………………… 291
監督・罰則 ………………………………………………… 301
宅建業法の総合問題 ……………………………………… 311

第 2 編　令和 3 年度（10月試験）本試験問題

# ウォーク問・本試験問題対照表

| 問\年 | 1991 | 1992 | 1993 | 1994 | 1995 | 1996 | 1997 | 1998 | 1999 | 2000 |
|---|---|---|---|---|---|---|---|---|---|---|
| 問1 | | | | | | | | ① 58 | | |
| 問2 | | | | | | ① 24 | | | | |
| 問3 | | | | | | ① 61 | | | | |
| 問4 | | | ① 86 | ① 23 | | | | ① 85 | | |
| 問5 | | | | | | ① 3 | | | | |
| 問6 | ① 89 | | ① 36 | ① 33 | ① 77 | ① 135 | | | | ① 141 |
| 問7 | | | | | ① 119 | | | | | ① 34 |
| 問8 | | | | | | | | | | ① 130 |
| 問9 | | ① 132 | | | | ① 30 | | | | |
| 問10 | | | | | | | ① 55 | | | |
| 問11 | | | | | | | | | | |
| 問12 | | | | | | | | | | |
| 問13 | ① 109 | | | | | | | | | |
| 問14 | | | | | | | | | | ① 69 |
| 問15 | | | | | | | | ① 73 | | |
| 問16 | | | | | | ① 102 | | | ③ 76 | |
| 問17 | | | | | | | | ③ 31 | | |
| 問18 | | | | | ③ 30 | | | | | |
| 問19 | | | | | | | | | | |
| 問20 | | | | | | ③ 12 | | ③ 53 | ③ 55 | |
| 問21 | | ③ 57 | | | | | | | ③ 37 | |
| 問22 | | | | ③ 45 | | | | ③ 39 | ③ 48 | |
| 問23 | | | ③ 40 | | ③ 54 | ③ 58 | | | | ③ 33 |
| 問24 | | | ③ 52 | | ③ 41 | | | | | ③ 44 |
| 問25 | | | | | | ③ 43 | ③ 51 | | ③ 111 | |
| 問26 | | | | | | | ③ 124 | | | |
| 問27 | | | | | | ③ 97 | | ③ 132 | ③ 123 | |
| 問28 | ③ 142 | | | | | ③ 131 | | | | |
| 問29 | | | | ③ 129 | | | | | | ③ 148 |
| 問30 | | ③ 127 | | | | | | ② 35 | | |
| 問31 | | | | | | | | | ② 36 | |
| 問32 | | | | | | | ② 29 | | | |
| 問33 | | | | | | | ② 46 | | | |
| 問34 | | | | | | | | | | |
| 問35 | | | | | | | | | | |
| 問36 | | | | | | | | | | |
| 問37 | | | | ② 34 | | | | | ② 76 | |
| 問38 | | | | | | | | | | |
| 問39 | | | | | | ② 48 | | | | |
| 問40 | | | ② 47 | | | | | | | |
| 問41 | | | | | | | | | | |
| 問42 | | | | | | | | | | |
| 問43 | | | | | | | | | | |
| 問44 | | | | | | ② 65 | | | | |
| 問45 | | | | | | | | | ② 31 | |
| 問46 | | | | | | | | | | |
| 問47 | | | | | | | | | ③ 167 | |
| 問48 | | | | | | ② 143 | | | | |
| 問49 | | | | ② 49 | | | | | | |
| 問50 | | | | | | | ③ 177 | | | |

【表の読み方】 例：本試験2003年度問30出題が『② 1』であることを示し、『② 1』は「ウォーク問 ②宅建業法」の問1を表す。

| 問\年 | 2001 | 2002 | 2003 | 2004 | 2005 | 2006 | 2007 | 2008 | 2009 | 2010 |
|---|---|---|---|---|---|---|---|---|---|---|
| 問1 | ① 93 | ① 6 | ① 9 | | | | ① 5 | | | |
| 問2 | | | | | | ① 22 | ① 25 | ① 66 | | ① 16 |
| 問3 | | ① 146 | | ① 65 | ① 18 | | | ① 21 | ① 11 | ① 13 |
| 問4 | ① 88 | | | ① 26 | | ① 91 | | | | ① 64 |
| 問5 | ① 63 | ① 148 | | | | | ① 129 | | | |
| 問6 | | | | | | ① 137 | ① 60 | ① 87 | | |
| 問7 | | | | | | | | | | |
| 問8 | | | ① 142 | | | | ① 82 | ① 38 | ① 28 | ① 83 |
| 問9 | | ① 45 | | ① 32 | | | | ① 46 | ① 150 | ① 31 |
| 問10 | | ① 139 | ① 40 | | | | ① 35 | | ① 39 | ① 51 |
| 問11 | | | ① 106 | | | ① 133 | ① 41 | | | ① 126 |
| 問12 | | ① 50 | | | ① 52 | ① 54 | ① 56 | | | |
| 問13 | ① 113 | ① 128 | | ① 110 | ① 120 | | ① 127 | ① 125 | ① 96 | ① 100 |
| 問14 | | | | | | ① 118 | | | ① 70 | |
| 問15 | | | | ① 72 | | | | | ③ 81 | ③ 75 |
| 問16 | | | | ③ 80 | ① 67 | | | | | ③ 7 |
| 問17 | | ③ 1 | | | ③ 82 | | | | ③ 18 | |
| 問18 | ③ 13 | | ③ 15 | ③ 17 | ③ 10 | | | ③ 28 | | |
| 問19 | ③ 19 | | ③ 23 | | ③ 3 | | ③ 24 | ③ 21 | ③ 63 | ③ 35 |
| 問20 | ③ 46 | ③ 34 | | ③ 64 | | ③ 16 | | ③ 38 | | |
| 問21 | | | | ③ 65 | ③ 50 | | | ③ 36 | ③ 103 | |
| 問22 | | | | | | ③ 42 | ③ 70 | | | ③ 93 |
| 問23 | | ③ 88 | ③ 84 | ③ 107 | | | | ③ 98 | ③ 143 | |
| 問24 | ③ 113 | ③ 114 | | | | ③ 104 | ③ 96 | | ③ 139 | ③ 116 |
| 問25 | | | | | | ③ 92 | | | | |
| 問26 | | | | | | | ③ 130 | ③ 133 | | ② 3 |
| 問27 | ③ 140 | ③ 141 | | | | | | ③ 137 | ② 13 | |
| 問28 | ③ 119 | | ③ 122 | ③ 134 | | ③ 121 | ③ 117 | | ② 18 | |
| 問29 | ③ 157 | ③ 151 | | | | | | | ② 33 | |
| 問30 | | ② 4 | ② 1 | | ② 7 | | | ② 50 | ② 52 | |
| 問31 | | ② 39 | | | | | ② 37 | | | |
| 問32 | | | | | ② 51 | | ② 2 | | | |
| 問33 | | | ② 32 | | | | | ② 45 | | ② 77 |
| 問34 | ② 137 | | | | | | | | | ② 100 |
| 問35 | | ② 40 | | | ② 120 | | | | | ② 90 |
| 問36 | | | | | | | | | | ② 93 |
| 問37 | | | | | | | ② 58 | ② 95 | ② 128 | |
| 問38 | | | | | | | ② 138 | | | |
| 問39 | | ② 154 | ② 113 | ② 71 | | | | | | ② 123 |
| 問40 | | | | | | | | ② 129 | ② 140 | |
| 問41 | | | | | | | | | ② 145 | |
| 問42 | ② 158 | | | | | | | ② 11 | | |
| 問43 | | | | | | | | | ② 24 | |
| 問44 | | | | | | | | ② 67 | | |
| 問45 | | ② 110 | ② 136 | | ② 61 | | | | | |
| 問46 | | | | | | | | | | |
| 問47 | | | | | | | | | | ③ 171 |
| 問48 | | | | | | | | | | |
| 問49 | | | | | | | | | ③ 174 | |
| 問50 | | | | | ③ 173 | | | | | ③ 182 |

## ウォーク問・本試験問題対照表

| 問＼年 | 2011 | 2012 | 2013 | 2014 | 2015 | 2016 | 2017 | 2018 | 2019 | 2020 (10月) |
|---|---|---|---|---|---|---|---|---|---|---|
| 問1 | ① 1 | | | | | | ① 17 | ① 7 | ① 59 | ① 145 |
| 問2 | | | ① 8 | | ① 4 | ① 10 | ① 152 | ① 19 | | |
| 問3 | ① 94 | | | | ① 107 | | | ① 151 | ① 44 | |
| 問4 | ① 81 | ① 20 | ① 147 | | ① 15 | ① 76 | | ① 14 | | ① 105 |
| 問5 | ① 143 | | | | | | ① 43 | ① 154 | | ① 140 |
| 問6 | | ① 62 | | | ① 78 | ① 42 | ① 57 | ① 79 | | ① 2 |
| 問7 | | ① 75 | | ① 104 | | | | | ① 37 | ① 84 |
| 問8 | | ① 29 | ① 155 | | ① 27 | ① 103 | ① 90 | ① 153 | ① 138 | |
| 問9 | | ① 134 | ① 136 | | | | ① 49 | ① 149 | | |
| 問10 | | ① 48 | ① 53 | | | ① 47 | ① 80 | | | ① 12 |
| 問11 | ① 121 | ① 124 | ① 112 | | ① 108 | ① 122 | | | ① 123 | |
| 問12 | | | | ① 111 | ① 115 | ① 117 | | ① 116 | ① 114 | |
| 問13 | | ① 95 | | | | | ① 97 | ① 98 | ① 99 | ① 101 |
| 問14 | | | | | | ① 71 | | ① 68 | | ① 74 |
| 問15 | ③ 74 | | ③ 32 | ③ 5 | ③ 22 | ③ 78 | ③ 85 | | ③ 2 | |
| 問16 | ③ 6 | ③ 27 | ③ 11 | ③ 14 | | ③ 8 | ③ 29 | ③ 4 | ③ 9 | ③ 26 |
| 問17 | ③ 20 | | ③ 49 | ③ 68 | ③ 56 | ③ 25 | | | | ③ 60 |
| 問18 | ③ 47 | ③ 69 | ③ 66 | | ③ 72 | | ③ 59 | | ③ 61 | |
| 問19 | ③ 67 | ③ 71 | ③ 108 | | | | ③ 73 | ③ 62 | ③ 106 | ③ 109 |
| 問20 | | ③ 110 | ③ 102 | ③ 101 | ③ 100 | ③ 105 | | | | |
| 問21 | | | ③ 83 | | ③ 77 | ③ 95 | ③ 94 | ③ 99 | ③ 86 | ③ 91 |
| 問22 | ③ 90 | ③ 89 | | ③ 112 | ③ 87 | | ③ 115 | | | |
| 問23 | ③ 138 | ③ 128 | ③ 135 | ③ 144 | ③ 146 | ③ 136 | | ③ 145 | | |
| 問24 | | ③ 120 | | | ③ 126 | | | | ③ 125 | ③ 118 |
| 問25 | ③ 150 | ③ 156 | ③ 152 | | ③ 153 | ③ 154 | ③ 149 | ③ 155 | ③ 147 | |
| 問26 | ② 8 | ② 16 | ② 22 | ② 5 | | ② 151 | ② 146 | | | |
| 問27 | | | ② 60 | | ② 14 | ② 78 | | ② 107 | ② 139 | ② 83 |
| 問28 | ② 41 | ② 86 | ② 81 | ② 25 | ② 73 | | ② 157 | ② 155 | | |
| 問29 | | ② 74 | ② 144 | ② 59 | | | | | ② 150 | ② 75 |
| 問30 | ② 54 | | | | | | | ② 147 | ② 82 | ② 149 |
| 問31 | | | ② 99 | ② 127 | | | | | ② 72 | ② 97 |
| 問32 | | ② 142 | | | ② 80 | | ② 53 | | | |
| 問33 | | ② 55 | | ② 117 | ② 148 | | | | ② 63 | |
| 問34 | ② 106 | ② 118 | ② 115 | ② 88 | ② 122 | | ② 108 | ② 105 | | ② 27 |
| 問35 | | | ② 102 | | | ② 10 | ② 94 | | | |
| 問36 | ② 85 | ② 42 | ② 135 | | | | ② 21 | | ② 103 | ② 68 |
| 問37 | | | | | ② 84 | | | ② 114 | ② 130 | |
| 問38 | | | ② 124 | | | ② 43 | ② 104 | ② 116 | ② 111 | |
| 問39 | ② 126 | ② 121 | ② 69 | | ② 125 | | ② 70 | ② 91 | ② 89 | |
| 問40 | | | | ② 98 | ② 119 | ② 56 | | | | |
| 問41 | | ② 141 | ② 12 | ② 160 | ② 109 | ② 156 | ② 96 | ② 9 | ② 92 | ② 87 |
| 問42 | | ② 23 | ② 152 | | | ② 101 | | ② 38 | | |
| 問43 | ② 66 | ② 62 | ② 20 | | ② 153 | | ② 79 | ② 57 | ② 15 | |
| 問44 | | | ② 44 | | ② 26 | ② 112 | ② 17 | ② 64 | ② 28 | |
| 問45 | | | | ② 134 | ② 131 | | | | ② 132 | ② 133 |
| 問46 | | ③ 162 | ③ 159 | ③ 160 | | | ③ 161 | | | ③ 158 |
| 問47 | ③ 168 | ③ 165 | ③ 166 | ③ 163 | | | ③ 170 | ③ 164 | | |
| 問48 | | | | | | | | | | |
| 問49 | | | ③ 176 | ③ 178 | | | ③ 175 | | ③ 172 | |
| 問50 | ③ 183 | | ③ 179 | | ③ 184 | ③ 181 | ③ 185 | ③ 180 | | |

【表の読み方】　例：本試験 2003 年度問 30 出題が『② 1 』であることを示し、『②
1 』は「ウォーク問 ②宅建業法」の問 1 を表す。

| 問\年 | 2020<br>(12月) | 2021<br>(10月) |
|---|---|---|
| 問1 | ① 131 | ① 156 |
| 問2 | | ① 157 |
| 問3 | | ① 158 |
| 問4 | | ① 159 |
| 問5 | | ① 160 |
| 問6 | | ① 161 |
| 問7 | | ① 162 |
| 問8 | | ① 163 |
| 問9 | ① 144 | ① 164 |
| 問10 | ① 92 | ① 165 |
| 問11 | | ① 166 |
| 問12 | | ① 167 |
| 問13 | | ① 168 |
| 問14 | | ① 169 |
| 問15 | | ③ 186 |
| 問16 | | ③ 187 |
| 問17 | | ③ 188 |
| 問18 | | ③ 189 |
| 問19 | | ③ 190 |
| 問20 | | ③ 191 |
| 問21 | | ③ 192 |
| 問22 | ③ 79 | ③ 193 |
| 問23 | | ③ 194 |
| 問24 | | ③ 195 |
| 問25 | | ③ 196 |
| 問26 | | ② 161 |
| 問27 | | ② 162 |
| 問28 | | ② 163 |
| 問29 | ② 159 | ② 164 |
| 問30 | | ② 165 |
| 問31 | ② 19 | ② 166 |
| 問32 | | ② 167 |
| 問33 | | ② 168 |
| 問34 | | ② 169 |
| 問35 | | ② 170 |
| 問36 | | ② 171 |
| 問37 | | ② 172 |
| 問38 | | ② 173 |
| 問39 | | ② 174 |
| 問40 | | ② 175 |
| 問41 | | ② 176 |
| 問42 | | ② 177 |
| 問43 | ② 30 | ② 178 |
| 問44 | ② 6 | ② 179 |
| 問45 | | ② 180 |
| 問46 | | ③ 197 |
| 問47 | ③ 169 | ③ 198 |
| 問48 | | ③ 199 |
| 問49 | | ③ 200 |
| 問50 | | ③ 201 |

# 本書の使い方

## ◆問題文

### 重要度ランク

直近3年間の試験における出題を分析し、全問に重要度ランクを表記しています。

**特Aランク**
最も重要な問題。

**Aランク**
かなり重要な問題。

**Bランク**
まあまあ重要な問題

**Cランク**
参考程度の問題

---

●第1編 権利関係

## 意思表示

**問 1**

A所有の甲土地につき、AとBとの間で売買契約が締結された場合における次の記述のうち、民法の規定及び判例によれば、正しいものはどれか。

❶ Bは、甲土地は将来地価が高騰すると勝手に思い込んで売買契約を締結したところ、実際には高騰しなかった場合、相手方に表示していなくとも、動機の錯誤を理由に本件売買契約を取り消すことができる。

❷ Bが、第三者であるCから甲土地がリゾート開発される地域内になるとだまされて売買契約を締結した場合、AがCによる詐欺の事実を知っていたとしても、Bは本件売買契約を詐欺を理由に取り消すことはできない。

❸ AがBにだまされたとして詐欺を理由にAB間の売買契約を取り消した後、Bが甲土地をAに返還せずにDに転売してDが所有権移転登記を備えても、AはDから甲土地を取り戻すことができる。

❹ BがEに甲土地を転売した後に、AがBの強迫を理由にAB間の売買契約を取り消した場合には、EがBによる強迫につき知らなかったときであっても、AはEから甲土地を取り戻すことができる。

(本試験 2011 年問1改題)

---

### 問題文

過去の出題の中で、本年度の試験対策に不可欠な問題だけを厳選し、収録しました。問題文末尾に、出題された年度と問番号があります。なお、法改正等に対応してかたちを変えた問題は、「改題」として掲載しています。

### チェックボックス

1回問題を解くごとに、日付や結果を記入しましょう。試験前には、2回以上間違えた問題を解くというような使い方もできます。

本書は、本年度の試験対策に必要不可欠の過去問を厳選し、収録しています。収録問題を何度も徹底的に学習することで、本試験を突破するための実力がつきます!

# ◆解説文

**正解肢 4**

合格者正解率 | 不合格者正解率
**98.2%** | **89.0%**
受験者正解率 **93.8%**

☆❶ **誤** 動機の錯誤は相手方に表示していなければ、取り消すことはできない。
　意思表示は、表示の錯誤又は動機の錯誤に基づくものであって、それが法律行為の目的及び取引上の社会通念に照らして重要なものであり(民法95条1項)、表意者に重大な過失がなかったとき(民法95条3項柱書)は、取り消すことができる。しかし、動機の錯誤は、その事情が法律行為の基礎とされていることが表示されていたときに限り、取り消すことができる(民法95条2項)。Bは、甲土地の地価が将来高騰すると勝手に思い込んでいるにすぎず、法律行為の基礎とされていることが表示されていない。よって、本肢は誤り。

☆❷ **誤** 相手方が悪意であるから、取り消すことができる。
　相手方に対する意思表示について第三者が詐欺を行った場合においては、相手方がその事実を知り、又は知ることができたときに限り、その意思表示を取り消すことができる(民法96条2項)。したがって、相手方であるAが第三者Cによる詐欺の事実を知っていた場合には、Bは、本件売買契約を詐欺を理由に取り消すこと...

☆❸ **誤** 登記を備えた取消し後の第三者には対抗することができない。
...者との優劣は登記の先後によって決する(民法177条...判例)。したがって、Aは、取消し後に甲土地を取得して登記...備えたDに対して、甲土地の所有権を対抗することができず、...はDから甲土地...取り戻すことはできない。よって、本肢は誤り。

☆❹ **正** ...による意思表示は、取り消すことができ...(民法96条1項)、こ...取消しは、詐欺の場合と異なり、取消...前の善意無過失の第三...に対しても対抗することができる(民... 96条3項反対解釈)。したがって、Aは、Eによる強迫を...らなかったときであっ...も、Eに対して甲土地の所有権を対抗...ることができ、Eから...土地を取り戻すことができる。よって、本肢は正しく、本問の...解肢となる。

ステップ46

### 正解率

LECでは2000年以降、多くの受験者の皆様に解答番号の再現をお願いし、問題ごとの正解率を出しています。合格者正解率が70%以上の問題は確実に正解できるようにしましょう。

※2021年(令和3年度)10月試験の問題の正解率は、合格発表後に、「Myページ」で公開します。詳しくは「インターネット情報提供サービス」のページをご覧ください。

### 『合格テキスト』とのリンク

出題知識の復習が出来るよう、『合格テキスト』の関連箇所、「合格ステップ」の番号を併記しています。詳しくは次頁参照。

### ☆マーク

近年の本試験問題の傾向分析から、重要な肢には☆印を付けました。

### 一言解説

誤りの選択肢には、「どこが誤っているのか」が一目で分かるように「一言解説」を入れました。「一言解説」だけで理解できれば、効率のよい学習が可能になります!

# こうして使えば効果バツグン！

## 1 合格テキストに完全対応！

解説右側にある「ステップ番号」、「項目番号」は、『合格テキスト』に完全対応しています。本書と併用していただくことで、理解を深めることが可能です。例えば、**ステップ15** は、『合格テキスト』の「合格ステップ15」、**制1-5-5**は、章、項目番号等へのリンクを表しています。

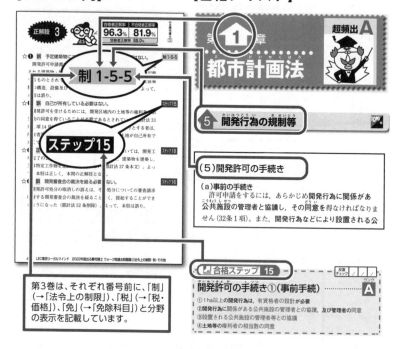

## 2 直近3年間の出題を分野ごとに分析！

実際に出題された試験問題のうち、直近3年間の出題を分野ごとにまとめました。この「最近の出題傾向」表で、直近3年間の出題傾向を把握し、効率的な問題練習をしましょう！

### 最近の出題傾向

|  | 2019 | 2020 (10月) | 2020 (12月) | 2021 (10月) |  | 2019 | 2020 (10月) | 2020 (12月) | 2021 (10月) |
|---|---|---|---|---|---|---|---|---|---|
| 宅建業の意味 | ○ | ○ | ○ | ○ | 広告等の規制 | ○ | ○ | ○ | ○ |
| 事務所の設置 | ○ | ○ | ○ | ○ | 重要事項の説明 | ○ | ○ | ○ | ○ |
| 免許 | ○ | ○ | ○ | ○ | 37条書面 | ○ | ○ | ○ | ○ |
| 事務所以外の場所 | ○ |  | ○ | ○ | その他の業務上の規制 | ○ |  | ○ | ○ |

## 3 いつでもどこでも『ウォーク問』！

持ち運び便利なハンディタイプのため、ちょっとした空き時間や外出先等、いつでもどこでも学習できます。通勤・通学電車の中やスキマ時間に、1問2分ぐらいと決めて、実戦感覚を養いましょう。

# 4 貼り合わせてオリジナル本にも！

本書は、オモテ面に問題文、ウラ面に解説文を配置した1枚完結型問題集です。できなかった問題だけを切り離して、直前期に集中して問題練習に取り組んだり、『合格テキスト』の同じ項目のページに貼り合わせて、あなただけのオリジナル対策本を作ることも可能です。

# 5 「実力判断模試」にチャレンジしよう！

『ウォーク問』を一通り終えた方は、本試験を想定した総合問題である「実力診断模試」にチャレンジしてみましょう。
本試験をシュミレートするとともに、個人成績表で受験者中の自分の順位を把握することができます。自身の弱点を発見し、本試験までにぜひ克服しましょう。

※2022年向け「実力診断模試」は、6月実施予定です。弊社ホームページよりお申込みください。

# 登録無料 インターネット情報提供サービス

## お届けするフォロー内容

| 12月本試験問題&解説 | 法改正情報 | 宅建NEWS（統計情報） |

アクセスして試験に役立つ最新情報を手にしてください。

### 登録方法 情報閲覧にはLECのMyページ登録が必要です。

**LEC東京リーガルマインドのサイトにアクセス**
## https://www.lec-jp.com/

⬇

**≫ Myページ ログイン をクリック**

⬇

MyページID・会員番号をお持ちの方 ／ Myページお持ちでない方 LECで初めてお申込頂く方

**Myページログイン** ／ **Myページ登録**

⬇

**必須**

Myページ内 希望資格として **宅地建物取引士** を選択して、 希望資格を追加 ● をクリックしてください。

ご選択頂けない場合は、情報提供が受けられません。
また、ご登録情報反映に半日程度時間を要します。しばらく経ってから再度ログインをお願いします（時間は通信環境により異なる可能性がございます）。

※サービス提供方法は変更となる場合がございます。その場合もMyページ上でご案内いたします。
※インターネット環境をお持ちでない方はご利用いただけません。ご了承ください。
※上記の図は，登録の手順を示すものです。Webの実際の画面と異なります。

---

## 注目 本書ご購入者のための特典

① 2021年度12月本試験問題&解説 （2022年3月下旬公開予定）

② 2022年法改正情報 （2022年8月下旬公開予定）

③ 2022年「宅建NEWS」 （2022年5月中旬と8月下旬に公開予定）

〈注意〉上記情報提供サービスは、2022年宅建士試験前日日までとさせていただきます。予めご了承ください。

# お得情報!
# LECの講座が無料で受講できます!

LECの講座に興味があるけど、なかなか受講料が高くて始めるのに迷っている方におススメの制度です。

【対象講座】

## 2022年合格目標

## スーパー合格講座

【通学講座】各科目(「権利関係」・「宅建業法」・「法令上の制限・税・その他」)の1回目、各2.5時間
【通信講座】「権利関係」の1回目〜3回目、各2.5時間

### 通学講座 無料体験入学

LEC各本校で上記の講座を無料で体験できます。実施校・スケジュール等の詳細につきましてはLECコールセンターへお問い合わせいただくか、LEC宅建士ホームページをご覧ください。

### 通信講座 お試しWeb受講

（2021年12月上旬から順次UP予定）

【受講方法】 https://www.lec-jp.com/

インフォメーション一覧

**おためしWeb受講制度**

対象講座・対象クラス一覧

**宅地建物取引士**

**おためしWeb受講利用申込**

# 第1編
# 宅建業法

# 最近の出題傾向

| | 2019 | 2020<br>(10月) | 2020<br>(12月) | 2021<br>(10月) | | 2019 | 2020<br>(10月) | 2020<br>(12月) | 2021<br>(10月) |
|---|---|---|---|---|---|---|---|---|---|
| 宅建業の意味 | ○ | ○ | ○ | ○ | 広告等の規制 | ○ | ○ | ○ | ○ |
| 事務所の設置 | ○ | ○ | ○ | ○ | 重要事項の説明 | ○ | ○ | ○ | ○ |
| 免許 | ○ | ○ | ○ | ○ | 37条書面 | ○ | ○ | ○ | ○ |
| 事務所以外の場所 | ○ | | ○ | ○ | その他の<br>業務上の規制 | ○ | | ○ | ○ |
| 宅地建物取引士 | ○ | ○ | ○ | ○ | 自ら売主制限 | ○ | ○ | ○ | ○ |
| 営業保証金 | | ○ | ○ | ○ | 報酬額の制限 | ○ | ○ | ○ | ○ |
| 弁済業務保証金 | ○ | ○ | ○ | ○ | 監督・罰則 | ○ | | ○ | ○ |
| 媒介・代理契約 | ○ | ○ | ○ | ○ | | | | | |

●第1編　宅建業法

# 宅建業の意味

重要度 特A

## 問1

宅地建物取引業の免許（以下この問において「免許」という。）に関する次の記述のうち、宅地建物取引業法の規定によれば、正しいものはどれか。

❶ 建設会社Aが、所有宅地を10区画に分割し、宅地建物取引業者Bの代理により、不特定多数に継続して販売する場合、Aは免許を受ける必要はない。

❷ 農業協同組合Cが、所有宅地を10区画に分割し、倉庫の用に供する目的で、不特定多数に継続して販売する場合、Cは免許を受ける必要はない。

❸ 甲県住宅供給公社Dが、住宅を不特定多数に継続して販売する場合、Dは免許を受ける必要はない。

❹ 宅地建物取引士Eが、E名義で賃貸物件の媒介を反復継続して行う場合、Eが宅地建物取引業者Fに勤務していれば、Eは免許を受ける必要はない。

（本試験2003年問30出題）

**正解肢 3**

| 合格者正解率 | 不合格者正解率 |
|:---:|:---:|
| **92.7**% | **70.3**% |
| 受験者正解率 **80.9**% | |

☆❶ **誤** Aは宅地の売主なので免許必要。　　　　　　　ステップ1

宅地の所有者が，宅建業者の代理により宅地を不特定多数に継続して販売する場合，その効果は所有者に帰属する（民法99条1項）。この場合，所有者Aが自ら宅地を不特定多数に継続して販売することになるので，Aは免許を受ける必要がある（業法2条2号，3条1項）。よって，本肢は誤り。

☆❷ **誤** 農業協同組合も免許必要。　　　　　　　　　　ステップ1

所有宅地を10区画に分割し，不特定多数に継続して販売する場合，宅建業にあたり，免許を受ける必要がある（業法2条2号，3条1項）。農業協同組合であっても同様である。よって，本肢は誤り。

☆❸ **正** 国及び地方公共団体には宅建業法の規定は適用されず　ステップ2
（業法78条1項），免許を受ける必要はない。そして，地方住宅供給公社は地方公共団体とみなされる（地方住宅供給公社法47条，施行令2条1項4号）。したがって，地方住宅供給公社Dは免許を受ける必要はない。よって，本肢は正しく，本問の正解肢となる。

☆❹ **誤** 宅建業を行う以上，免許必要。　　　　　　　　ステップ1

自己名義で賃貸物件の媒介を反復継続して行うことは宅建業にあたり，免許を受ける必要がある（業法2条2号，3条1項）。宅建業者に勤務している宅地建物取引士が行う場合でも，同様である。したがって，Eは免許を受ける必要がある。よって，本肢は誤り。

4　LEC東京リーガルマインド　2022年版出る順宅建士 ウォーク問過去問題集②宅建業法

●第1編　宅建業法

# 宅建業の意味

重要度 特A

問 2　宅地建物取引業の免許（以下この問において「免許」という。）に関する次の記述のうち、正しいものはどれか。

❶ Aが、競売により取得した宅地を10区画に分割し、宅地建物取引業者に販売代理を依頼して、不特定多数の者に分譲する場合、Aは免許を受ける必要はない。

❷ Bが、自己所有の宅地に自ら貸主となる賃貸マンションを建設し、借主の募集及び契約をCに、当該マンションの管理業務をDに委託する場合、Cは免許を受ける必要があるが、BとDは免許を受ける必要はない。

❸ 破産管財人が、破産財団の換価のために自ら売主となって、宅地又は建物の売却を反復継続して行い、その媒介をEに依頼する場合、Eは免許を受ける必要はない。

❹ 不特定多数の者に対し、建設業者Fが、建物の建設工事を請け負うことを前提に、当該建物の敷地に供せられる土地の売買を反復継続してあっせんする場合、Fは免許を受ける必要はない。

(本試験 2007年問32出題)

**正解肢 2**

| 合格者正解率 | 不合格者正解率 |
|---|---|
| **96.3**% | **80.8**% |
| 受験者正解率 **89.9**% | |

☆**❶ 誤** Aは宅地の売主なので免許必要。　　　　　　　　ステップ1

　宅地の所有者が，宅建業者の代理により宅地を不特定多数の者に継続して販売する場合，その効果は所有者に帰属する（民法99条1項）。すなわち，所有者自身は，自ら宅地を不特定多数の者に継続して販売することになるので，免許を受ける必要がある（業法2条2号，3条1項）。したがって，Aは，免許を受ける必要がある。よって，本肢は誤り。

☆**❷ 正** 自己の所有地にマンションを建築し，自ら賃貸することや，マンションの管理を行うことは，宅建業の「取引」に含まれず，宅建業にはあたらない。他方，Cは，Bからの代理の依頼を受けて建物を不特定多数の者に反復継続して賃貸することになるので，Cの行おうとする行為は宅建業にあたる。したがって，Cは免許を受ける必要があるが，B及びDは免許を受ける必要はない（業法2条2号，3条1項）。よって，本肢は正しく，本問の正解肢となる。　　　　　　　　　　　　　　　　　　　　　　ステップ1

☆**❸ 誤** Eは建物の売買の媒介をしているため，免許必要。　ステップ1

　宅地又は建物の売買の媒介を業として行うことは，宅建業にあたり，免許を受ける必要がある（業法2条2号，3条1項）。したがって，Eは，免許を受ける必要がある。よって，本肢は誤り。

☆**❹ 誤** 建物の敷地は「宅地」。あっせんは「媒介」。　　　ステップ1

　建物の敷地に供せられる土地は宅地であるから，その売買のあっせん（媒介等）を反復継続して行うことは，宅建業にあたる（業法2条1号，2号）。したがって，Fは，免許を受ける必要がある（業法3条1項）。よって，本肢は誤り。

●第1編 宅建業法

# 宅建業の意味

重要度 特A

## 問 3

宅地建物取引業の免許（以下この問において「免許」という。）に関する次の記述のうち，正しいものはどれか。

❶ 農地所有者が，その所有する農地を宅地に転用して売却しようとするときに，その販売代理の依頼を受ける農業協同組合は，これを業として営む場合であっても，免許を必要としない。

❷ 他人の所有する複数の建物を借り上げ，その建物を自ら貸主として不特定多数の者に反復継続して転貸する場合は，免許が必要となるが，自ら所有する建物を貸借する場合は，免許を必要としない。

❸ 破産管財人が，破産財団の換価のために自ら売主となり，宅地又は建物の売却を反復継続して行う場合において，その媒介を業として営む者は，免許を必要としない。

❹ 信託業法第3条の免許を受けた信託会社が宅地建物取引業を営もうとする場合，免許を取得する必要はないが，その旨を国土交通大臣に届け出ることが必要である。

(本試験 2010 年問 26 出題)

| 合格者正解率 | 不合格者正解率 |
| --- | --- |
| **87.2**% | **60.8**% |
| 受験者正解率 **77.6**% | |

正解肢 **4**

☆**❶ 誤　宅地の売買の代理を業とするから免許必要。** ステップ1

　農業協同組合は，免許不要の例外にあたらない。そして，宅地の売買の代理を業として行う以上，宅建業にあたり，免許を必要とする（業法2条2号，3条1項）。よって，本肢は誤り。

☆**❷ 誤　「自ら貸借」は免許不要。** ステップ1

　自ら借り受けた建物を他に転貸する行為も「自ら貸借」に該当し，「取引」にあたらないため，免許を必要としない（業法2条2号，3条1項）。よって，本肢は誤り。

☆**❸ 誤　宅地・建物の売買の媒介を業とするから免許必要。** ステップ1

　宅地・建物の売買の媒介を反復継続して行う以上，媒介の依頼者を問わず，「宅建業」にあたるから，免許を必要とする（業法2条2号，3条1項）。よって，本肢は誤り。

☆**❹ 正　**信託業法3条の免許を受けた信託会社は，免許に関する ステップ2
規定が適用されないから，宅建業を営もうとする場合でも，免許を取得する必要はないが（業法77条1項），信託会社が宅建業を営もうとする場合は，その旨を国土交通大臣に届け出なければならない（業法77条3項）。よって，本肢は正しく，本問の正解肢となる。

8　LEC東京リーガルマインド　2022年版出る順宅建士 ウォーク問過去問題集②宅建業法

# 宅建業の意味

## 問 4

A（個人）の宅地建物取引業法の免許（以下この問において「免許」という。）に関する次の記述のうち、正しいものはどれか。

❶ Aが、競売により取得した複数の宅地を、宅地建物取引業者に媒介を依頼し売却する行為を繰り返し行う場合、Aは免許を必要としない。

❷ Aが、土地区画整理事業により造成された甲市所有の宅地を、甲市の代理として売却する行為を繰り返し行う場合、Aは免許を必要としない。

❸ Aが、組合方式による住宅の建築という名目で組合参加者を募り、A自らは組合員となることなく、当該組合員による住宅の建築のため、宅地の購入の媒介を繰り返し行う場合、Aは免許を必要としない。

❹ Aが、賃貸物件の複数の所有者から一括して借上げ、賃借人に自ら又は宅地建物取引業者に媒介を依頼し賃貸する行為を繰り返し行う場合、Aは免許を必要としない。

(本試験 2002 年問 30 出題)

正解肢 **4**

| 合格者正解率 | 不合格者正解率 |
|---|---|
| **75.3%** | **58.2%** |

受験者正解率 **67.6%**

☆**❶ 誤** 宅地の売買を業として行うことは，免許が必要。 ステップ1

宅地の売買を業として行うことは，宅建業にあたるので，免許が必要となる（業法2条2号，3号）。この際，売却する宅地をどのように手に入れたか，宅建業者に媒介を依頼したかは，A自身に免許が必要かどうかとは無関係である。よって，本肢は誤り。

☆**❷ 誤** 甲市は免許不要だが，その代理は，免許が必要。 ステップ1

宅地の売買の代理を業として行うことは，宅建業にあたるので，免許が必要となる（業法2条2号，3号）。なお，市などの地方公共団体には宅建業法の適用がなく，免許は必要ない（業法78条1項）。しかし，だからといって，その代理をする者の免許が不要となるわけではない。よって，本肢は誤り。

**❸ 誤** 宅地の購入の媒介を繰り返し行う場合，免許が必要。

宅地の売買の媒介を業として行うことは，宅建業にあたるので，免許が必要となる（業法2条2号，3号）。そして，組合方式による住宅の建築という名目で，組合員以外の者が，業として，住宅取得者となるべき組合員を募集し，当該組合員による宅地の購入等に関して指導，助言等を行うことは，通常，宅地建物の売買の媒介にあたる（通達）。よって，本肢は誤り。

☆**❹ 正** 自ら貸借することは，宅建業の「取引」にはあたらない（業法2条2号参照）。そして，転貸することも「取引」にはあたらない。したがって，複数の所有者から一括して借り上げた物件を賃貸するAは免許を必要としない。よって，本肢は正しく，本問の正解肢となる。 ステップ1

10　　LEC東京リーガルマインド　2022年版出る順宅建士 ウォーク問過去問題集②宅建業法

● 第1編 宅建業法

# 宅建業の意味

重要度 特A

## 問 5

宅地建物取引業の免許（以下この問において「免許」という。）に関する次の記述のうち，宅地建物取引業法の規定によれば，正しいものはいくつあるか。

**ア** Aの所有する商業ビルを賃借しているBが，フロアごとに不特定多数の者に反復継続して転貸する場合，AとBは免許を受ける必要はない。

**イ** 宅地建物取引業者Cが，Dを代理して，Dの所有するマンション（30戸）を不特定多数の者に反復継続して分譲する場合，Dは免許を受ける必要はない。

**ウ** Eが転売目的で反復継続して宅地を購入する場合でも，売主が国その他宅地建物取引業法の適用がない者に限られているときは，Eは免許を受ける必要はない。

**エ** Fが借金の返済に充てるため，自己所有の宅地を10区画に区画割りして，不特定多数の者に反復継続して売却する場合，Fは免許を受ける必要はない。

❶ 一つ
❷ 二つ
❸ 三つ
❹ なし

（本試験 2014 年問 26 出題）

正解肢 **1**

| 合格者正解率 | 不合格者正解率 |
|---|---|
| **77.3**% | **51.9**% |
| 受験者正解率 **69.6**% | |

☆**ア 正** Aは，Bに商業ビル（建物）を自ら貸借しているにすぎ ステップ1
ない。したがって，Aの行為は「取引」にあたらず，Aは，免許
を必要としない。他方，Bは，Aから賃借した建物を不特定多数
の者に反復継続して転貸しているが，自ら転貸を行うことも「取
引」にあたらない。したがって，AもBも，免許を必要としない（業
法2条2号，3条1項）。よって，本肢は正しい。

☆**イ 誤** 宅建業者に代理を依頼していても，分譲していれば免許 ステップ1
が必要である。

マンションの所有者が，宅建業者の代理により，分譲する場合
であっても，自ら不特定多数の者に反復継続して分譲している以
上,免許を受ける必要がある（業法2条2号，3条1項）。したがっ
て，Dは，免許を受ける必要がある。よって，本肢は誤り。

☆**ウ 誤** 国その他宅地建物取引業法の適用のない者からの購入も 1-5
業に該当し免許が必要。

国その他宅建業法の適用のない者から宅地を購入する行為も不
特定かつ多数人に対して取引を行うことに該当し，それを転売目
的で反復継続して行う以上，「業」に該当し免許が必要となる（業
法2条2号，3条1項）。したがって，Eは，免許を受ける必要
がある。よって，本肢は誤り。

☆**エ 誤** 借金の返済目的であっても，不特定多数に売買している ステップ1
以上免許が必要である。

自己所有の宅地を10区画に分割し，不特定多数の者に反復継
続して販売する場合，宅建業を行うことになるから，免許を受け
る必要がある（業法2条2号，3条1項）。したがって，Fは，
免許を受ける必要がある。よって，本肢は誤り。

以上より，正しいものはアの一つであり，**❶**が本問の正解肢と
なる。

●第1編 宅建業法

# 宅建業の意味

## 問 6

宅地建物取引業法に関する次の記述のうち，正しいものはいくつあるか。

---

**ア** 宅地には，現に建物の敷地に供されている土地に限らず，将来的に建物の敷地に供する目的で取引の対象とされる土地も含まれる。

**イ** 農地は，都市計画法に規定する用途地域内に存するものであっても，宅地には該当しない。

**ウ** 建物の敷地に供せられる土地であれば，都市計画法に規定する用途地域外に存するものであっても，宅地に該当する。

**エ** 道路，公園，河川等の公共施設の用に供せられている土地は，都市計画法に規定する用途地域内に存するものであれば宅地に該当する。

❶ 一つ
❷ 二つ
❸ 三つ
❹ 四つ

(本試験 2020 年 12 月問 44 出題)

合格者正解率 **83.9%** 不合格者正解率 **57.8%**
受験者正解率 78.5%

☆**ア 正** 宅地とは，建物の敷地に供せられる土地をいう（業法2条1号）。現に建物の敷地に供されている土地に限らず，広く建物の敷地に供する目的で取引の対象とされた土地をいう（解釈・運用の考え方）。よって，本肢は正しい。 **ステップ1**

☆**イ 誤** 用途地域内の農地は，宅地に該当する。 **ステップ1**

都市計画法の用途地域内の土地は，道路，公園，河川，広場及び水路の用に供せられているもの以外のものが宅地に含まれる（業法2条1号，施行令1条）。したがって，農地は，都市計画法の用途地域内に存するものであれば，宅地に該当する。よって，本肢は誤り。

☆**ウ 正** 建物の敷地に供せられている土地は，宅地とされる（業法2条1号）。したがって，都市計画法に規定する用途地域外に存するものであっても，建物の敷地に供せられている土地は，宅地とされる。よって，本肢は正しい。 **ステップ1**

☆**エ 誤** 道路，公園，河川等の公共施設の用に供される土地は，宅地に該当しない。 **ステップ1**

都市計画法の用途地域内の土地であっても，道路，公園，河川，広場及び水路の用に供せられているものは宅地に該当しない（業法2条1号，施行令1条）。よって，本肢は誤り。

以上より，正しいものはア，ウの二つであり，❷が本問の正解肢となる。

●第1編　宅建業法

# 宅建業の意味

**問 7**　宅地建物取引業の免許（以下この問において「免許」という。）に関する次の記述のうち，正しいものはどれか。

❶　Aの所有するオフィスビルを賃借しているBが，不特定多数の者に反復継続して転貸する場合，AとBは免許を受ける必要はない。

❷　建設業の許可を受けているCが，建築請負契約に付随して，不特定多数の者に建物の敷地の売買を反復継続してあっせんする場合，Cは免許を受ける必要はない。

❸　Dが共有会員制のリゾートクラブ会員権（宿泊施設等のリゾート施設の全部又は一部の所有権を会員が共有するもの）の売買の媒介を不特定多数の者に反復継続して行う場合，Dは免許を受ける必要はない。

❹　宅地建物取引業者であるE（個人）が死亡し，その相続人FがEの所有していた土地を20区画に区画割りし，不特定多数の者に宅地として分譲する場合，Fは免許を受ける必要はない。

（本試験2005年問30出題）

## 正解肢 1

合格者正解率 **87.6%** 　不合格者正解率 **61.4%**
受験者正解率 **77.6%**

☆❶ **正** Aは，Bに建物を自ら賃貸しているにすぎず，「取引」にあたらないため，免許を必要としない。他方，Bは，Aから賃借した建物を転貸しているが，自ら転貸を行うことも「取引」にあたらないので，免許を必要としない（業法2条2号，3条1項）。よって，本肢は正しく，本問の正解肢となる。　ステップ1

☆❷ **誤** 建物の敷地は「宅地」。あっせんは「媒介」。　ステップ1

建物の敷地は宅地であるから，その売買のあっせん（媒介等）を反復継続して行うことは，宅建業に該当する（業法2条2号）。したがって，Cは，宅建業の免許を受ける必要がある（業法3条1項）。よって，本肢は誤り。

❸ **誤** 共有会員制リゾートクラブ会員権の売買の媒介は免許必要。　ステップ1

共有会員制のリゾートクラブ会員権（宿泊施設等のリゾート施設の全部又は一部の所有権を会員が共有するもの）の売買は建物の売買と同視でき，その媒介を業として行う行為は，宅建業に該当する（旧建設省通達，業法2条2号）。よって，本肢は誤り。

☆❹ **誤** 相続人が新たに宅建業を行う場合，免許必要。　ステップ1

宅建業者の相続人は，宅建業者が締結した契約に基づく取引を結了する目的の範囲内では宅建業者とみなされる（業法76条）。しかし，本肢のように新たに宅地の分譲を行うような場合には，宅建業の免許を受ける必要がある（業法3条1項）。よって，本肢は誤り。

●第1編　宅建業法

# 宅建業の意味

## 問 8

宅地建物取引業の免許（以下この問において「免許」という。）に関する次の記述のうち、正しいものはどれか。

---

❶ 宅地建物取引業を営もうとする者は、同一県内に2以上の事務所を設置してその事業を営もうとする場合にあっては、国土交通大臣の免許を受けなければならない。

❷ Aが、B社が甲県に所有する1棟のマンション（20戸）を、貸主として不特定多数の者に反復継続して転貸する場合、Aは甲県知事の免許を受けなければならない。

❸ C社が乙県にのみ事務所を設置し、Dが丙県に所有する1棟のマンション（10戸）について、不特定多数の者に反復継続して貸借の代理を行う場合、C社は乙県知事の免許を受けなければならない。

❹ 宅地建物取引業を営もうとする者が、国土交通大臣又は都道府県知事から免許を受けた場合、その有効期間は、国土交通大臣から免許を受けたときは5年、都道府県知事から免許を受けたときは3年である。

(本試験 2011 年問 26 出題)

**正解肢 3**

| 合格者正解率 | 不合格者正解率 |
|---|---|
| **96.2%** | **81.6%** |

受験者正解率 **89.1%**

☆**❶ 誤** 都道府県知事の免許を受けなければならない。　[ステップ6]

　宅建業を営もうとする者は，2以上の都道府県の区域内に事務所を設置してその事業を営もうとする場合には国土交通大臣の，1の都道府県の区域内にのみ事務所を設置してその事業を営もうとする場合には当該事務所の所在地を管轄する都道府県知事の免許を受けなければならない（業法3条1項）。本肢では，同一県内に2以上の事務所を設置するのであるから，都道府県知事の免許を受けなければならない。よって，本肢は誤り。

☆**❷ 誤** 自ら「転貸」も取引にあたらないので免許不要。　[ステップ1]

　Aはマンションを不特定多数の者に反復継続して転貸しているが，自ら転貸を行うことは，自ら貸借を行うことになるから，取引にあたらない（業法2条2号）。したがって，Aは宅建業の免許を受ける必要はない（業法3条1項）。よって，本肢は誤り。

☆**❸ 正** C社は，不特定多数の者と反復継続してマンションの賃貸借契約の代理を行うので，宅建業を行うことになる（業法2条2号）。そして，C社は，乙県内にのみ事務所を設置しているので，乙県知事の宅建業の免許を受けなければならない（業法3条1項）。よって，本肢は正しく，本問の正解肢となる。　[ステップ1][ステップ6]

☆**❹ 誤** 免許の有効期間は，5年である。　[ステップ8]

　宅建業を営もうとする者が，国土交通大臣又は都道府県知事から免許を受けた場合，免許の有効期間は，いずれも5年である（業法3条2項）。よって，本肢は誤り。

●第1編　宅建業法

# 宅建業の意味

## 問 9

次の記述のうち，宅地建物取引業の免許を要する業務が含まれるものはどれか。

❶ A社は，所有する土地を10区画にほぼ均等に区分けしたうえで，それぞれの区画に戸建住宅を建築し，複数の者に貸し付けた。

❷ B社は，所有するビルの一部にコンビニエンスストアや食堂など複数のテナントの出店を募集し，その募集広告を自社のホームページに掲載したほか，多数の事業者に案内を行った結果，出店事業者が決まった。

❸ C社は賃貸マンションの管理業者であるが，複数の貸主から管理を委託されている物件について，入居者の募集，貸主を代理して行う賃貸借契約の締結，入居者からの苦情・要望の受付，入居者が退去した後の清掃などを行っている。

❹ D社は，多数の顧客から，顧客が所有している土地に住宅や商業用ビルなどの建物を建設することを請け負って，その対価を得ている。

(本試験 2018 年問 41 出題)

## 正解肢 3

☆❶ **含まれていない** A社が行っている「区分け」「建築」「貸し付け（自ら貸借）」のすべてが「取引」にあたらず，宅建業の免許は不要である（業法2条2号，3条1項）。よって，本肢には免許を要する業務は含まれていない。 [ステップ1]

☆❷ **含まれていない** B社が行っている「テナント募集」は自ら貸借に該当する。肢1で述べたとおり，自ら貸借は取引に該当しないので宅建業の免許は不要である（業法2条2号，3条1項）。したがって，自ら貸借のための「広告掲載」「案内」についても免許は不要である。よって，本肢には免許を要する業務は含まれていない。 [ステップ1]

☆❸ **含まれている** C社はマンションの「賃貸借契約の締結の代理」を行っているが，これは建物の貸借の代理であり，宅建業に該当することから免許が必要である（業法2条2号，3条1項）。よって，本肢には免許を要する業務が含まれていることから本問の正解肢となる。なお，C社がマンションの管理業者であること等は免許の要否に影響しない。 [ステップ1]

☆❹ **含まれていない** D社が行っている「建物の建設」は宅建業ではない（業法2条2号）。したがって，宅建業の免許は不要である（業法3条1項）。よって，本肢には免許を要する業務は含まれていない。 [ステップ1]

●第1編 宅建業法

# 事務所の設置

**問 10** 次の記述のうち，宅地建物取引業法（以下この問において「法」という。）の規定によれば，正しいものはどれか。

❶ 宅地建物取引業者は，自ら貸主として締結した建物の賃貸借契約について，法第 49 条に規定されている業務に関する帳簿に，法及び国土交通省令で定められた事項を記載しなければならない。

❷ 宅地建物取引業者は，その業務に関する帳簿を，一括して主たる事務所に備えれば，従たる事務所に備えておく必要はない。

❸ 宅地建物取引業者は，その業務に関する帳簿に報酬の額を記載することが義務付けられており，違反した場合は指示処分の対象となる。

❹ 宅地建物取引業者は，その業務に従事する者であっても，一時的に事務の補助のために雇用した者については，従業者名簿に記載する必要がない。

（本試験 2017 年問 35 出題）

| 合格者正解率 | 不合格者正解率 |
|---|---|
| **91.8**% | **73.9**% |
| 受験者正解率 83.9% | |

**正解肢 3**

☆❶ **誤** 宅建業者が自ら貸主となる場合は，宅建業法の規制は及 　　ステップ1
ばない。

　宅建業者が自ら貸主となる場合は，宅建業法の規制は及ばない
ので，帳簿記載義務は生じない（業法2条2号参照）。よって，
本肢は誤り。

☆❷ **誤** 帳簿は，各事務所ごとに備えなければならない。 　　ステップ4

　宅建業者は，その事務所ごとに，その業務に関する帳簿を備え
なければならない（業法49条）。一括して主たる事務所に備え
付ける必要はない。よって，本肢は誤り。

☆❸ **正** 宅建業者は，国土交通省令の定めるところにより，その 　　2-2
事務所ごとに，その業務に関する帳簿を備え，宅建業に関し取引
のあったつど，その年月日，その取引に係る宅地又は建物の所在
及び面積その他国土交通省令で定める事項を記載しなければなら
ない（業法49条）。本肢の報酬の額は記載しなければならない
事項である（規則18条1項7号）。そして，これを記載しなかっ
た場合は，指示処分の対象となる（業法65条1項）。よって，
本肢は正しく，本問の正解肢となる。

☆❹ **誤** 従業者名簿には，一時的な事務の補助者も記載しなけれ 　　2-2
ばならない。

　宅建業者は，国土交通省令で定めるところにより，その事務所
ごとに，従業者名簿を備え，従業者の氏名等の所定の事項を記載
しなければならない（業法48条3項）。そして，ここでいう「従
業者」には，一時的に事務の補助をする者も含まれる（解釈・運
用の考え方）。よって，本肢は誤り。

●第1編 宅建業法

# 事務所の設置

**問 11** 次の記述のうち、宅地建物取引業法の規定によれば、正しいものはどれか。

❶ 宅地建物取引業者は、販売予定の戸建住宅の展示会を実施する際、会場で売買契約の締結や売買契約の申込みの受付を行わない場合であっても、当該会場内の公衆の見やすい場所に国土交通省令で定める標識を掲示しなければならない。

❷ 宅地建物取引業者は、その事務所ごとに、その業務に関する帳簿を備え、取引の関係者から請求があったときは、閲覧に供しなければならない。

❸ 宅地建物取引業者は、主たる事務所には、設置しているすべての事務所の従業者名簿を、従たる事務所には、その事務所の従業者名簿を備えなければならない。

❹ 宅地建物取引業者は、その業務に従事させる者に、従業者証明書を携帯させなければならないが、その者が非常勤の役員や単に一時的に事務の補助をする者である場合には携帯をさせなくてもよい。

(本試験 2008 年問 42 出題)

正解肢 1

☆❶ 正 宅建業者は，業務に関し展示会その他これに類する催しを実施する場合，その場所の公衆の見やすい場所に，国土交通省令で定める標識を掲示しなければならない（業法50条1項，規則19条1項5号）。これは，当該場所で売買契約の締結や売買契約の申込みの受付を行わない場合であっても同様である。よって，本肢は正しく，本問の正解肢となる。

ステップ12

☆❷ 誤 閲覧に供する必要はない。

ステップ4

宅建業者は，その事務所ごとに，その業務に関する帳簿を備える必要がある（業法49条）。しかし，従業者名簿と異なり，帳簿を閲覧に供する義務はない（業法48条4項参照）。よって，本肢は誤り。

☆❸ 誤 従業者名簿は事務所ごとに備付け。主たる事務所も同じ。

ステップ4

宅建業者は，「その事務所ごとに」従業者名簿を備える必要があるが（業法48条3項），本肢のように，主たる事務所にすべての事務所の従業者名簿を備える必要はない。よって，本肢は誤り。

☆❹ 誤 非常勤の役員や一時的な事務補助者にも携帯させる。

2-4

宅建業者は，従業者に，従業者証明書を携帯させる義務を負う（業法48条1項）。この従業者証明書を携帯させるべき者には，非常勤の役員，単に一時的に事務の補助をする者も含まれる（解釈・運用の考え方）。よって，本肢は誤り。

●第1編 宅建業法

# 事務所の設置

**問 12** 宅地建物取引業法の規定によれば，次の記述のうち，正しいものはどれか。

❶ 宅地建物取引業者は，その事務所ごとにその業務に関する帳簿を備えなければならないが，当該帳簿の記載事項を事務所のパソコンのハードディスクに記録し，必要に応じ当該事務所においてパソコンやプリンターを用いて紙面に印刷することが可能な環境を整えていたとしても，当該帳簿への記載に代えることができない。

❷ 宅地建物取引業者は，その主たる事務所に，宅地建物取引業者免許証を掲げなくともよいが，国土交通省令で定める標識を掲げなければならない。

❸ 宅地建物取引業者は，その事務所ごとに，その業務に関する帳簿を備え，宅地建物取引業に関し取引のあった月の翌月1日までに，一定の事項を記載しなければならない。

❹ 宅地建物取引業者は，その業務に従事させる者に，従業者証明書を携帯させなければならないが，その者が宅地建物取引士で宅地建物取引士証を携帯していれば，従業者証明書は携帯させなくてもよい。

(本試験 2013 年問 41 出題)

正解肢 **2**

合格者正解率 **93.2%**　不合格者正解率 **64.9%**

受験者正解率 **82.2%**

☆❶ **誤**　所定の要件を満たせば，電子媒体による代替が可能。

2-2

宅建業者は，その事務所ごとにその業務に関する帳簿を備えなければならない（業法49条）。そして，その帳簿は事務所のパソコンのハードディスクに記録し，必要に応じ当該事務所においてパソコンやプリンターを用いて紙面に表示されるときは，当該記録をもって当該帳簿への記載に代えることができる（規則18条2項）。よって，本肢は誤り。

☆❷ **正**　宅建業者は，その事務所において，国土交通省令で定める標識を掲げなければならない（業法50条1項）。しかし，宅地建物取引業者免許証を掲げる必要はない。よって，本肢は正しく，本問の正解肢となる。

ステップ4

☆❸ **誤**　取引のつど一定事項を記載しなければならない。

2-2

宅建業者は，宅建業に関し取引のあったつど，その年月日，その取引に係る宅地又は建物の所在及び面積その他国土交通省令で定める事項を記載しなければならない（業法49条）。「取引のあった月の翌月1日までに」記載するのではない。よって，本肢は誤り。

☆❹ **誤**　宅地建物取引士証で代替することはできない。

2-4

宅建業者は，その業務に従事させる者に，従業者証明書を携帯させなければ，その者を業務に従事させてはならない（業法48条1項）。この従業者証明書は様式が法定されており（規則17条，別記様式第8号），宅地建物取引士証で代えることはできない。よって，本肢は誤り。

●第1編　宅建業法

# 免許の申請

**問 13** 宅地建物取引業の免許（以下この問において「免許」という。）に関する次の記述のうち，正しいものはいくつあるか。

**ア** 破産手続開始の決定を受けた個人Aは，復権を得てから5年を経過しなければ，免許を受けることができない。

**イ** 宅地建物取引業法の規定に違反したことにより罰金の刑に処せられた取締役がいる法人Bは，その刑の執行が終わった日から5年を経過しなければ，免許を受けることができない。

**ウ** 宅地建物取引業者Cは，業務停止処分の聴聞の期日及び場所が公示された日から当該処分をする日又は当該処分をしないことを決定する日までの間に，相当の理由なく廃業の届出を行った。この場合，Cは，当該届出の日から5年を経過しなければ，免許を受けることができない。

**エ** 宅地建物取引業に係る営業に関し成年者と同一の行為能力を有する未成年者Dは，その法定代理人が禁錮以上の刑に処せられ，その刑の執行が終わった日から5年を経過しなければ，免許を受けることができない。

❶　一つ
❷　二つ
❸　三つ
❹　四つ

（本試験 2009 年問 27 改題）

| 合格者正解率 | 不合格者正解率 |
|---|---|
| **61.9%** | **37.5%** |
| 受験者正解率 **54.4%** | |

**正解肢 1**

☆**ア 誤** 復権を得れば直ちに免許を受けることができる。　ステップ7

　破産手続開始の決定を受けても復権を得れば直ちに免許を受けることができる（業法5条1項1号）。復権を得てから5年を経過する必要はない。よって，本肢は誤り。

☆**イ 正** 宅建業法に違反したことにより罰金の刑に処せられ，その刑の執行を終わった日から5年を経過しない取締役がいる法人Bは，免許を受けることができない（業法5条1項12号，6号）。よって，本肢は正しい。　ステップ7

☆**ウ 誤** 業務停止処分による場合は，免許を受けることができる。　ステップ7

　宅建業法66条1項8号又は9号に該当するとして，免許の取消処分の聴聞の期日及び場所が公示された日から当該処分をする日又は当該処分をしないことを決定する日までの間に，相当の理由なく廃業の届出を行った場合，当該届出の日から5年を経過しなければ免許を受けることができない（業法5条1項3号）。しかし，業務停止処分は免許の基準に該当せず，相当の理由なく廃業の届出をしたとしても5年を経過するまでの間に免許を受けることができる。よって，本肢は誤り。

☆**エ 誤** "有する"未成年者は法定代理人と無関係に免許可。　ステップ7

　宅建業に係る営業に関し成年者と同一の行為能力を有する未成年者は，法定代理人が免許欠格事由に該当していても，免許を受けることができる（業法5条1項11号参照）。よって，本肢は誤り。

　以上より，正しいものはイの一つであり，❶が本問の正解肢となる。

●第1編　宅建業法

# 免許の申請

**問 14** 宅地建物取引業の免許（以下この問において「免許」という。）に関する次の記述のうち，宅地建物取引業法の規定によれば，誤っているものはどれか。

❶ A社は，不正の手段により免許を取得したことによる免許の取消処分に係る聴聞の期日及び場所が公示された日から当該処分がなされるまでの間に，合併により消滅したが，合併に相当の理由がなかった。この場合においては，当該公示の日の50日前にA社の取締役を退任したBは，当該消滅の日から5年を経過しなければ，免許を受けることができない。

❷ C社の政令で定める使用人Dは，刑法第234条（威力業務妨害）の罪により，懲役1年，刑の全部の執行猶予2年の刑に処せられた後，C社を退任し，新たにE社の政令で定める使用人に就任した。この場合においてE社が免許を申請しても，Dの執行猶予期間が満了していなければ，E社は免許を受けることができない。

❸ 営業に関し成年者と同一の行為能力を有しない未成年者であるFの法定代理人であるGが，刑法第247条（背任）の罪により罰金の刑に処せられていた場合，その刑の執行が終わった日から5年を経過していなければ，Fは免許を受けることができない。

❹ H社の取締役Iが，暴力団員による不当な行為の防止等に関する法律に規定する暴力団員に該当することが判明し，宅地建物取引業法第66条第1項第3号の規定に該当することにより，H社の免許は取り消された。その後，Iは退任したが，当該取消しの日から5年を経過しなければ，H社は免許を受けることができない。

（本試験 2015年問27 出題）

| | 合格者正解率 | 不合格者正解率 |
|---|---|---|
| 正解肢 **4** | **50.4**% | **18.7**% |
| | 受験者正解率 **39.6**% | |

☆**❶ 正** 宅建業法66条1項8号又は9号に該当するとして免許の取消処分の聴聞の期日及び場所が公示された日から，当該処分をする日又は当該処分をしないことを決定する日までの間に，合併により消滅した法人（合併につき相当の理由がある法人を除く。）の聴聞の期日及び場所の公示日前60日以内に役員であった者で，その消滅の日から5年を経過しない者は，免許を受けることができない（業法5条1項4号）。よって，本肢は正しい。 `ステップ7`

☆**❷ 正** 法人の役員又は政令で定める使用人に免許欠格事由に該当する者がいる場合，その法人は免許を受けることができない（業法5条1項12号）。そして，禁錮以上の刑に処せられ，その刑の執行を終わり，又は執行を受けることがなくなった日から5年を経過しない者（刑の全部の執行猶予が付されていて，執行猶予期間を満了している場合を除く）は免許欠格事由に該当する（業法5条1項5号）。よって，本肢は正しい。 `ステップ7`

☆**❸ 正** 宅建業に係る営業に関し成年者と同一の行為能力を有しない未成年者で，その法定代理人が免許欠格事由に該当するときは，免許を受けることはできない（業法5条1項11号）。そして，背任罪により罰金の刑に処せられ，その刑の執行を終わり，又は執行を受けることがなくなった日から5年を経過しない者は，免許欠格事由に該当する（業法5条1項6号）。よって，本肢は正しい。 `ステップ7`

☆**❹ 誤** 役員が暴力団員であることを理由に取り消された場合は5年経過する必要がない。 `ステップ7`

　宅建業を営んでいた者が，①不正手段による免許取得，②業務停止処分対象行為で情状が特に重い，③業務停止処分違反のいずれかを理由として免許を取り消され，取消しの日から5年を経過しない者は，免許を受けることができない（業法5条1項2号）。しかし，暴力団員又は暴力団員でなくなった日から5年を経過しない者が役員であることを理由に免許を取り消された場合は，上記事由に該当しない。よって，本肢は誤りであり，本問の正解肢となる。

●第1編　宅建業法

# 免許の申請

## 問 15

宅地建物取引業の免許（以下この問において「免許」という。）に関する次の記述のうち，宅地建物取引業法の規定によれば，正しいものはどれか。

❶ 免許を受けようとする法人の非常勤役員が，刑法第246条（詐欺）の罪により懲役1年の刑に処せられ，その刑の執行が終わった日から5年を経過していなくても，当該法人は免許を受けることができる。

❷ 免許を受けようとする法人の政令で定める使用人が，刑法第252条（横領）の罪により懲役1年執行猶予2年の刑に処せられ，その刑の執行猶予期間を満了している場合，その満了の日から5年を経過していなくても，当該法人は免許を受けることができる。

❸ 免許を受けようとする法人の事務所に置く専任の宅地建物取引士が，刑法第261条（器物損壊等）の罪により罰金の刑に処せられ，その刑の執行が終わった日から5年を経過していない場合，当該法人は免許を受けることができない。

❹ 免許を受けようとする法人の代表取締役が，刑法第231条（侮辱）の罪により拘留の刑に処せられ，その刑の執行が終わった日から5年を経過していない場合，当該法人は免許を受けることができない。

(本試験 2019 年問 43 出題)

正解肢 **2**

| 合格者正解率 | 不合格者正解率 |
|---|---|
| **97.0**% | **79.1**% |

受験者正解率 **91.5**%

☆**❶ 誤** 刑の執行が終わった日から5年を経過しなければ，免許を受けることができない。　ステップ7

　法人の役員に免許欠格事由に該当する者がいる場合，その法人は免許を受けることができない(業法5条1項12号)。そして，禁錮以上の刑に処せられ，その刑が終わった日等から5年を経過していない場合，免許欠格事由に該当する(業法5条1項5号)。また，「役員」(業法5条1項12号)には，非常勤役員も含まれる。したがって，当該法人は，刑の執行が終わった日から5年を経過しなければ，免許を受けることができない。よって，本肢は誤り。

☆**❷ 正** 法人の政令で定める使用人に免許欠格事由に該当する者がいる場合，その法人は免許を受けることができない(業法5条1項12号)。そして，禁錮以上の刑に処せられ，その刑が終わった日等から5年を経過していない場合，免許欠格事由に該当する(業法5条1項5号)。しかし，刑の執行猶予期間が満了している場合には，刑の言渡しは効力を失うため，満了の日の翌日から直ちに免許を受けることができる(刑法27条参照)。したがって，当該法人は，執行猶予期間満了の日から5年を経過していなくても，免許を受けることができる。よって，本肢は正しく，本問の正解肢となる。　ステップ7

**❸ 誤** 専任の宅地建物取引士というだけでは免許の基準に該当しない。　ステップ7

　法人の役員又は政令で定める使用人が一定の罪を犯し罰金刑に処せられた場合，その法人は免許を受けることができない(業法5条1項12号，5条1項6号)。この点，事務所に置く専任の宅地建物取引士というだけで，ここでいう「法人の役員又は政令で定める使用人」に該当するわけではなく，免許の可否が判断できるものではない。また，仮に本肢の専任の宅地建物取引士が同時に「法人の役員又は政令で定める使用人」であったとしても，上記の一定の罪の中に刑法261条の規定による器物損壊等罪は含まれていない。したがって，専任の宅地建物取引士が，刑法261条(器物損壊等)の罪により罰金の刑に処せられ，その刑の執行が終わった日から5年を経過していない場合でも，当該法人は免許を受けることができる。よって，本肢は誤り。

**❹ 誤** 拘留に処せられても，免許を受けることができる。　ステップ7

　法人の役員に免許欠格事由に該当する者がいる場合，その法人は免許を受けることができない(業法5条1項12号)。そして，法人の代表取締役が，拘留の刑に処せられても，免許欠格事由に該当しない(業法5条1項5号，5条1項6号参照)。したがって，当該法人は免許を受けることができる。よって，本肢は誤り。なお，侮辱罪(刑法231条)は拘留か科料しか規定されていないので，免許欠格事由に該当することはない。

32　LEC東京リーガルマインド　2022年版出る順宅建士 ウォーク問過去問題集②宅建業法

●第1編 宅建業法

# 免許の申請

**重要度 特A**

## 問 16

宅地建物取引業の免許(以下この問において「免許」という。)に関する次の記述のうち,正しいものはどれか。

---

❶ 免許を受けようとするA社に,刑法第204条(傷害)の罪により懲役1年(刑の全部の執行猶予2年)の刑に処せられ,その執行猶予期間を満了した者が役員として在籍している場合,その満了の日から5年を経過していなくとも,A社は免許を受けることができる。

❷ 免許を受けようとするB社に,刑法206条(現場助勢)の罪により罰金の刑に処せられた者が非常勤役員として在籍している場合,その刑の執行が終わってから5年を経過していなくとも,B社は免許を受けることができる。

❸ 免許を受けようとするC社に,刑法第208条(暴行)の罪により拘留の刑に処せられた者が役員として在籍している場合,その刑の執行が終わってから5年を経過していなければ,C社は免許を受けることができない。

❹ 免許を受けようとするD社に,刑法第209条(過失傷害)の罪により科料の刑に処せられた者が非常勤役員として在籍している場合,その刑の執行が終わってから5年を経過していなければ,D社は免許を受けることができない。

(本試験 2012年問26出題)

| 合格者正解率 | 不合格者正解率 |
|---|---|
| **76.3**% | **44.3**% |
| 受験者正解率 **65.3**% | |

**正解肢 1**

☆❶ **正** 法人の役員に免許欠格事由に該当する者がいる場合，その法人は免許を受けることができない（業法5条1項12号）。そして，禁錮以上の刑に処せられ，その刑の執行を終わった日等から5年を経過していない場合，免許欠格事由に該当するが（業法5条1項5号），刑の全部の執行猶予が付されている場合は，その執行猶予期間を満了していれば，満了日の翌日から直ちに免許を受けることができる（刑法27条参照）。したがって，A社は免許を受けることができる。よって，本肢は正しく，本問の正解肢となる。　ステップ7

☆❷ **誤** 現場助勢罪で罰金刑の場合は，免許欠格事由にあたる。　ステップ7
　法人の役員に免許欠格事由に該当する者がいる場合，その法人は免許を受けることができない（業法5条1項12号）。宅建業法違反等の一定の罪を犯し罰金刑に処せられた場合，免許欠格事由に該当するが（業法5条1項6号），現場助勢罪は，この一定の罪に含まれる。また，「役員」（業法5条1項12号）には，非常勤役員も含まれる。したがって，B社は免許を受けることができない。よって，本肢は誤り。

☆❸ **誤** 拘留に処せられても免許を受けることができる。　ステップ7
　法人の役員に免許欠格事由に該当する者がいる場合，その法人は免許を受けることができない（業法5条1項12号）。法人の役員は，拘留の刑に処せられても，免許欠格事由に該当しない（業法5条1項6号）。したがって，C社は免許を受けることができる。よって，本肢は誤り。

☆❹ **誤** 科料に処せられても免許を受けることができる。　ステップ7
　法人の役員に免許欠格事由に該当する者がいる場合，その法人は免許を受けることができない（業法5条1項12号）。法人の役員は，科料の刑に処せられても，免許欠格事由に該当しない（業法5条1項6号）。したがって，D社は免許を受けることができる。よって，本肢は誤り。

34　LEC東京リーガルマインド　2022年版出る順宅建士 ウォーク問過去問題集②宅建業法

●第1編　宅建業法

# 免許の効力

## 問 17

宅地建物取引業の免許（以下この問において「免許」という。）に関する次の記述のうち，宅地建物取引業法の規定によれば，正しいものはどれか。

❶ 宅地建物取引業者A社が免許を受けていないB社との合併により消滅する場合，存続会社であるB社はA社の免許を承継することができる。

❷ 個人である宅地建物取引業者Cがその事業を法人化するため，新たに株式会社Dを設立しその代表取締役に就任する場合，D社はCの免許を承継することができる。

❸ 個人である宅地建物取引業者E（甲県知事免許）が死亡した場合，その相続人は，Eの死亡を知った日から30日以内に，その旨を甲県知事に届け出なければならず，免許はその届出があった日に失効する。

❹ 宅地建物取引業者F社（乙県知事免許）が株主総会の決議により解散することとなった場合，その清算人は，当該解散の日から30日以内に，その旨を乙県知事に届け出なければならない。

(本試験 2017 年問 44 出題)

合格者正解率 **89.7%** 不合格者正解率 **66.7%**
受験者正解率 **79.5%**

❶ **誤** 合併消滅した法人の免許の承継はできない。 3-3-4

　法人が合併により消滅した場合に，存続会社が消滅会社の免許を承継するという規定は存在せず，免許が承継されることはない。よって，本肢は誤り。

❷ **誤** 個人業者の免許を法人が承継することはできない。 3-3-1

　個人である宅建業者が株式会社を設立したとしても，そのことによって設立された株式会社が個人である宅建業者の免許を承継することができるとする規定は存在しない。よって，本肢は誤り。

☆❸ **誤** 死亡したときの免許の効力は，その死亡時に失われる。 ステップ11

　宅建業者が死亡した場合，その相続人は，宅建業者が死亡した事実を知った時から30日以内にその旨をその免許を受けた国土交通大臣又は都道府県知事に届け出なければならない（業法11条1項1号）。しかし，免許の効力が失効するのは届出があった日ではなく死亡の時である。よって，本肢は誤り。

☆❹ **正** 法人が合併及び破産手続開始の決定以外の理由により解散した場合，その清算人は，解散の日から30日以内に，その旨をその免許を受けた国土交通大臣又は都道府県知事に届け出なければならない（業法11条1項4号）。よって，本肢は正しく，本問の正解肢となる。 ステップ11

●第1編 宅建業法

# 免許の効力

## 問 18

次の記述のうち、宅地建物取引業法（以下この問において「法」という。）の規定によれば、正しいものはどれか。

❶ 法人である宅地建物取引業者A（甲県知事免許）は、役員の住所について変更があった場合、その日から30日以内に、その旨を甲県知事に届け出なければならない。

❷ 法人である宅地建物取引業者B（乙県知事免許）が合併により消滅した場合、Bを代表する役員であった者は、その日から30日以内に、その旨を乙県知事に届け出なければならない。

❸ 宅地建物取引業者C（国土交通大臣免許）は、法第50条第2項の規定により法第31条の3第1項の国土交通省令で定める場所について届出をする場合、国土交通大臣及び当該場所の所在地を管轄する都道府県知事に、それぞれ直接届出書を提出しなければならない。

❹ 宅地建物取引業者D（丙県知事免許）は、建設業の許可を受けて新たに建設業を営むこととなった場合、Dは当該許可を受けた日から30日以内に、その旨を丙県知事に届け出なければならない。

(本試験 2009年問28出題)

**正解肢 2**

| | 合格者正解率 | 不合格者正解率 |
|---|---|---|
| | **96.1%** | **79.3%** |

受験者正解率 **90.9%**

☆❶ **誤** 役員の住所変更は届出不要。 ステップ9

　法人である宅建業者の役員の住所に変更があっても，変更の届出をする必要はない（業法9条，8条2項3号参照）。よって，本肢は誤り。

☆❷ **正** 法人が合併により消滅した場合，その法人を代表する役員であった者は，30日以内に，その旨をその免許を受けた国土交通大臣又は都道府県知事に届け出なければならない（廃業等の届出，業法11条1項2号）。したがって，合併により消滅したBを代表する役員であった者は，その日から30日以内に，その旨を乙県知事に届け出なければならない。よって，本肢は正しく，本問の正解肢となる。 ステップ11

❸ **誤** 国土交通大臣に直接届出書を提出するのではない。 4-4

　宅建業者は，契約の締結又は申込みを受ける案内所等を設置する場合，一定の事項を，免許を受けた国土交通大臣又は都道府県知事及び案内所等の所在地を管轄する都道府県知事に届け出なければならない（業法50条2項）。そして，免許権者が国土交通大臣である場合，案内所等の所在地を管轄する都道府県知事を経由して届け出なければならない（業法78条の3第2項）。国土交通大臣に直接届出書を提出するのではない。よって，本肢は誤り。

☆❹ **誤** 兼業業種の変更は，届出不要。 ステップ9

　宅建業以外の事業を行っている場合のその事業の種類は，宅建業者名簿の登載事項ではあるが（業法8条，規則5条2号），変更があったとしても変更の届出をする必要はない（業法9条）。よって，本肢は誤り。

●第1編 宅建業法

# 免許の効力

**問 19** 宅地建物取引業の免許に関する次の記述のうち、宅地建物取引業法の規定によれば、正しいものはどれか。

❶ 宅地建物取引業者が、免許を受けてから1年以内に事業を開始せず免許が取り消され、その後5年を経過していない場合は、免許を受けることができない。

❷ 免許を受けようとしている法人の政令で定める使用人が、破産手続開始の決定を受け、復権を得てから5年を経過していない場合、当該法人は免許を受けることができない。

❸ 免許権者は、免許に条件を付することができ、免許の更新に当たっても条件を付することができる。

❹ 宅地建物取引業者の役員の住所に変更があったときは、30日以内に免許権者に変更を届け出なければならない。

(本試験 2020年12月問31出題)

**正解肢 3**

合格者正解率 **91.4%** 不合格者正解率 **55.6%**
受験者正解率 84.0%

☆❶ **誤** 5年経過していなくても免許を受けることができる。 ステップ7

宅建業者が，免許を受けてから1年以内に事業を開始せず，又は引き続いて1年以上事業を休止したときは，免許の取消しの対象となる（業法66条1項6号）。しかし，当該宅建業者は，当該取消し後5年を経過していなくても，免許を受けることができる（業法5条1項参照）。よって，本肢は誤り。

☆❷ **誤** 復権を得れば直ちに免許を受けることができる。 ステップ7

法人の政令で定める使用人に免許欠格事由に該当する者がいる場合，その法人は，免許を受けることができない（業法5条1項12号）。しかし，破産手続開始の決定を受けたとしても，復権を得ると直ちに免許を受けることができるため，復権を得た者は，免許欠格事由に該当しない（業法5条1項1号）。したがって，当該法人は，免許を受けることができる。よって，本肢は誤り。

❸ **正** 免許権者である国土交通大臣又は都道府県知事は，免許に条件を付し，及びこれを変更することができる。免許の更新についても同様である（業法3条の2第1項）。よって，本肢は正しく，本問の正解肢となる。 3-3-1

☆❹ **誤** 役員の住所について，変更の届出は不要。 ステップ9

法人である宅建業者の役員の住所に変更があっても，変更の届出をする必要はない（業法9条，8条2項3号参照）。よって，本肢は誤り。

●第1編 宅建業法

# 免許の効力

## 問 20

宅地建物取引業法に関する次の記述のうち、正しいものはどれか。

❶ 甲県に事務所を設置する宅地建物取引業者（甲県知事免許）が、乙県所在の物件を取引する場合、国土交通大臣へ免許換えの申請をしなければならない。

❷ 宅地建物取引業者（甲県知事免許）は、乙県知事から指示処分を受けたときは、その旨を甲県知事に届け出なければならない。

❸ 免許を受けようとする法人の政令で定める使用人が、覚せい剤取締法違反により懲役刑に処せられ、その刑の執行を終わった日から5年を経過していない場合、当該使用人が取締役に就任していなければ当該法人は免許を受けることができる。

❹ 宅地建物取引業に関し不正又は不誠実な行為をするおそれが明らかな者は、宅地建物取引業法の規定に違反し罰金の刑に処せられていなくても、免許を受けることができない。

（本試験 2013 年問 43 出題）

| 合格者正解率 | 不合格者正解率 |
|---|---|
| **84.5**% | **61.2**% |
| 受験者正解率 **75.4**% | |

正解肢 **4**

☆**❶ 誤** 宅建業者は全国で宅建業を営むことができる。　　　ステップ8

　都道府県知事免許を受けた宅建業者は，他の都道府県で宅建業を営むことができる。したがって，乙県の物件を取引するために免許換えを申請する必要はない。よって，本肢は誤り。なお，他の都道府県にも事務所を設置する場合には免許換えをする必要がある。

**❷ 誤** 乙県知事が甲県知事に通知する。　　　15-2-2

　都道府県知事が，他の都道府県知事もしくは国土交通大臣の免許を受けた宅建業者に指示処分をしたときは，遅滞なく，その旨を当該宅建業者の免許権者に通知しなければならない（業法70条3項，65条3項）。免許権者への通知義務を負うのは都道府県知事であって，宅建業者ではない。よって，本肢は誤り。

☆**❸ 誤** 政令で定める使用人が免許欠格事由に該当する場合，法人も免許不可。　　　ステップ7

　本肢の政令で定める使用人は，覚せい剤取締法違反により懲役刑に処せられ刑の執行を終わり5年を経過していないから，当該法人は免許を受けることはできない（業法5条1項5号，12号）。よって，本肢は誤り。

☆**❹ 正** 宅地建物取引業に関し不正又は不誠実な行為をするおそれが明らかなものは，免許を受けることができない（業法5条1項9号）。よって，本肢は正しく，本問の正解肢となる。　　　ステップ7

42　　LEC東京リーガルマインド　2022年版出る順宅建士 ウォーク過去問題集②宅建業法

●第1編 宅建業法

# 免許の効力

**問 21** 次の記述のうち，宅地建物取引業法の規定によれば，正しいものはどれか。なお，この問において「免許」とは，宅地建物取引業の免許をいう。

❶ 宅地建物取引業者Aは，免許の更新を申請したが，免許権者である甲県知事の申請に対する処分がなされないまま，免許の有効期間が満了した。この場合，Aは，当該処分がなされるまで，宅地建物取引業を営むことができない。

❷ Bは，新たに宅地建物取引業を営むため免許の申請を行った。この場合，Bは，免許の申請から免許を受けるまでの間に，宅地建物取引業を営む旨の広告を行い，取引する物件及び顧客を募ることができる。

❸ 宅地建物取引業者Cは，宅地又は建物の売買に関連し，兼業として，新たに不動産管理業を営むこととした。この場合，Cは兼業で不動産管理業を営む旨を，免許権者である国土交通大臣又は都道府県知事に届け出なければならない。

❹ 宅地建物取引業者である法人Dが，宅地建物取引業者でない法人Eに吸収合併されたことにより消滅した場合，一般承継人であるEは，Dが締結した宅地又は建物の契約に基づく取引を結了する目的の範囲内において宅地建物取引業者とみなされる。

(本試験 2017 年問 36 出題)

正解肢 **4**

| 合格者正解率 | 不合格者正解率 |
|---|---|
| **92.6**% | **76.3**% |

受験者正解率 **85.4**%

☆**❶ 誤** 処分がなされるまでの間は宅建業を行うことができる。 ステップ8

免許の更新の申請があった場合において，その有効期間の満了の日までにその申請について処分がなされないときは，従前の免許は，同項の有効期間の満了後もその処分がなされるまでの間は，なお効力を有する（業法3条4項）。したがって，Aは免許の処分がなされるまでの間も宅建業を営むことができる。よって，本肢は誤り。

☆**❷ 誤** 免許申請中は，広告等事業活動をすることができない。 ステップ24

宅建業者は，新たに免許を受け，営業保証金を供託し，その旨を免許権者に届け出た後でなければ，その事業を開始してはならない（業法3条，12条2項，25条5項）。したがって，Bは免許の申請中に事業である広告をすることはできない。よって，本肢は誤り。

☆**❸ 誤** 兼業する事業に変更が生じたとしても，届出対象とはならない。 ステップ9

宅建業者は，宅建業者名簿登載事項のうち一定事項について変更があったときは，30日以内にその旨を免許権者に届け出なければならない（変更の届出，業法9条，8条2項各号）。しかし，兼業している宅建業以外の事業の種類は，宅建業者名簿登載事項ではあるが，変更の届出の対象とはなっていない（業法9条，8条2項8号，規則5条2号）。よって，本肢は誤り。

☆**❹ 正** 宅建業者が吸収合併により消滅した場合は，当該宅建業者を吸収した一般承継人である存続会社は，当該宅建業者が締結した契約に基づく取引を結了する目的の範囲内においては，なお宅建業者とみなされる（業法76条，11条1項2号）。よって，本肢は正しく，本問の正解肢となる。 ステップ11

●第1編 宅建業法

# 免許総合

## 問22

宅地建物取引業の免許(以下この問において「免許」という。)に関する次の記述のうち、宅地建物取引業法の規定によれば、正しいものはどれか。

❶ 宅地建物取引業者A社の代表取締役が、道路交通法違反により罰金の刑に処せられたとしても、A社の免許は取り消されることはない。

❷ 宅地建物取引業者B社の使用人であって、B社の宅地建物取引業を行う支店の代表者が、刑法第222条(脅迫)の罪により罰金の刑に処せられたとしても、B社の免許は取り消されることはない。

❸ 宅地建物取引業者C社の非常勤役員が、刑法第208条の2(凶器準備集合及び結集)の罪により罰金の刑に処せられたとしても、C社の免許は取り消されることはない。

❹ 宅地建物取引業者D社の代表取締役が、法人税法違反により懲役の刑に処せられたとしても、刑の全部の執行猶予が付されれば、D社の免許は取り消されることはない。

(本試験 2013年問26出題)

**正解肢 1**

| 合格者正解率 | 不合格者正解率 |
|:---:|:---:|
| **97.3**% | **86.6**% |

受験者正解率 **93.1**%

☆❶ **正** 宅建業者である法人の役員又は政令で定める使用人が一定の罪を犯し罰金刑に処せられた場合には，免許は取り消される（業法66条1項3号，5条1項6号）。しかし，道路交通法違反は，この一定の罪に該当しないので，A社の代表取締役が当該刑に処せられたとしても，法人の免許は取り消されない。よって，本肢は正しく，本問の正解肢となる。

ステップ7

☆❷ **誤 法人の政令使用人が免許欠格事由に該当すると免許は取り消される。**

支店の代表者（政令で定める使用人）が，刑法222条（脅迫）の罪により罰金に処せられた場合，免許欠格事由に該当するので，法人の免許は取り消される（業法66条1項3号，5条1項6号）。よって，本肢は誤り。

ステップ7

☆❸ **誤 非常勤役員も「役員」である。**

宅建業者である法人の役員又は政令で定める使用人が免許欠格事由に該当する場合には，免許は取り消される（業法66条1項3号）。そして，この「役員」には非常勤役員も含まれる。役員が，刑法208条の2（凶器準備集合及び結集）の罪により罰金に処せられた場合，免許欠格事由に該当するので（業法5条1項6号）法人の免許は取り消される。よって，本肢は誤り。

ステップ7

☆❹ **誤 執行猶予期間中は免許欠格に該当する。**

宅建業者である法人の役員又は政令で定める使用人が免許欠格事由に該当する場合には，免許は取り消される（業法66条1項3号）。役員が，禁錮以上の刑に処せられた場合（執行猶予のついた禁錮以上の判決であっても，執行猶予期間中は，免許欠格者である。），免許欠格事由に該当するので（業法5条1項5号）法人の免許は取り消される。よって，本肢は誤り。

ステップ7

46　　LEC東京リーガルマインド　2022年版出る順宅建士 ウォーク問過去問題集②宅建業法

●第1編 宅建業法

# 事務所以外の場所の規制 重要度 特A

**問 23**

宅地建物取引業者A社（国土交通大臣免許）が行う宅地建物取引業者B社（甲県知事免許）を売主とする分譲マンション（100戸）に係る販売代理について，A社が単独で当該マンションの所在する場所の隣地に案内所を設けて売買契約の締結をしようとする場合における次の記述のうち，宅地建物取引業法（以下この問において「法」という。）の規定によれば，正しいものの組合せはどれか。なお，当該マンション及び案内所は甲県内に所在するものとする。

**ア** A社は，マンションの所在する場所に法第50条第1項の規定に基づく標識を掲げなければならないが，B社は，その必要がない。

**イ** A社が設置した案内所について，売主であるB社が法第50条第2項の規定に基づく届出を行う場合，A社は当該届出をする必要がないが，B社による届出書については，A社の商号又は名称及び免許証番号も記載しなければならない。

**ウ** A社は，成年者である専任の宅地建物取引士を当該案内所に置かなければならないが，B社は，当該案内所に成年者である専任の宅地建物取引士を置く必要がない。

**エ** A社は，当該案内所に法第50条第1項の規定に基づく標識を掲げなければならないが，当該標識へは，B社の商号又は名称及び免許証番号も記載しなければならない。

**❶** ア，イ
**❷** イ，ウ
**❸** ウ，エ
**❹** ア，エ

（本試験 2012年問42出題）

**正解肢 3**

| 合格者正解率 | 不合格者正解率 |
|---|---|
| **82.5**% | **55.5**% |
| 受験者正解率 **73.2**% | |

☆**ア 誤** 物件の所在場所に標識を掲示するのは，AではなくB。 `ステップ12`

　宅建業者は，一団の宅地建物を分譲する場合，その宅地又は建物の所在する場所に標識を掲げなければならない（業法50条1項，規則19条1項2号）。標識を掲示する必要があるのは，AではなくB，分譲をするBである。よって，本肢は誤り。

☆**イ 誤** 契約を締結する案内所では，案内所設置業者が義務を負う。 `ステップ12`

　宅建業者は，一団の宅地建物の分譲を案内所を設置して行う場合，業務を開始する日の10日前までに，その旨を，免許を受けた国土交通大臣又は都道府県知事及び案内所の所在地を管轄する都道府県知事に届け出なければならない（業法50条2項，規則19条3項）。届出をする必要があるのはBではなく，案内所を設置するAである。よって，本肢は誤り。

☆**ウ 正** 宅建業者は，一団の宅地建物の分譲の代理・媒介を案内所を設置して行う場合，その案内所が契約の締結又は申込みを受けるものであるときは，その案内所について，成年者である専任の宅地建物取引士を置かなければならない（業法31条の3第1項，規則15条の5の2第3号）。設置義務を負うのは，当該案内所を設置する代理・媒介業者であり，売主である宅建業者ではない。よって，本肢は正しい。 `ステップ12`

☆**エ 正** 他の宅建業者が行う一団の宅地建物の分譲の代理又は媒介を案内所を設置して行う場合，当該案内所を設置する宅建業者は，当該案内所に，売主の商号又は名称，免許証番号等を記載した国土交通省令で定める標識を掲げなければならない（業法50条1項，規則19条1項4号，2項5号，様式11号の2）。よって，本肢は正しい。 `4-2`

　以上より，正しいものはウ，エであり，**❸**が本問の正解肢となる。

●第1編　宅建業法

# 事務所以外の場所の規制

**問 24**　次の記述のうち，宅地建物取引業法の規定によれば，正しいものはどれか。

❶ 宅地建物取引業者の従業者である宅地建物取引士は，取引の関係者から事務所で従業者証明書の提示を求められたときは，この証明書に代えて従業者名簿又は宅地建物取引士証を提示することで足りる。

❷ 宅地建物取引業者がその事務所ごとに備える従業者名簿には，従業者の氏名，生年月日，当該事務所の従業者となった年月日及び当該事務所の従業者でなくなった年月日を記載することで足りる。

❸ 宅地建物取引業者は，一団の宅地の分譲を案内所を設置して行う場合，業務を開始する日の10日前までに，その旨を免許を受けた国土交通大臣又は都道府県知事及び案内所の所在地を管轄する都道府県知事に届け出なければならない。

❹ 宅地建物取引業者は，その事務所ごとに，その業務に関する帳簿を備え，宅地建物取引業に関し取引のあった月の翌月10日までに，一定の事項を記載しなければならない。

(本試験 2009 年問 43 出題)

正解肢 **3**

| 合格者正解率 | 不合格者正解率 |
|---|---|
| **92.8**% | **75.7**% |
| 受験者正解率 **87.6**% | |

☆**❶ 誤** 従業者証明書を提示しなければならない。　　　　　2-4

　宅建業者の従業者は，取引の関係者の請求があったときは，従業者証明書を提示しなければならない（業法48条2項）。従業者名簿又は宅地建物取引士証の提示で従業者証明書の提示に代えることはできない。よって，本肢は誤り。

**❷ 誤** 宅地建物取引士であるか否かの別等も記載必要。　　2-2

　宅建業者は，その事務所ごとに従業者名簿を備え，従業者の氏名，生年月日，当該事務所の従業者となった年月日及び当該事務所の従業者でなくなった年月日のほか，従業者証明書番号，主たる職務内容及び宅地建物取引士であるか否かの別についても記載しなければならない（業法48条3項,規則17条の2第1項）。よって，本肢は誤り。

☆**❸ 正** 宅建業者は，一団の宅地の分譲を案内所を設置して行う　4-4
場合，業務を開始する日の10日前までに，その旨を，免許を受けた国土交通大臣又は都道府県知事及び案内所の所在地を管轄する都道府県知事に届け出なければならない（業法50条2項，規則19条3項）。よって，本肢は正しく，本問の正解肢となる。

**❹ 誤** 取引のあった月の翌月10日までではない。　　　　2-2

　宅建業者は，その事務所ごとに，その業務に関する帳簿を備え，宅建業に関し取引のあったつど，一定の事項を記載しなければならない（業法49条）。よって，本肢は誤り。

# 事務所以外の場所の規制

**問 25**

宅地建物取引業者A（甲県知事免許）が乙県内に建設したマンション（100戸）の販売について、宅地建物取引業者B（国土交通大臣免許）及び宅地建物取引業者C（甲県知事免許）に媒介を依頼し、Bが当該マンションの所在する場所の隣接地（乙県内）に、Cが甲県内にそれぞれ案内所を設置し、売買契約の申込みを受ける業務を行う場合における次の記述のうち、宅地建物取引業法（以下この問において「法」という。）の規定によれば、誤っているものはどれか。

❶ Bは国土交通大臣及び乙県知事に、Cは甲県知事に、業務を開始する日の10日前までに法第50条第2項に定める届出をしなければならない。

❷ Aは、法第50条第2項に定める届出を甲県知事及び乙県知事へ届け出る必要はないが、当該マンションの所在する場所に法第50条第1項で定める標識を掲示しなければならない。

❸ Bは、その設置した案内所の業務に従事する者の数5人に対して1人以上の割合となる数の専任の宅地建物取引士を当該案内所に置かなければならない。

❹ Aは、Cが設置した案内所においてCと共同して契約を締結する業務を行うこととなった。この場合、Aが当該案内所に専任の宅地建物取引士を設置すれば、Cは専任の宅地建物取引士を設置する必要はない。

（本試験 2014年問28出題）

**正解肢 3**

| 合格者正解率 | 不合格者正解率 |
|---|---|
| **96.0%** | **71.9%** |
| 受験者正解率 88.6% | |

☆**❶ 正** 宅建業者は，一団の宅地の分譲を案内所を設置して行う場合，業務を開始する日の10日前までに，その旨を，免許を受けた国土交通大臣又は都道府県知事及び案内所の所在地を管轄する都道府県知事に届け出なければならない（業法50条2項，規則19条3項）。したがって，国土交通大臣免許を受けたBは，乙県内の案内所について，国土交通大臣及び乙県知事に，甲県知事免許を受けたCは，甲県内の案内所について，甲県知事に届け出なければならない。よって，本肢は正しい。 `ステップ12`

☆**❷ 正** 宅建業者は，一団の宅地建物を分譲する場合，その宅地又は建物の所在する場所に標識を掲げなければならない（業法50条1項，規則19条1項2号）。案内所を設置していない分譲業者であるAは，案内所等の届出をする必要はないが，マンションの所在する場所に標識を掲示する必要がある。よって，本肢は正しい。 `ステップ12`

☆**❸ 誤** 案内所において設置する専任の宅地建物取引士は少なくとも一人以上で足りる。 `ステップ12`

　宅建業者が，他の宅地建物取引業者が行う一団の宅地建物の分譲の代理又は媒介を行う際の案内所で契約を締結し，又は契約の申込みを受ける場合，置かなければならない成年者である専任の宅地建物取引士の数は，従業者数にかかわりなく1人以上である（業法31条の3，規則15条の5の2第3号，15条の5の3）。よって，本肢は誤りであり，本問の正解肢となる。

**❹ 正** 宅建業者が，他の宅地建物取引業者が行う一団の宅地建物の分譲の代理又は媒介を行う際の案内所で契約を締結し，又は契約の申込みを受ける場合，1人以上の成年者である専任の宅地建物取引士を置かなければならない（業法31条の3，規則15条の5の2第3号，15条の5の3）。この場合，複数の宅地建物取引業者が設置する案内所について同一の物件については，売主である宅地建物取引業者及び媒介又は代理を行う宅地建物取引業者が同一の場所において業務を行うときは，いずれかの宅地建物取引業者が専任の宅地建物取引士を1人以上置けばよい（解釈・運用の考え方）。よって，本肢は正しい。 `4-3`

52　　LEC東京リーガルマインド　2022年版出る順宅建士 ウォーク問過去問題集②宅建業法

●第1編　宅建業法

# 事務所以外の場所の規制 重要度 特A

**問 26**　宅地建物取引業者A（甲県知事免許）が乙県内に所在するマンション（100戸）を分譲する場合における次の記述のうち，宅地建物取引業法（以下この問において「法」という。）の規定によれば，正しいものはどれか。

❶ Aが宅地建物取引業者Bに販売の代理を依頼し，Bが乙県内に案内所を設置する場合，Aは，その案内所に，法第50条第1項の規定に基づく標識を掲げなければならない。

❷ Aが案内所を設置して分譲を行う場合において，契約の締結又は契約の申込みの受付を行うか否かにかかわらず，その案内所に法第50条第1項の規定に基づく標識を掲げなければならない。

❸ Aが宅地建物取引業者Cに販売の代理を依頼し，Cが乙県内に案内所を設置して契約の締結業務を行う場合，A又はCが専任の宅地建物取引士を置けばよいが，法第50条第2項の規定に基づく届出はCがしなければならない。

❹ Aが甲県内に案内所を設置して分譲を行う場合において，Aは甲県知事及び乙県知事に，業務を開始する日の10日前までに法第50条第2項の規定に基づく届出をしなければならない。

（本試験 2015 年問 44 出題）

☆❶ **誤** 案内所に標識を掲げるのは，案内所を設置した者である。

他の宅建業者が行う一団の宅地建物の分譲の代理・媒介を行う際の案内所には，案内所を設置した代理・媒介業者の標識の掲示が必要である（業法50条1項，規則19条1項4号）。したがって，案内所に標識を掲げるのは，AではなくBである。よって，本肢は誤り。

☆❷ **正** 一団の宅地建物の分譲を行う際の案内所には，標識を掲示しなければならない（業法50条1項，規則19条1項3号）。これは，案内所が契約の締結又は契約の申込みの受付を行うか否かにかかわらない。よって，本肢は正しく，本問の正解肢となる。

☆❸ **誤** 専任の宅地建物取引士を置かなければならないのは，案内所を設置する者である。

案内所を設置して契約の締結業務を行う場合，少なくとも1名以上の成年者である専任の宅地建物取引士を置かなければならない（業法31条の3第1項，規則15条の5の2第3号，15条の5の3）。設置義務を負うのは，案内所等を設置した宅建業者である。したがって，宅建業者Cが置かなければならない。よって，本肢は誤り。なお，問題文後段は正しい（業法50条2項，規則19条3項）。

☆❹ **誤** 届出先は，免許権者及び案内所等の所在地を管轄する都道府県知事である。

専任の宅地建物取引士の設置義務がある案内所等については，案内所等を設置した宅建業者が，免許権者及び案内所等の所在地を管轄する都道府県知事に対し，一定事項を届け出る必要がある（業法50条2項，規則19条3項）。したがって，Aは甲県知事に届ければ足り，分譲マンションが所在する乙県知事に届出をする必要はない。よって，本肢は誤り。

●第1編　宅建業法

# 宅地建物取引士の登録

重要度 A

## 問 27

宅地建物取引士の登録（以下この問において「登録」という。）及び宅地建物取引士証に関する次の記述のうち，宅地建物取引業法の規定によれば，正しいものはどれか。

❶ 甲県で宅地建物取引士資格試験に合格した後1年以上登録の申請をしていなかった者が宅地建物取引業者（乙県知事免許）に勤務することとなったときは，乙県知事あてに登録の申請をしなければならない。

❷ 登録を受けている者は，住所に変更があっても，登録を受けている都道府県知事に変更の登録を申請する必要はない。

❸ 宅地建物取引士は，従事先として登録している宅地建物取引業者の事務所の所在地に変更があったときは，登録を受けている都道府県知事に変更の登録を申請しなければならない。

❹ 丙県知事の登録を受けている宅地建物取引士が，丁県知事への登録の移転の申請とともに宅地建物取引士証の交付の申請をした場合は，丁県知事から，移転前の宅地建物取引士証の有効期間が経過するまでの期間を有効期間とする新たな宅地建物取引士証が交付される。

(本試験 2020 年 10 月問 34 出題)

| 合格者正解率 | 不合格者正解率 |
|---|---|
| **89.4%** | **75.4%** |

受験者正解率 **83.6%**

**正解肢 4**

☆**❶ 誤** 登録の申請先は，合格した試験を行った甲県知事である。 ［ステップ15］

　　登録の申請は，登録を受けようとする者が合格した試験を行った都道府県知事に対して行う（業法18条1項）。したがって，登録の申請先は，乙県知事ではなく，甲県知事である。よって，本肢は誤り。

☆**❷ 誤** 住所に変更があった場合，変更の登録が必要。 ［ステップ17］

　　登録を受けている者は，住所に変更があったときは，遅滞なく，変更の登録を申請しなければならない（業法20条，18条2項）。よって，本肢は誤り。

☆**❸ 誤** 従事先の宅建業者の事務所の所在地が変更しても変更の登録は不要。 ［ステップ17］

　　従事先の宅建業者の事務所の所在地は，変更の登録の申請事項となっていない（業法18条2項,規則14条の2の2参照）。よって，本肢は誤り。

☆**❹ 正** 登録の移転の申請とともに宅地建物取引士証の交付の申請があったときは，移転後の都道府県知事は，移転申請前の宅地建物取引士証の有効期間が経過するまでの期間を有効期間とする宅地建物取引士証を交付しなければならない（業法22条の2第5項）。よって，本肢は正しく，本問の正解肢となる。 ［ステップ20］

# 宅地建物取引士の登録　重要度 A

**問 28**　宅地建物取引業法に規定する宅地建物取引士資格登録（以下この問において「登録」という。）に関する次の記述のうち，正しいものはどれか。

❶　業務停止の処分に違反したとして宅地建物取引業の免許の取消しを受けた法人の政令で定める使用人であった者は，当該免許取消しの日から5年を経過しなければ，登録を受けることができない。

❷　宅地建物取引業者A（甲県知事免許）に勤務する宅地建物取引士（甲県知事登録）が，宅地建物取引業者B（乙県知事免許）に勤務先を変更した場合は，乙県知事に対して，遅滞なく勤務先の変更の登録を申請しなければならない。

❸　甲県知事登録を受けている者が，甲県から乙県に住所を変更した場合は，宅地建物取引士証の交付を受けていなくても，甲県知事に対して，遅滞なく住所の変更の登録を申請しなければならない。

❹　宅地建物取引士資格試験に合格した者は，宅地建物取引に関する実務の経験を有しない場合でも，合格した日から1年以内に登録を受けようとするときは，登録実務講習を受講する必要はない。

（本試験 2019 年問 44 出題）

正解肢 **3**

| 合格者正解率 | 不合格者正解率 |
|:---:|:---:|
| **70.5%** | **37.5%** |

受験者正解率 **60.4%**

☆❶ **誤** 政令で定める使用人は，登録を受けることができる。 ステップ15

宅建業者である法人が，業務停止処分に違反したとして宅建業の免許の取消しを受けた場合，当該取消しに係る聴聞の期日及び場所の公示の日前60日以内にその法人の役員であった者で当該取消しの日から5年を経過しないものは，登録を受けることができない(業法18条1項3号)。したがって，役員でない政令で定める使用人であった者は，免許取消しの日から5年を経過していなくとも，登録を受けることができる。よって，本肢は誤り。

☆❷ **誤** 登録先の都道府県知事に対して申請しなければならない。 ステップ15 ステップ17

宅地建物取引士は，登録を受けている事項に変更があったときは，遅滞なく変更の登録を申請しなければならない(業法20条，18条1項)。そして，変更の登録の申請は，登録先の都道府県知事に行う必要がある。したがって，Aは乙県知事でなく，甲県知事に対して，変更の登録を申請しなければならない。よって，本肢は誤り。

☆❸ **正** 登録を受けている者は，住所に変更があったときは，遅 ステップ17
滞なく，変更の登録を申請しなければならない(業法20条，18条2項)。登録を受けている以上，宅地建物取引士証の交付を受けていなくても，登録先の都道府県知事に変更の登録を申請しなければならない。よって，本肢は正しく，本問の正解肢となる。

☆❹ **誤** 2年以上の実務経験又は登録実務講習を受けることが必 ステップ15 ステップ20
要。

宅地建物取引士資格試験に合格した者で，宅地建物の取引に関し2年以上の実務経験を有する者又は国土交通大臣が2年以上の実務経験を有する者と同等以上の能力を有すると認めた者は，登録を受けることができる(業法18条1項，規則13条の15)。国土交通大臣が2年以上の実務経験を有する者と同等以上の能力を有すると認めた者とは，登録実務講習を受講し一定の基準に達した者等をいう。したがって，実務経験がなく登録を受けようとする場合は，登録実務講習を受講する必要がある。よって，本肢は誤り。なお，合格した日から1年以内で受講が不要となるのは，法定講習である(業法22条の2第2項)。

● 第1編 宅建業法

# 宅地建物取引士の登録

**問 29** 宅地建物取引士資格登録（以下この問において「登録」という。）に関する次の記述のうち，宅地建物取引業法の規定によれば，正しいものはどれか。

❶ 甲県知事の登録を受けているAは，甲県知事に対して宅地建物取引士証の交付を申請することができるが，Aの登録及び宅地建物取引士証の有効期間は，5年である。

❷ 宅地建物取引士Bが，宅地建物取引士として行う事務に関し不正な行為をし，令和2年5月1日から6月間の事務の禁止の処分を受け，同年6月1日に登録の消除の申請をして消除された場合，Bは，同年12月1日以降でなければ登録を受けることができない。

❸ 宅地建物取引業者C（法人）が，不正の手段により免許を受けたとして免許を取り消された場合，当該取消しに係る聴聞の期日及び場所の公示の前日にCの役員であったDは，取消しの日から5年を経過しなければ，登録を受けることができない。

❹ 甲県知事の登録を受けているEが，不正の手段により登録を受けたことにより登録の消除の処分を受けた場合でも，当該処分の1年後，転居先の乙県で宅地建物取引士資格試験に合格したときは，Eは，いつでも乙県知事の登録を受けることができる。

（本試験 1997 年問 32 改題）

正解肢 **3**

| 合格者正解率 | 不合格者正解率 |
|---|---|
| ── | ── |
| 受験者正解率 | |
| | |

☆❶ **誤** 登録に有効期間はなく，一生有効。

ステップ16
ステップ20

宅地建物取引士証の有効期間は5年であるが，登録は，消除されない限り一生有効である（業法22条の2第3項）。よって，本肢は誤り。

☆❷ **誤** 11月1日以降であれば登録可。

ステップ15

宅地建物取引士が事務禁止処分を受け，その禁止期間中に本人の申請により登録の消除がなされた場合には，事務禁止期間が満了しなければ登録を受けることができない（業法22条1号，18条1項11号）。したがって，令和2年5月1日に6月間の事務禁止処分を受けているBは，同年10月31日を経過すれば，登録を受けることができる。よって，同年12月1日以降でなければ登録を受けることができないとする本肢は誤り。

☆❸ **正** 宅建業者である法人が，不正手段により免許を受けたとして免許を取り消された場合，その法人の役員のうち，当該取消しに係る聴聞の期日及び場所の公示の日の前60日以内に役員であった者は，取消しの日から5年間登録を受けることができない（業法18条1項3号）。Dは，これにあたる。よって，本肢は正しく，本問の正解肢となる。

ステップ15

☆❹ **誤** 登録消除処分から5年間は登録不可。

ステップ15

不正手段により登録を受けたことにより登録の消除処分を受けた者は，その処分の日から5年間は登録を受けることができない（業法18条1項9号）。よって，本肢は誤り。

-----**POINT**-----

登録の基準に関する問題は，免許の基準と扱う知識がかなり重複するので，免許の基準の知識を思い出しながら解答しよう。

●第1編　宅建業法

# 宅地建物取引士の登録 重要度 特A

## 問 30

宅地建物取引業法に規定する宅地建物取引士及びその登録（以下この問において「登録」という。）に関する次の記述のうち，正しいものはどれか。

---

❶　登録を受けている者が精神の機能の障害により宅地建物取引士の事務を適正に行うに当たって必要な認知，判断及び意思疎通を適切に行うことができない者となった場合，本人がその旨を登録をしている都道府県知事に届け出ることはできない。

❷　甲県知事の登録を受けている宅地建物取引士が乙県知事に登録の移転の申請を行うとともに宅地建物取引士証の交付の申請を行う場合，交付の申請前6月以内に行われる乙県知事が指定した講習を受講しなければならない。

❸　宅地建物取引士が，事務禁止処分を受け，宅地建物取引士証をその交付を受けた都道府県知事に速やかに提出しなかったときは，50万円以下の罰金に処せられることがある。

❹　宅地建物取引士が，刑法第222条（脅迫）の罪により，罰金の刑に処せられ，登録が消除された場合，刑の執行を終わり又は執行を受けることがなくなった日から5年を経過するまでは，新たな登録を受けることができない。

(本試験 2020 年 12 月問 43 出題)

| 正解チェック欄 | / | / | / |

LEC東京リーガルマインド　2022年版出る順宅建士 ウォーク問過去問題集②宅建業法　　61

正解肢 **4**

| 合格者正解率 | 不合格者正解率 |
|---|---|
| **64.4**% | **51.1**% |
| 受験者正解率 **61.6**% | |

☆❶ **誤** 本人も届出をすることができる。　　　　　　　ステップ19

宅地建物取引士の登録を受けている者が心身の故障により宅地建物取引士の事務を適正に行うことができない者となった場合，本人又はその法定代理人もしくは同居の親族は，その旨を当該登録をしている都道府県知事に届け出なければならない（業法21条3号）。したがって，本人からの届出も認められている。よって，本肢は誤り。

☆❷ **誤** 登録の移転による場合は法定講習を受講する必要がない。　　　　　　　　　　　　　　　　　　　　　ステップ18

宅地建物取引士が登録の移転の申請とともに，宅地建物取引士証の交付の申請を行う場合，都道府県知事が指定する講習，いわゆる「法定講習」を受講する必要はない（業法19条の2，22条の2第2項但書，4項，5項）。よって，本肢は誤り。

❸ **誤** 10万円以下の過料である。　　　　　　　　　ステップ21

宅地建物取引士は，事務禁止の処分を受けたときは，速やかに，宅地建物取引士証をその交付を受けた都道府県知事に提出しなければならない（業法22条の2第7項，68条2項，4項）。そして，これに反した場合には，10万円以下の過料という罰則がある（業法86条）。50万円以下の罰金ではない。よって，本肢は誤り。

☆❹ **正** 刑法222条（脅迫）の罪を犯したことにより，罰金の刑　ステップ15
に処せられ，その刑の執行を終わり，又は執行を受けることがなくなった日から5年を経過しない者は，登録を受けることができない（業法18条1項7号）。よって，本肢は正しく，本問の正解肢となる。

●第1編　宅建業法

# 宅地建物取引士の登録　重要度 特A

**問 31**

宅地建物取引業者Aの宅地建物取引士Bが，甲県知事の宅地建物取引士資格試験に合格し，同知事の宅地建物取引士資格登録（以下この問において「登録」という。）を受けている場合に関する次の記述のうち，正しいものはどれか。

❶ Bが甲県から乙県に転居しようとする場合，Bは，転居を理由として乙県知事に登録の移転を申請することができる。

❷ Bが，事務禁止の処分を受けている間は，Aの商号に変更があった場合でも，Bは，変更の登録の申請を行うことはできない。

❸ Bは，乙県知事への登録の移転を受けなくても，乙県に所在するAの事務所において専任の宅地建物取引士となることができる。

❹ Bが乙県知事への登録の移転を受けた後，乙県知事に登録を消除され，再度登録を受けようとする場合，Bは，乙県知事に登録の申請をすることができる。

（本試験 1999 年問 45 出題）

## 正解肢 3

☆❶ **誤** 転居を理由に登録の移転は申請できない。 ステップ18

登録を受けている者は、その登録先以外の都道府県内に所在する宅建業者の事務所の業務に従事し、又は従事しようとするときは、当該事務所の所在地を管轄する都道府県知事に対し、登録の移転を申請することができる（業法19条の2）。本肢の場合、宅地建物取引士Bは、その住所を移転するにすぎないから、登録の移転の申請をすることはできない。よって、本肢は誤り。

☆❷ **誤** 勤務先の宅建業者の商号変更は、変更の登録必要。 ステップ17

登録を受けている者は、勤務先の宅建業者の商号に変更があったときは、遅滞なく、変更の登録を申請しなければならない（業法20条、18条2項、規則14条の2第1項5号）。したがって、宅地建物取引士Bは、たとえ事務禁止処分の期間内であっても、勤務先の宅建業者の商号に変更があった以上、変更の登録の申請をしなければならない。よって、本肢は誤り。

☆❸ **正** 登録の効力は全国に及ぶ。したがって、登録の移転を受けなくても、登録先以外の都道府県に所在する事務所の専任の宅地建物取引士となることができる。よって、本肢は正しく、本問の正解肢となる。 ステップ16

☆❹ **誤** 登録の申請先は、合格した試験を行った甲県知事である。 ステップ15

登録の申請は、登録を受けようとする者が合格した試験を行った都道府県知事に対して行う（業法18条1項）。これは、登録の移転を受けた後、登録を消除され、再度登録を受けようとする場合でも同様である。したがって、登録の申請先は、乙県知事ではなく、甲県知事である。よって、本肢は誤り。

# 宅地建物取引士の登録

重要度 A

**問 32** 甲県知事の宅地建物取引士登録（以下この問において「登録」という。）を受けている宅地建物取引士Aに関する次の記述のうち、宅地建物取引業法の規定によれば、正しいものはどれか。

❶ Aが破産手続開始の決定を受けて復権を得ない者に該当することとなったときは、破産手続開始の決定を受けた日から30日以内にAの破産管財人が甲県知事にその旨を届け出なければならない。

❷ Aは、乙県知事から事務の禁止処分を受けたが、乙県内に所在する宅地建物取引業者Bの事務所の業務に従事しているため、その禁止の期間が満了すれば、甲県知事を経由して、乙県知事に登録の移転の申請をすることができる。

❸ Aが無免許営業等の禁止に関する宅地建物取引業法に違反して宅地建物取引業を営み、懲役1年、刑の全部の執行猶予3年及び罰金10万円の刑に処せられ、登録を消除されたとき、その執行猶予期間が満了すれば、その翌日から登録を受けることができる。

❹ Aが役員をしているC社が宅地建物取引業の免許を受けたにもかかわらず、営業保証金を供託せず免許が取り消された場合には、Aの登録は消除される。

（本試験2003年問33改題）

| 合格者正解率 | 不合格者正解率 |
|:---:|:---:|
| **64.9**% | **39.6**% |
| 受験者正解率 51.6% | |

**正解肢 2**

☆❶ **誤** 宅地建物取引士の破産は本人が届け出る。 ステップ19

　宅地建物取引士が破産手続開始の決定を受けて復権を得ない者に該当することとなったときは、破産手続開始の決定を受けた日から30日以内に、本人が、登録をしている都道府県知事にその旨を届け出なければならない（業法21条2号、18条1項2号）。本人が届出をするのであって、破産管財人ではない。よって、本肢は誤り。

☆❷ **正** 宅地建物取引士は、事務の禁止処分を受けた場合、その禁止の期間が満了するまでは登録の移転の申請をすることはできない。しかし、禁止期間が満了すれば、申請することができる。そして、登録の移転の申請は、登録をしている都道府県知事を経由して、業務に従事し又は従事しようとする事務所の所在地を管轄する都道府県知事に対して行う（業法19条の2）。よって、本肢は正しく、本問の正解肢となる。 ステップ18

☆❸ **誤** 業法違反で罰金を納付しているので、5年間登録不可。 ステップ15

　宅地建物取引士は、禁錮以上の刑に処せられ、あるいは宅建業法違反等により罰金の刑に処せられた場合、登録が消除される（業法68条の2第1項1号、18条1項6号、18条1項7号）。本肢の場合、刑の全部の執行猶予が付されているのは懲役についてのみであり、罰金については付されていない。したがって、執行猶予期間が満了しても、Aは、その翌日から登録を受けることはできない。よって、本肢は誤り。

❹ **誤** 営業保証金未供託による免許取消しであれば消除不可。 ステップ15

　宅建業者である法人が、不正の手段により免許を受けたなど業法66条1項8号又は9号に該当することにより免許を取り消された場合、その法人の役員のうち、当該取消しに係る聴聞の期日及び場所の公示の日前60日以内に役員であった者は、登録が消除される（業法68条の2第1項1号、18条1項3号）。しかし、営業保証金を供託せず免許が取り消された場合は、業法66条1項8号又は9号に該当しない。よって、本肢は誤り。

●第1編　宅建業法

# 宅地建物取引士の登録 重要度 特A

## 問 33

次の記述のうち，宅地建物取引業法の規定によれば，正しいものはどれか。

❶ 都道府県知事は，不正の手段によって宅地建物取引士資格試験を受けようとした者に対しては，その試験を受けることを禁止することができ，また，その禁止処分を受けた者に対し2年を上限とする期間を定めて受験を禁止することができる。

❷ 宅地建物取引士の登録を受けている者が本籍を変更した場合，遅滞なく，登録をしている都道府県知事に変更の登録を申請しなければならない。

❸ 宅地建物取引士の登録を受けている者が死亡した場合，その相続人は，死亡した日から30日以内に登録をしている都道府県知事に届出をしなければならない。

❹ 甲県知事の宅地建物取引士の登録を受けている者が，その住所を乙県に変更した場合，甲県知事を経由して乙県知事に対し登録の移転を申請することができる。

(本試験 2009 年問 29 出題)

**正解肢 2**

合格者正解率 **86.3%** 不合格者正解率 **61.0%**

受験者正解率 **78.6%**

**❶ 誤 2年ではない。**

5-2-2

都道府県知事は，不正の手段によって試験を受け，又は受けようとした者に対しては，合格の決定を取り消し，又はその試験を受けることを禁止することができる（業法17条1項）。そして，都道府県知事は，合格の取消し等の処分を受けた者に対し，情状により，3年以内の期間を定めて試験を受けることができないものとすることができる（業法17条3項）。2年を上限とする期間ではない。よって，本肢は誤り。

☆**❷ 正** 登録を受けている者が本籍を変更したときは，本人が，遅滞なく，変更の登録を申請しなければならない（業法20条，18条2項，規則14条の2第1項1号）。よって，本肢は正しく，本問の正解肢となる。

ステップ17

☆**❸ 誤 死亡した日からではない。**

ステップ19

登録を受けている者が死亡した場合，その相続人は，死亡を知った日から30日以内に，登録をしている都道府県知事に届け出なければならない（死亡等の届出，業法21条1号）。死亡した日から30日以内ではない。よって，本肢は誤り。

☆**❹ 誤 住所移転の場合，登録の移転の申請はできない。**

ステップ18

登録の移転の申請ができるのは，登録を受けている者が，その登録先以外の都道府県内に所在する宅建業者の事務所の業務に従事し，又は従事しようとするときである（業法19条の2）。したがって，甲県知事の登録を受けている者が，その住所を乙県に変更しても，登録の移転の申請はできない。よって，本肢は誤り。

●第1編 宅建業法

# 宅地建物取引士証

## 問 34

宅地建物取引士と宅地建物取引士証に関する次の記述のうち、宅地建物取引業法の規定によれば、正しいものはどれか。

---

❶ 宅地建物取引士は、常時宅地建物取引士証を携帯して、取引の関係者から請求があったとき提示することを要し、これに違反したときは、過料に処せられることがある。

❷ 宅地建物取引士は、宅地建物取引士証を紛失した場合、その再交付がなされるまでの間であっても、宅地建物取引士証を提示することなく、重要事項説明を行ったときは、宅地建物取引士としてすべき事務を行うことを禁止されることがある。

❸ 宅地建物取引士は、宅地建物取引士証を他人に貸与してはならず、これに違反したときは、事務の禁止の処分を受けることがあるが、情状が特に重くても、登録を消除されることはない。

❹ 宅地建物取引士は、勤務先を変更したとき、宅地建物取引士証の書換え交付の申請を行わなければならない。

(本試験 1994 年問 37 改題)

正解肢 **2**

| 合格者正解率 | 不合格者正解率 |
|---|---|
| ─ | ─ |

受験者正解率 ─

☆❶ **誤** 取引関係者からの請求時に提示しなくても，罰則なし。 `ステップ21` `ステップ62`

宅地建物取引士は，取引の関係者から請求があったときには，必ず宅地建物取引士証を提示しなければならない（業法22条の4）。しかし，この規定に違反したとしても，過料に処せられることはない。重要事項の説明の際の宅地建物取引士証の提示義務に違反したときに過料に処せられることと区別してほしい。よって，本肢は誤り。

☆❷ **正** 宅地建物取引士は，重要事項の説明をするときには，必ず宅地建物取引士証を提示しなければならない（業法35条4項）。この規定に違反すると，宅地建物取引士は，事務禁止処分を受けることがある（業法68条2項，4項）。よって，本肢は正しく，本問の正解肢となる。 `ステップ21`

❸ **誤** 情状が特に重い場合，登録を消除されることもある。 `15-3-3` `15-3-4`

宅地建物取引士は，宅地建物取引士証を他人に貸与するなどして，他人に自己の名義の使用を許し，その他人が宅地建物取引士の名義を使用して宅地建物取引士である旨を表示したときには，事務禁止処分を受けることがある（業法68条2項，4項）。そして，この規定に違反して情状が特に重いときには，登録消除処分を受けることがある（業法68条の2第1項4号）。よって，本肢は誤り。

☆❹ **誤** 勤務先を変更しても，宅地建物取引士証の書換えは不要。 `ステップ21`

宅地建物取引士は，その氏名又は住所を変更したときは，変更の登録の申請とあわせて，宅地建物取引士証の書換え交付を申請しなければならない（規則14条の13）。しかし，勤務先を変更したときには，宅地建物取引士証の書換え交付を申請する必要はない。よって，本肢は誤り。

70　LEC東京リーガルマインド　2022年版出る順宅建士 ウォーク問過去問題集②宅建業法

●第1編 宅建業法

# 宅地建物取引士証

## 問 35

宅地建物取引士Ａが甲県知事の宅地建物取引士資格登録（以下この問において「登録」という。）を受けている場合に関する次の記述のうち，正しいものはどれか。

---

❶ Ａが，乙県に所在する宅地建物取引業者の事務所の業務に従事するため，登録の移転とともに宅地建物取引士証の交付を受けたとき，登録移転後の新たな宅地建物取引士証の有効期間は，その交付の日から5年となる。

❷ Ａが，宅地建物取引士として行う事務に関し不正な行為をしたとして，乙県知事から事務禁止処分を受けたときは，Ａは，速やかに，宅地建物取引士証を乙県知事に提出しなければならない。

❸ Ａは，氏名を変更したときは，遅滞なく変更の登録を申請するとともに，当該申請とあわせて，宅地建物取引士証の書換え交付を申請しなければならない。

❹ Ａは，宅地建物取引士証の有効期間の更新を受けようとするときは，甲県知事に申請し，その申請前6月以内に行われる国土交通大臣の登録を受けた講習を受講しなければならない。

(本試験 1998 年問 30 改題)

## 正解肢 3

☆ ❶ **誤** 移転前の宅地建物取引士証の有効期間の残りの期間となる。 ステップ20

　宅地建物取引士証の有効期間は5年であるが（業法22条の2第3項），登録の移転とともに，宅地建物取引士証の交付を受けたときは，その移転後の新たな宅地建物取引士証の有効期間は，移転前の宅地建物取引士証の有効期間の残りの期間である（業法22条の2第3項，5項）。したがって，本肢の宅地建物取引士証の有効期間は，「交付の日から5年」にはならない。よって，本肢は誤り。

☆ ❷ **誤** 甲県知事に提出しなければならない。 ステップ21

　宅地建物取引士が，監督処分として事務の禁止処分を受けたときは，速やかに宅地建物取引士証をその「交付を受けた都道府県知事」に提出しなければならない（業法22条の2第7項）。したがって，Aは，乙県知事にではなく，甲県知事に宅地建物取引士証を提出しなければならない。よって，本肢は誤り。

☆ ❸ **正** 宅地建物取引士が氏名を変更したときは，変更の登録の申請とともに宅地建物取引士証の書換え交付を申請しなければならない（業法20条，規則14条の13）。したがって，Aは，変更の登録とともに宅地建物取引士証の書換え交付の申請をしなければならない。よって，本肢は正しく，本問の正解肢となる。 ステップ21

☆ ❹ **誤** 知事が指定する講習を受講しなければならない。 ステップ20

　宅地建物取引士証の更新を受けようとするときは，その申請前6カ月以内に，都道府県知事が指定する講習を受講しなければならない（業法22条の3第2項，22条の2第2項）。「国土交通大臣の登録を受けた講習」ではない。よって，本肢は誤り。

72　LEC東京リーガルマインド　2022年版出る順宅建士 ウォーク問過去問題集②宅建業法

●第1編 宅建業法

# 宅地建物取引士証

重要度 A

## 問 36

宅地建物取引士Ａが，甲県知事から宅地建物取引士証の交付を受けている場合に関する次の記述のうち，正しいものはどれか。

❶ Ａが，乙県知事に対し宅地建物取引士資格登録の移転の申請とともに宅地建物取引士証の交付を申請したとき，Ａは，乙県知事から新たな宅地建物取引士証の交付を受けた後，1週間以内に甲県知事に従前の宅地建物取引士証を返納しなければならない。

❷ Ａが，乙県の区域内における業務に関して乙県知事から事務禁止の処分を受けたとき，Ａは，1週間以内に乙県知事に宅地建物取引士証を提出しなければならない。

❸ Ａが，宅地建物取引士証の有効期間の更新を受けようとするとき，Ａは，甲県知事が指定する講習で有効期間満了の日前1年以内に行われるものを受講しなければならない。

❹ Ａが，甲県の区域内における業務に関して事務禁止の処分を受け，甲県知事に宅地建物取引士証を提出した場合で，その処分の期間の満了後返還を請求したとき，甲県知事は，直ちに，宅地建物取引士証をＡに返還しなければならない。

(本試験 1999 年問 31 出題)

**正解肢 4**

| 合格者正解率 | 不合格者正解率 |
|---|---|
| — | — |

受験者正解率 —

☆**❶ 誤** 後で返納するのではなく，引換え交付となる。 ステップ20

　登録の移転の申請とともに宅地建物取引士証の交付を申請した
とき，新たな宅地建物取引士証の交付は，従前の宅地建物取引士
証と引換えに行われる（規則14条の14）。よって，本肢は誤り。

☆**❷ 誤** 「速やかに」「甲県知事に」提出しなければならない。 ステップ21

　宅地建物取引士が，事務禁止処分を受けたときは，速やかに，
宅地建物取引士証をその交付を受けた都道府県知事に提出しなけ
ればならない（業法22条の2第7項）。したがって，Aは，「速
やかに」「甲県知事」に宅地建物取引士証を提出しなければなら
ない。よって，本肢は誤り。

☆**❸ 誤** 交付申請前6カ月以内に行われる講習を受講。 ステップ20

　宅地建物取引士証の有効期間の更新を受けようとするときは登
録をしている都道府県知事が指定する講習で交付申請前6カ月以
内に行われるもの（法定講習）を受講しなければならない（業法
22条の3第2項，22条の2第2項）。「1年以内」ではない。よっ
て，本肢は誤り。

☆**❹ 正** 宅地建物取引士が事務禁止処分を受けたことにより，宅 5-4-4
地建物取引士証の提出を受けた都道府県知事は，事務禁止期間が
満了した場合において，その提出者から返還の請求があったとき
は，直ちに，宅地建物取引士証を返還しなければならない（業法
22条の2第8項）。よって，本肢は正しく，本問の正解肢となる。

---------------------- **POINT** ----------------------
　本問は，正解肢自体はやや細かな知識を問う問題であるが，そ
の他の選択肢ではかなり基本的な知識が問われている。消去法で
確実に押さえたい問題である。
------------------------------------------------------

●第1編　宅建業法

# 宅地建物取引士総合　重要度 特A

## 問 37

宅地建物取引士資格登録（以下この問において「登録」という。）及び宅地建物取引士証に関する次の記述のうち，宅地建物取引業法の規定によれば，正しいものはどれか。

---

❶ 甲県知事の登録を受けて，甲県に所在する宅地建物取引業者Aの事務所の業務に従事する者が，乙県に所在するAの事務所の業務に従事することとなったときは，速やかに，甲県知事を経由して，乙県知事に対して登録の移転の申請をしなければならない。

❷ 登録を受けている者で宅地建物取引士証の交付を受けていない者が重要事項説明を行い，その情状が特に重いと認められる場合は，当該登録の消除の処分を受け，その処分の日から5年を経過するまでは，再び登録を受けることができない。

❸ 丙県知事から宅地建物取引士証の交付を受けている宅地建物取引士が，宅地建物取引士証の有効期間の更新を受けようとするときは，丙県知事に申請し，その申請前6月以内に行われる国土交通大臣の指定する講習を受講しなければならない。

❹ 丁県知事から宅地建物取引士証の交付を受けている宅地建物取引士が，宅地建物取引士証の亡失によりその再交付を受けた後において，亡失した宅地建物取引士証を発見したときは，速やかに，再交付された宅地建物取引士証をその交付を受けた丁県知事に返納しなければならない。

（本試験 2007 年問 31 出題）

**正解肢 2**

| 合格者正解率 | 不合格者正解率 |
|---|---|
| **80.2%** | **57.3%** |

受験者正解率 **70.6%**

☆**❶ 誤** 登録の移転を申請する義務はない。　ステップ18

　　登録を受けている者は，登録をしている都道府県知事の管轄する都道府県以外の都道府県に所在する宅建業者の事務所の業務に従事し，又は従事しようとするときは，当該事務所の所在地を管轄する都道府県知事に対し，当該登録をしている都道府県知事を経由して，登録の移転の申請をすることができる。登録の移転の申請をするかどうかは任意であり，「申請しなければならない」ものではない（業法19条の2）。よって，本肢は誤り。

☆**❷ 正** 登録を受けている者で宅地建物取引士証の交付を受けていない者が宅地建物取引士としてすべき事務を行い，その情状が特に重いと認められる場合は，登録の消除の処分を受け，その処分の日から5年間は，登録を受けることができない（業法68条の2第2項3号，18条1項9号）。よって，本肢は正しく，本問の正解肢となる。　ステップ15

☆**❸ 誤** 都道府県知事の指定する講習を受講。　ステップ20

　　宅地建物取引士証の有効期間の更新を受けようとする者は，登録をしている都道府県知事が国土交通省令の定めるところにより指定する講習で交付の申請前6カ月以内に行われるものを受講しなければならない（業法22条の3第2項，22条の2第2項）。したがって，受講しなければならないのは，国土交通大臣の指定する講習ではない。よって，本肢は誤り。

☆**❹ 誤** 発見した宅地建物取引士証を返納する。　ステップ21

　　宅地建物取引士は，宅地建物取引士証の亡失によりその再交付を受けた後において，亡失した宅地建物取引士証を発見したときは，すみやかに，発見した宅地建物取引士証をその交付を受けた都道府県知事に返納しなければならない（規則14条の15第5項）。したがって，返納しなければならないのは，再交付された宅地建物取引士証ではなく発見した宅地建物取引士証である。よって，本肢は誤り。

● 第1編 宅建業法

# 宅地建物取引士総合 重要度 特A

## 問 38

次の記述のうち,宅地建物取引業法(以下この問において「法」という。)の規定によれば,正しいものはどれか。

❶ 宅地建物取引士が死亡した場合,その相続人は,死亡した日から30日以内に,その旨を当該宅地建物取引士の登録をしている都道府県知事に届け出なければならない。

❷ 甲県知事の登録を受けている宅地建物取引士は,乙県に所在する宅地建物取引業者の事務所の業務に従事しようとするときは,乙県知事に対し登録の移転の申請をし,乙県知事の登録を受けなければならない。

❸ 宅地建物取引士は,事務禁止の処分を受けたときは宅地建物取引士証をその交付を受けた都道府県知事に提出しなくてよいが,登録消除の処分を受けたときは返納しなければならない。

❹ 宅地建物取引士は,法第37条に規定する書面を交付する際,取引の関係者から請求があったときは,専任の宅地建物取引士であるか否かにかかわらず宅地建物取引士証を提示しなければならない。

(本試験 2018 年問 42 出題)

正解肢 **4**

| 合格者正解率 | 不合格者正解率 |
|---|---|
| **87.0%** | **60.7%** |
| 受験者正解率 **75.5%** | |

☆**❶ 誤　死亡を「知った」日から30日以内である。** `ステップ19`

　宅地建物取引士が死亡した場合，その相続人は，死亡の事実を知った日から30日以内に，その旨を当該宅地建物取引士が登録をしている都道府県知事に届け出なければならない（業法21条1号）。「死亡の事実を知った日から30日以内」であり，「死亡した日から30日以内」ではない。よって，本肢は誤り。

☆**❷ 誤　登録の移転の申請は任意である。** `ステップ18`

　宅地建物取引士の登録を受けている者は，当該登録をしている都道府県知事の管轄する都道府県以外の都道府県に所在する宅建業者の事務所の業務に従事し，又は従事しようとするときは，当該事務所の所在地を管轄する都道府県知事に対し，当該登録をしている都道府県知事を経由して，登録の移転の申請をすることができる(業法19条の2)。この登録の移転の申請をするかどうかは任意であり，「申請し，その登録を受けなければならない」ものではない。よって，本肢は誤り。

☆**❸ 誤　宅地建物取引士証を提出しなければならない。** `ステップ21`

　宅地建物取引士は，事務禁止処分を受けた場合には，速やかに宅地建物取引士証をその交付を受けた都道府県知事に提出しなければならない（業法22条の2第7項）。よって，本肢は誤り。なお，「登録消除の処分を受けたときは返納しなければならない」とする点は正しい（業法22条の2第6項）。

☆**❹ 正　**宅地建物取引士は，取引の関係者から請求があったとき，宅地建物取引士証を提示しなければならない（業法22条の4）。よって，本肢は正しく，本問の正解肢となる。なお，重要事項の説明をしようとするときは，取引の関係者の請求の有無を問わず宅地建物取引士証を提示しなければならない（業法35条4項）。そして，これらの提示義務は専任の宅地建物取引士であるか否かにかかわらず生じる。 `ステップ21`

●第1編　宅建業法

# 宅地建物取引士総合　重要度 特A

**問 39**　宅地建物取引士と宅地建物取引士証に関する次の記述のうち，宅地建物取引業法（以下この問において「法」という。）の規定に違反しないものはどれか。

❶　Aは，専任の宅地建物取引士として従事していた宅地建物取引業者B社を退職し，宅地建物取引業者C社に専任の宅地建物取引士として従事することとなり，B社は宅地建物取引業者名簿登載事項の変更の届出をAの退職から半年後に，C社はAの就任から10日後に当該届出を行った。

❷　Dは，宅地建物取引業者が業務に関し展示会を実施する場所であって，宅地又は建物の売買の契約を締結する国土交通省令で定める場所（業務に従事する者11名）における唯一の専任の宅地建物取引士である。

❸　Eは，自らが有する宅地建物取引士証の有効期間が満了して半年になるが，宅地建物取引士資格登録をしている都道府県知事が指定する講習を受講したので，当該宅地建物取引士証の更新の申請をせず，宅地建物取引士としてすべき事務を行っている。

❹　Fは，宅地建物取引士として宅地の売買に係る法第37条の書面の交付を買主に対して行い，その際，買主から宅地建物取引士証の提示を求められたが，法第35条の重要事項の説明を行う際に提示していたので，これを拒んだ。

（本試験2002年問31出題）

| 正解チェック欄 | / | / | / |
| --- | --- | --- | --- |

LEC東京リーガルマインド　2022年版出る順宅建士 ウォーク問過去問題集②宅建業法　79

**正解肢 2**

| 合格者正解率 | 不合格者正解率 |
|:---:|:---:|
| **90.0%** | **65.3%** |

受験者正解率 **78.8%**

☆**❶ 違反する**　　変更の届出は 30 日以内。　　　　［ステップ9］

　宅建業者は，宅地建物取引業者名簿登載事項のうち，事務所ごとに置かれる成年者である専任の宅地建物取引士の氏名に変更があった場合，30 日以内にその旨を免許権者に届け出なければならない（変更の届出，業法 9 条，8 条 2 項 6 号，31 条の 3 第 1 項）。よって，B 社が半年後に変更の届出をしている本肢は，宅建業法の規定に違反する。

☆**❷ 違反しない**　宅建業者は，業務に関し展示会その他これに類する催しを実施する場所で，契約の締結等を行う場合，それぞれの場所ごとに，1 名以上の成年者である専任の宅地建物取引士を置かなければならない（業法 31 条の 3 第 1 項，規則 15 条の 5 の 2 第 4 号，15 条の 5 の 3）。よって，本肢は宅建業法の規定に違反せず，本問の正解肢となる。　　　　　　　　　　　　　　［ステップ12］

☆**❸ 違反する**　　宅地建物取引士ではないため事務を行うことはできない。　　　　　　　　　　　　　　　　　　　　　　　［ステップ13］

　宅地建物取引士証の有効期間は，申請により更新する（業法 22 条の 3 第 1 項）。そして，宅地建物取引士証の交付を受けようとする者は，登録をしている都道府県知事が指定する講習で交付の申請前 6 カ月以内に行われるものを受講しなければならない（業法 22 条の 3 第 2 項，22 条の 2 第 2 項）。したがって，都道府県知事が指定する講習を受講したのみで，宅地建物取引士証の更新の申請を行っていなければ，宅地建物取引士証の更新はされていないので，E は，宅地建物取引士としてすべき事務を行うことができない。よって，本肢は宅建業法の規定に違反する。

☆**❹ 違反する**　　請求があったときは提示しなければならない。　　　　　　　　　　　　　　　　　　　　　　　　　　　［ステップ21］

　宅地建物取引士は，取引の関係者から請求があったときは，宅地建物取引士証を提示しなければならない（業法 22 条の 4）。これは，重要事項の説明の際に提示していても同様である。よって，取引の関係者である買主から宅地建物取引士証の提示を求められたにもかかわらず，F がこれを拒んでいる本肢は，宅建業法の規定に違反する。

● 第1編　宅建業法

# 宅地建物取引士総合

重要度 特A

**問 40**

宅地建物取引士資格登録（以下この問において「登録」という。）又は宅地建物取引士に関する次の記述のうち，宅地建物取引業法の規定によれば，正しいものはどれか。

❶ 甲県知事の登録を受けている宅地建物取引士が，乙県に住所を移転し，丙県知事免許を受けている宅地建物取引業者に勤務先を変更した場合，甲県知事を経由して乙県知事に対し，登録の移転の申請をすることができる。

❷ 宅地建物取引士が取締役をしている宅地建物取引業者が，不正の手段により宅地建物取引業の免許を受けたとして，その免許を取り消されるに至った場合，当該宅地建物取引士はその登録を消除される。

❸ 宅地建物取引士が勤務している宅地建物取引業者が，宅地建物取引業に関し不正な行為をして業務停止処分を受けた場合，当該宅地建物取引士は速やかに，宅地建物取引士証をその交付を受けた都道府県知事に提出しなければならない。

❹ 宅地建物取引士が破産手続開始の決定を受けた者となり，自ら登録の消除を申請した場合，復権を得てから5年を経過しなければ，新たに登録をすることはできない。

（本試験 2002 年問 35 改題）

| 正解チェック欄 | / | / | / |

**正解肢 2**

| 合格者正解率 | 不合格者正解率 |
|---|---|
| **75.9**% | **49.6**% |

受験者正解率 **64.0**%

☆❶ **誤** 丙県知事に対してである。　　　　　　　　　[ステップ18]

　登録をしている都道府県知事の管轄する都道府県以外の都道府県に所在する宅建業者の事務所の業務に従事し，又は従事しようとするときは，当該事務所の所在地を管轄する都道府県知事に対し，登録をしている都道府県知事を経由して，登録の移転の申請をすることができる（業法19条の2）。したがって，甲県知事を経由して「丙県知事」に対して申請できるのであり，「乙県知事」に対してではない。よって，本肢は誤り。

☆❷ **正** 業法66条1項8号，9号に該当することにより免許を　[ステップ15]
取り消された者が法人である場合，当該取消しに係る聴聞の期日及び場所の公示の日前60日以内にその法人の役員であった者は，登録を消除される（業法68条の2第1項1号，18条1項3号）。よって，本肢は正しく，本問の正解肢となる。

☆❸ **誤** 宅地建物取引士証を提出する必要はない。　　　　[ステップ21]

　宅地建物取引士は，事務禁止の処分を受けたときは，速やかに，宅地建物取引士証をその交付を受けた都道府県知事に提出しなければならない（業法22条の2第7項）。しかし，勤務先の宅建業者が業務停止処分を受けたことは，宅地建物取引士証を提出する事由にはあたらない。よって，本肢は誤り。

☆❹ **誤** 復権を得れば直ちに登録可。　　　　　　　　　　[ステップ15]

　破産手続開始の決定を受けて復権を得ない者は，登録を受けることができない（業法18条1項2号）。しかし，復権を得れば，直ちに登録を受けることができる。よって，本肢は誤り。

82　　LEC東京リーガルマインド　2022年版出る順宅建士 ウォーク問過去問題集②宅建業法

●第1編　宅建業法

# 宅地建物取引士総合　重要度 特A

## 問 41

宅地建物取引業法（以下この問において「法」という。）に規定する宅地建物取引士及び宅地建物取引士証に関する次の記述のうち，正しいものはどれか。

❶ 宅地建物取引業者は，20戸以上の一団の分譲建物の売買契約の申込みのみを受ける案内所を設置し，売買契約の締結は事務所で行う場合，当該案内所には専任の宅地建物取引士を置く必要はない。

❷ 未成年者は，成年者と同一の行為能力を有していたとしても，成年に達するまでは宅地建物取引士の登録を受けることができない。

❸ 宅地建物取引士は，法第35条の規定による重要事項説明を行うにあたり，相手方から請求があった場合にのみ，宅地建物取引士証を提示すればよい。

❹ 宅地建物取引士資格試験に合格した日から1年以内に宅地建物取引士証の交付を受けようとする者は，登録をしている都道府県知事の指定する講習を受講する必要はない。

（本試験 2011 年問 28 出題）

**正解肢 4**

| 合格者正解率 | 不合格者正解率 |
|:---:|:---:|
| **86.6**% | **64.2**% |
| 受験者正解率 **75.7**% | |

☆❶ **誤** 専任の宅地建物取引士を置かなければならない。 ステップ12

　一団の分譲建物の売買契約の申込みのみを受ける案内所には，成年者である専任の宅地建物取引士を置かなければならない（業法31条の3第1項，規則15条の5の2第2号）。よって，本肢は誤り。

☆❷ **誤** 成年者と同一の行為能力を有していれば，登録できる。 ステップ15

　成年者と同一の行為能力を有する未成年者は，登録の基準等を満たせば，宅地建物取引士の登録を受けることができる（業法18条1項1号）。よって，本肢は誤り。

☆❸ **誤** 重要事項説明では，必ず宅地建物取引士証を提示する。 ステップ21

　宅地建物取引士は，重要事項説明をするときは，相手方から請求がなくても，説明の相手方に，必ず宅地建物取引士証を提示しなければならない（業法35条4項）。よって，本肢は誤り。

☆❹ **正** 宅地建物取引士証の交付を受けようとする者は，登録をしている都道府県知事が指定する講習で交付の申請前6カ月以内に行われるものを受講しなければならない（業法22条の2第2項本文）。しかし，宅建士試験に合格した日から1年以内に宅地建物取引士証の交付を受けようとする者は，当該講習を受講する必要はない（業法22条の2第2項但書）。よって，本肢は正しく，本問の正解肢となる。 ステップ20

# 宅地建物取引士総合

## 問 42

宅地建物取引士に関する次の記述のうち、宅地建物取引業法の規定によれば、正しいものはどれか。

❶ 宅地建物取引業者A社は、その主たる事務所に従事する唯一の専任の宅地建物取引士が退職したときは、30日以内に、新たな専任の宅地建物取引士を設置しなければならない。

❷ 宅地建物取引業者B社は、10戸の一団の建物の分譲の代理を案内所を設置して行う場合、当該案内所に従事する者が6名であるときは、当該案内所に少なくとも2名の専任の宅地建物取引士を設置しなければならない。

❸ 宅地建物取引業者C社（甲県知事免許）の主たる事務所の専任の宅地建物取引士Dが死亡した場合、当該事務所に従事する者17名に対し、専任の宅地建物取引士4名が設置されていれば、C社が甲県知事に届出をする事項はない。

❹ 宅地建物取引業者E社（甲県知事免許）の専任の宅地建物取引士であるF（乙県知事登録）は、E社が媒介した丙県に所在する建物の売買に関する取引において宅地建物取引士として行う事務に関し著しく不当な行為をした場合、丙県知事による事務禁止処分の対象となる。

(本試験 2012 年問 36 出題)

**正解肢 4**

合格者正解率 **95.1%**　不合格者正解率 **63.8%**
受験者正解率 **84.3%**

☆❶ **誤**　30日以内ではなく，2週間以内に必要な措置をとらなければならない。 [ステップ5]

　宅建業者は，事務所ごとに成年者である専任の宅地建物取引士を置かなければならない（業法31条の3第1項）。そして，成年者である専任の宅地建物取引士の設置要件を欠くに至ったときは，2週間以内に必要な措置を執らなければならない（業法31条の3第3項，1項，規則15条の5の3）。よって，本肢は誤り。

☆❷ **誤**　従業員数にかかわらず1人でよい。 [ステップ12]

　宅建業者は，10区画以上の一団の宅地又は10戸以上の一団の建物の分譲を行う案内所で，宅地建物の売買などの契約を締結し，又は，これらの契約の申込みを受けるときは，従業者数にかかわらず，その案内所に1名以上の成年者である専任の宅地建物取引士を置かなければならない（業法31条の3第1項，規則15条の5の2第2号，15条の5の3）。よって，本肢は誤り。

☆❸ **誤**　専任の宅地建物取引士の設置義務を果たしていても，届出は必要である。 [ステップ9]

　宅建業者は，宅地建物取引業者名簿登載事項のうち，事務所ごとに置かれる成年者である専任の宅地建物取引士の氏名に変更があった場合，30日以内にその旨を免許権者に届け出なければならない（変更の届出，業法9条，8条2項6号，31条の3第1項）。専任の宅地建物取引士の設置義務を果たしていても，届出は必要である。よって，本肢は誤り。

☆❹ **正**　都道府県知事は，当該都道府県の区域内において，他の都道府県知事の登録を受けている宅地建物取引士が宅地建物取引士として行う事務に関し不正又は著しく不当な行為をした場合においては，当該宅地建物取引士に対し，1年以内の期間を定めて，宅地建物取引士としてすべき事務を行うことを禁止することができる（業法68条4項，1項3号）。よって，本肢は正しく，本問の正解肢となる。 [ステップ60]

●第1編　宅建業法

# 宅地建物取引士総合

**重要度 A**

## 問 43

宅地建物取引士資格登録（以下この問において「登録」という。）又は宅地建物取引士に関する次の記述のうち，宅地建物取引業法の規定によれば，正しいものはいくつあるか。

---

**ア** 宅地建物取引士（甲県知事登録）が，乙県で宅地建物取引業に従事することとなったため乙県知事に登録の移転の申請をしたときは，移転後新たに5年を有効期間とする宅地建物取引士証の交付を受けることができる。

**イ** 宅地建物取引士は，取引の関係者から宅地建物取引士証の提示を求められたときは，宅地建物取引士証を提示しなければならないが，従業者証明書の提示を求められたときは，宅地建物取引業者の代表取締役である宅地建物取引士は，当該証明書がないので提示をしなくてよい。

**ウ** 宅地建物取引士が心身の故障により宅地建物取引士の事務を適正に行うことができない者として国土交通省令で定めるものとなったときは，本人又はその法定代理人若しくは同居の親族は，3月以内に，その旨を登録をしている都道府県知事に届け出なければならない。

**エ** 宅地建物取引士の氏名等が登載されている宅地建物取引士資格登録簿は一般の閲覧に供されることはないが，専任の宅地建物取引士は，その氏名が宅地建物取引業者名簿に登載され，当該名簿が一般の閲覧に供される。

**❶** 一つ
**❷** 二つ
**❸** 三つ
**❹** なし

（本試験 2016 年問 38 改題）

| 正解チェック欄 | ／ | ／ | ／ |
|---|---|---|---|

LEC東京リーガルマインド　2022年版出る順宅建士 ウォーク問過去問題集②宅建業法　　87

**正解肢 1**

合格者正解率 **48.8** %　不合格者正解率 **36.7** %

受験者正解率 **44.4**%

☆**ア　誤**　移転後新たに5年ではない。

ステップ20

　宅地建物取引士証の有効期間は5年であるが（業法22条の2第3項），登録の移転とともに，宅地建物取引士証の交付を受けたときは，その移転後の新たな宅地建物取引士証の有効期間は，移転前の宅地建物取引士証の有効期間の残りの期間である（業法22条の2第4項，5項）。よって，本肢は誤り。

☆**イ　誤**　代表取締役も提示義務がある。

ステップ21

　宅地建物取引士は，取引の関係者から請求があったときは，宅地建物取引士証を提示しなければならない（業法22条の4）。したがって，前半部分は正しい。次に，宅建業者は，従業者に，その従業者であることを証する証明書を携帯させなければ，その者をその業務に従事させてはならない（業法48条1項）が，この従業者には代表者も含む（解釈・運用の考え方）。そして，従業者は，取引の関係者から請求があったときは，従業者証明書を提示しなければならない（業法48条2項）。したがって，宅建業者の代表取締役である宅地建物取引士であっても，従業者証明書を携帯しなければならず，取引の関係者からの請求があれば提示しなければならない。よって，本肢は誤り。

☆**ウ　誤**　3カ月以内ではなく30日以内。

ステップ19

　登録を受けている者が，心身の故障により宅地建物取引士の事務を適正に行うことができない者として国土交通省令で定めるものとなった場合，本人又はその法定代理人もしくは同居の親族は，30日以内に，登録をしている都道府県知事に届け出なければならない（業法21条3号）。3カ月以内ではない。よって，本肢は誤り。

**エ　正**　国土交通大臣又は都道府県知事は，宅建業者名簿を一般の閲覧に供しなければならない（業法10条）。しかし，宅地建物取引士資格登録簿については，そのような規定はなく，一般の閲覧には供されない。よって，本肢は正しい。

　以上より，正しいものはエの一つであり，**❶**が本問の正解肢となる。

●第1編　宅建業法

# 宅地建物取引士総合 重要度 特A

## 問 44

宅地建物取引業法に規定する宅地建物取引士資格登録（以下この問において「登録」という。），宅地建物取引士及び宅地建物取引士証に関する次の記述のうち，正しいものはいくつあるか。

---

**ア** 登録を受けている者は，登録事項に変更があった場合は変更の登録申請を，また，破産手続開始の決定を受けて復権を得ない者となった場合はその旨の届出を，遅滞なく，登録している都道府県知事に行わなければならない。

**イ** 宅地建物取引士証の交付を受けようとする者（宅地建物取引士資格試験合格日から1年以内の者又は登録の移転に伴う者を除く。）は，都道府県知事が指定した講習を，交付の申請の90日前から30日前までに受講しなければならない。

**ウ** 宅地建物取引業法第35条に規定する事項を記載した書面への記名押印及び同法第37条の規定により交付すべき書面への記名押印については，専任の宅地建物取引士でなければ行ってはならない。

**エ** 宅地建物取引士は，事務禁止処分を受けた場合，宅地建物取引士証をその交付を受けた都道府県知事に速やかに提出しなければならないが，提出しなかったときは10万円以下の過料に処せられることがある。

**❶** 一つ
**❷** 二つ
**❸** 三つ
**❹** なし

（本試験 2013 年問 44 改題）

| 正解 チェック 欄 | / | / | / |

LEC東京リーガルマインド　2022年版出る順宅建士 ウォーク問過去問題集②宅建業法　89

| 正解肢 1 | 合格者正解率 | 不合格者正解率 |
|---|---|---|
| | **45.2%** | **28.9%** |
| | 受験者正解率 **38.9%** | |

☆**ア 誤** 破産をした日から30日以内に届出。　　　ステップ19

　　宅地建物取引士登録を受けている者は，氏名，住所，本籍，勤務先の商号又は名称，免許証番号に変更があったときには，遅滞なく，変更の登録を申請しなければならない（業法20条，18条2項）。また，宅地建物取引士登録を受けている者が破産手続開始の決定を受けて復権を得ない者となった場合には，本人は，その日から30日以内に届け出なければならない（業法21条2号，18条1項2号）。よって，本肢は誤り。

☆**イ 誤** 申請前6カ月以内の法定講習を受講する必要がある。　ステップ20

　　宅地建物取引士証の交付を受けようとする者は，原則として，登録をしている都道府県知事が指定する講習で，交付の申請前6カ月以内に行われるものを受講しなければならない（業法22条の2第2項）。交付の申請の90日前から30日前までに受講するのではない。よって，本肢は誤り。

☆**ウ 誤** 宅地建物取引士であればよく，「専任」である必要はない。　ステップ14

　　35条書面も37条書面も，宅地建物取引士が記名押印しなければならないが（業法35条5項，37条3項），宅地建物取引士であればよく，専任の宅地建物取引士である必要はない。よって，本肢は誤り。

☆**エ 正** 宅地建物取引士は，事務禁止処分を受けた場合には，速やかに宅地建物取引士証をその交付を受けた都道府県知事に提出しなければならない（業法22条の2第7項）。これに違反した場合には，10万円以下の過料に処せられる（業法86条）。よって，本肢は正しい。　ステップ21

　　以上より，正しいものはエの一つであり，**❶**が本問の正解肢となる。

90　　LEC東京リーガルマインド　2022年版出る順宅建士 ウォーク問過去問題集②宅建業法

● 第1編　宅建業法

# 宅地建物取引士総合　重要度 特A

## 問 45

次の記述のうち，宅地建物取引業法（以下この問において「法」という。）の規定によれば，正しいものはどれか。

❶ 禁錮以上の刑に処せられた宅地建物取引士は，登録を受けている都道府県知事から登録の消除の処分を受け，その処分の日から5年を経過するまで，宅地建物取引士の登録をすることはできない。

❷ 宅地建物取引士資格試験に合格した者で，宅地建物の取引に関し2年以上の実務経験を有するもの，又は都道府県知事がその実務経験を有するものと同等以上の能力を有すると認めたものは，法第18条第1項の登録を受けることができる。

❸ 甲県知事から宅地建物取引士証の交付を受けている宅地建物取引士は，その住所を変更したときは，遅滞なく，変更の登録の申請をするとともに，宅地建物取引士証の書換え交付の申請を甲県知事に対してしなければならない。

❹ 宅地建物取引士が心身の故障により宅地建物取引士の事務を適正に行うことができない者として国土交通省令で定めるものとなったときは，その日から30日以内にその旨を登録している都道府県知事に本人が届け出なければならない。

（本試験 2008 年問 33 改題）

正解肢 **3**

| 合格者正解率 | 不合格者正解率 |
|:---:|:---:|
| **72.8%** | **46.1%** |
| 受験者正解率 62.6% | |

☆❶ **誤** 処分の日からではない。　　　　　　　　　　ステップ15

　禁錮以上の刑に処せられた者は、その刑の執行を終わり、又は執行を受けることがなくなった日から5年を経過するまでは、宅地建物取引士の登録を受けることができない（業法18条1項6号）。登録の消除処分の日から5年ではない。よって、本肢は誤り。

☆❷ **誤** 知事ではなく国土交通大臣。　　　　　　　　ステップ15

　宅建士試験に合格した者で、宅地建物の取引に関し2年以上の実務の経験を有するもの、又は国土交通大臣がその実務の経験を有するものと同等以上の能力を有すると認めたものは、登録を受けることができる（業法18条1項、規則13条の15）。都道府県知事が認めたものではない。よって、本肢は誤り。

☆❸ **正** 宅地建物取引士が住所を変更したときは、変更の登録の　ステップ17
申請とともに宅地建物取引士証の書換え交付をその交付を受けた　ステップ21
都道府県知事に申請しなければならない（業法20条、19条1項、規則14条の13第1項）。よって、本肢は正しく、本問の正解肢となる。

☆❹ **誤** 届け出るのは本人に限られない。　　　　　　ステップ19

　宅地建物取引士が心身の故障により宅地建物取引士の事務を適正に行うことができない者として国土交通省令で定めるものとなったときは、その日から30日以内に、本人又はその法定代理人もしくは同居の親族が届け出なければならない（業法21条3号）。本人に限られるわけではない。よって、本肢は誤り。

# 手続きの総合問題 特A

**問 46** 宅地建物取引業者A（法人）が甲県知事から免許を受けている場合に関する次の記述のうち、正しいものはどれか。

❶ Aが、乙県内で建設業を営んでいる法人B（事務所1）を吸収合併して、Bの事務所をAの支店とし、そこで建設業のみを営む場合、Aは、国土交通大臣へ免許換えの申請をする必要はない。

❷ Aが合併により消滅した場合、Aの代表役員であった者は甲県知事にその旨の届出をしなければならないが、Aの免許は、当該届出の時にその効力を失う。

❸ Aが、乙県内で一団の宅地建物の分譲を行うため案内所を設置した場合、Aは、国土交通大臣へ免許換えの申請をする必要がある。

❹ Aの役員の1人が、刑法第209条（過失傷害）の罪により3年前に罰金の刑に処せられ、罰金を納付していることが判明した場合、甲県知事は、Aの免許を取り消さなければならない。

(本試験 1997 年問 33 改題)

## 正解肢 1

☆ ❶ 正 Bの事務所であった乙県内の支店は，建設業のみを営んでいるので宅建業法上の事務所にあたらない（施行令1条の2，解釈・運用の考え方）。したがって，Aは，免許換えの申請をする必要はない（業法7条1項参照）。よって，本肢は正しく，本問の正解肢となる。

ステップ3
ステップ10

☆ ❷ 誤 合併消滅した時に効力を失う。

宅建業者である法人が合併により消滅した場合，免許が効力を失うのは合併により消滅した時であり，届出の時ではない（業法11条1項2号，2項参照）。よって，本肢は誤り。なお，届出義務者が合併消滅した法人の代表役員であるとする点は正しい。

ステップ11

☆ ❸ 誤 免許権者は事務所の場所で決まる。

案内所を設置しても，免許換えの必要はない（業法7条1項参照）。よって，本肢は誤り。

ステップ10

☆ ❹ 誤 過失傷害罪による罰金刑であれば取り消されない。

宅建業者である法人の役員が免許欠格事由に該当する場合には，免許権者は，その免許を取り消さなければならない（業法66条1項3号）。しかし，「過失傷害罪」により罰金刑を受けても，免許欠格事由とはならないから（業法5条1項6号参照），そのような役員がいても法人の免許は取り消されない。よって，本肢は誤り。なお，「過失傷害罪」は，過失によって人を傷害した罪であり，故意に人を傷害した罪である「傷害罪」とは異なる。

15-2-4
3-2-1

---

**POINT**

会社の役員又は政令で定める使用人が免許欠格事由に該当していれば，その会社は免許を受けることができない。会社が免許欠格事由に該当する者を役員又は政令で定める使用人とした場合，その会社の免許は取り消される。

# 手続きの総合問題

## 問 47

宅地建物取引士Aが宅地建物取引業者Bに勤務する場合に関する次の記述のうち,宅地建物取引業法の規定によれば,正しいものはどれか。

❶ Aが住所を変更したときは,Aは変更の登録の申請を,また,Bは変更の届出をしなければならない。

❷ Bの事務所の所在地が変更になった場合,Aは変更の登録の申請を,また,Bは変更の届出をしなければならない。

❸ Bが廃業した場合,Aは変更の登録の申請を,また,Bは廃業の届出をしなければならない。

❹ AがBの専任の宅地建物取引士となった場合,Aは変更の登録の申請を,また,Bは変更の届出をしなければならない。

(本試験 1993 年問 40 出題)

**正解肢 3**

| 合格者正解率 | 不合格者正解率 |
|---|---|
| ― | ― |
| 受験者正解率 | ― |

☆❶ **誤** 住所の変更は変更の届出不要。

　宅地建物取引士Aは住所を変更しているから，変更の登録を申請しなければならない（業法20条，18条2項）。他方，宅建業者Bは，専任の宅地建物取引士の氏名に変更があったときは変更の届出をしなければならないが（業法9条，8条2項6号），本肢では宅地建物取引士Aの住所に変更があっただけであるから，変更の届出をする必要はない。よって，本肢は誤り。

ステップ9
ステップ17

☆❷ **誤** 事務所の所在地の変更は変更の登録不要。

　宅地建物取引士は，その勤務先の宅建業者の商号又は名称及び免許証番号に変更があったときは，変更の登録の申請をしなければならない（業法20条，18条2項，規則14条の2第1項5号）。しかし，勤務先の宅建業者の事務所の所在地に変更があっても，変更の登録を申請する必要はない。よって，本肢は誤り。なお，Bの事務所の所在地が変更になった場合，Bが変更の届出をしなければならないとする点は正しい（業法9条，8条2項5号）。

ステップ9
ステップ17

☆❸ **正** 宅建業者Bが廃業すると，宅地建物取引士Aの勤務先は宅建業者Bではなくなるため，Aは，変更の登録の申請をしなければならない（業法20条，18条2項，規則14条の2第1項5号）。また，宅建業者Bは，廃業した場合，廃業の届出をしなければならない（業法11条1項5号）。よって，本肢は正しく，本問の正解肢となる。

ステップ11
ステップ17

☆❹ **誤** 専任か否かは変更の登録不要。

　本肢の場合，専任の宅地建物取引士ではなかった者が専任になっただけであり，勤務先に変更があったわけではないから，変更の登録の申請は必要ない。よって，本肢は誤り。なお，Bの事務所の専任の宅地建物取引士の氏名に変更があったので，Bが変更の届出をしなければならないとする点は正しい（業法9条，8条2項6号）。

ステップ9
ステップ17

● 第1編 宅建業法

# 手続きの総合問題 特A

**問 48**

甲県に本店を,乙県に支店を設けて国土交通大臣免許を受けている宅地建物取引業者Aは,甲県知事の宅地建物取引士資格登録(以下この問において「登録」という。)を受けている宅地建物取引士Bを本店の専任の宅地建物取引士として従事させている。この場合に関する次の記述のうち,宅地建物取引業法の規定によれば,正しいものはどれか。

❶ Aが商号又は名称を変更した場合には,Aはその旨を甲県知事を経由して国土交通大臣に届け出なければならず,Bは甲県知事に変更の登録を申請しなければならない。

❷ Bが住所を変更した場合には,Aはその旨を甲県知事を経由して国土交通大臣に届け出なければならず,Bは甲県知事に変更の登録を申請しなければならない。

❸ Bが支店の専任の宅地建物取引士になった場合には,Aはその旨を甲県知事を経由して国土交通大臣に届け出なければならず,Bは甲県知事に変更の登録を申請しなければならない。

❹ Aが本店を廃止し,乙県内にのみ事務所を有することとなった場合には,Aは国土交通大臣に免許換えの申請をしなければならないが,Bは乙県知事に登録の移転の申請をする必要はない。

(本試験 1996 年問 39 改題)

☆❶ **正** 宅建業者の商号又は名称に変更があった場合、その宅建業者は、変更の届出をする必要がある（業法9条、8条2項2号）。そして、国土交通大臣免許を受けている宅建業者は、主たる事務所の所在地を管轄する都道府県知事を経由して届け出なければならない（業法78条の3第1項）。また、勤務先の宅建業者の商号又は名称に変更があった場合には、宅地建物取引士は、変更の登録を申請する必要がある（業法20条、規則14条の2第1項5号）。よって、本肢は正しく、本問の正解肢となる。

☆❷ **誤** 住所の変更は変更の届出不要。

専任の宅地建物取引士の氏名は、宅地建物取引業者名簿登載事項であるが（業法8条2項6号）、住所は登載事項ではない。したがって、Aは、変更の届出をする必要はない。よって、本肢は誤り。なお、宅地建物取引士であるBは、変更の登録を申請する必要がある（業法20条、18条2項）。

☆❸ **誤** 宅地建物取引士Bは変更の登録不要。

Bは本店から支店に転勤したにすぎず、勤務先の宅建業者の商号、名称、免許証番号に変更が生じたわけではないから、Bは、変更の登録を申請する必要はない。よって、本肢は誤り。これに対し、Aは、事務所ごとに置かれる成年者である専任の宅地建物取引士の氏名に変更が生じたことになるから、変更の届出をしなくてはならない（業法9条、8条2項6号）。

☆❹ **誤** Aは乙県知事に免許換えの申請をしなければならない。

国土交通大臣の免許を受けた者が1つの都道府県の区域内にのみ事務所を有することとなった場合、新たに免許権者となる都道府県知事に対して免許換えの申請をしなければならない（業法7条1項1号）。したがって、Aは、乙県知事に免許換えの申請をしなければならない。よって、本肢は誤り。なお、登録の移転は義務ではないから、Bは登録の移転の申請をする必要はない。

● 第1編 宅建業法

# 手続きの総合問題

重要度 A

## 問 49

次の記述のうち，宅地建物取引業法の規定によれば，誤っているものはどれか。

❶ 宅地建物取引士Aが宅地建物取引士証の有効期間満了前に都道府県知事の指定する講習を受けることができなくて，宅地建物取引士証の有効期間を更新することができなかった場合，Aは，その受講できなかったことに特別の事情があるとしても，当該有効期間満了後は，宅地建物取引士の業務を行うことはできない。

❷ 宅地建物取引士Bが不正の手段により宅地建物取引士資格試験を受験したとして，その合格を取り消され，登録を消除されたときは，Bは，その翌日重要事項説明をする約束があっても，その業務を行うことはできない。

❸ 宅地建物取引業者Cの免許の有効期間が満了した場合，Cが当該有効期間満了前に所定の免許の更新の申請をしていても，その申請についての処分がなされるまでの間，Cは，宅地建物取引業の業務を行うことはできない。

❹ 宅地建物取引業者Dが不正の手段により免許を取得したとして，その免許を取り消された場合でも，Dがその取消し前に締結した宅地の売買契約に基づき行う債務の履行については，宅地建物取引業法第12条の無免許事業の禁止規定に違反しない。

(本試験 1994年問 49 出題)

**正解肢 3**

| 合格者正解率 | 不合格者正解率 |
|---|---|
| —— | —— |

受験者正解率 　——

**❶ 正** 宅地建物取引士証の有効期間の更新を受けようとする者　　ステップ13
は，登録をしている都道府県知事が国土交通省令の定めるところ
により指定する法定講習を受講しなければならない（業法22条
の3第2項）。特別の事情の有無は関係ない。したがって，Aは，
宅地建物取引士証の有効期間の満了後は，宅地建物取引士の業務
を行うことはできない。よって，本肢は正しい。

☆**❷ 正** 宅地建物取引士であった者が宅地建物取引士でなくなっ　　ステップ13
た場合には，宅地建物取引士としての事務を行うことはできなく
なる。したがって，Bは，登録を消除された後は，重要事項の説
明を行うことはできない。よって，本肢は正しい。

**❸ 誤** 処分がなされるまで，従前の免許で業務ができる。　　ステップ8

　免許の更新申請があった場合において，免許の有効期間満了の
日までにその申請についての処分がなされないときは，従前の免
許は，有効期間の満了後もその処分がなされるまでの間は，なお
効力を有する（業法3条4項）。本肢において，Cは，免許の有
効期間満了前に所定の免許の更新申請を行っているので，その申
請についての処分がなされるまでの間は，宅地建物取引業の業務
を行うことができる。よって，本肢は誤りであり，本問の正解肢
となる。

☆**❹ 正** 宅建業者の免許の効力が失われた場合でも，その者，又　　ステップ11
は，一般承継人が，当該宅建業者が締結した取引を結了する目的
の範囲内においては，なお宅建業者とみなされる（業法76条）。
したがって，Dは，免許を取り消された場合であっても，その取
消し前に締結した宅地の売買契約の債務を履行することはでき
る。よって，本肢は正しい。

100　LEC東京リーガルマインド　2022年版出る順宅建士 ウォーク問過去問題集②宅建業法

●第1編 宅建業法

# 手続きの総合問題 重要度 特A

## 問 50

次の記述のうち，宅地建物取引業法（以下この問において「法」という。）の規定によれば，正しい内容のものはどれか。

❶ Xは，甲県で行われた宅地建物取引士資格試験に合格した後，乙県に転居した。その後，登録実務講習を修了したので，乙県知事に対し法第18条第1項の登録を申請した。

❷ Yは，甲県知事から宅地建物取引士証の交付を受けている。Yは，乙県での勤務を契機に乙県に宅地建物取引士の登録の移転をしたが，甲県知事の宅地建物取引士証の有効期間が満了していなかったので，その宅地建物取引士証を用いて宅地建物取引士としてすべき事務を行った。

❸ A社（国土交通大臣免許）は，甲県に本店，乙県に支店を設置しているが，乙県の支店を廃止し，本店を含むすべての事務所を甲県内にのみ設置して事業を営むこととし，甲県知事へ免許換えの申請を行った。

❹ B社（甲県知事免許）は，甲県の事務所を廃止し，乙県内で新たに事務所を設置して宅地建物取引業を営むため，甲県知事へ廃業の届けを行うとともに，乙県知事へ免許換えの申請を行った。

(本試験 2008 年問 30 出題)

**正解肢 3**

| 合格者正解率 | 不合格者正解率 |
|---|---|
| **93.8%** | **74.7%** |
| 受験者正解率 86.6% | |

☆❶ **誤** 登録の申請先は，合格した試験を行った甲県知事である。 ステップ15

登録の申請は，登録を受けようとする者が合格した試験を行った都道府県知事に対して行う（業法18条1項）。したがって，甲県で行われた試験に合格したXは，その後乙県に転居した場合であっても，甲県知事の登録を受けることになる。よって，本肢は誤り。

☆❷ **誤** 甲県知事の宅地建物取引士証を用いることはできない。 ステップ20

宅地建物取引士証が交付された後，登録の移転があったときは，当該宅地建物取引士証は効力を失う（業法22条の2第4項）。したがって，Yが乙県知事への登録の移転をした後は，甲県知事から交付を受けた宅地建物取引士証は失効するから，Yは，これを用いて宅地建物取引士としてすべき事務を行うことはできず，移転後の乙県知事から宅地建物取引士証の交付を受けない限り，宅地建物取引士としてすべき事務を行うことはできない。よって，本肢は誤り。

☆❸ **正** 国土交通大臣の免許を受けたA社が，乙県の支店を廃止 ステップ10
し，甲県内にのみ事務所を設置して宅建業を営む場合，A社は，甲県知事へ免許換えを申請しなければならない（業法7条1項1号）。よって，本肢は正しく，本問の正解肢となる。

☆❹ **誤** 廃業の届出は不要である。 ステップ10
ステップ11
甲県知事の免許を受けたB社が，甲県の事務所を廃止し，乙県内に新たに事務所を設置して宅建業を営む場合，B社は，乙県知事へ免許換えを申請しなければならない（業法7条1項2号）。しかし，甲県の事務所を廃止しても，廃業するわけではないから，廃業の届出をする必要はない。よって，本肢は誤り。

●第1編　宅建業法

# 手続きの総合問題　特A 重要度

## 問 51

宅地建物取引業法に規定する宅地建物取引士に関する次の記述のうち，正しいものはどれか。

❶ 都道府県知事は，その登録を受けている宅地建物取引士が，他人に自己の名義の使用を許し，その他人がその名義を使用して宅地建物取引士である旨の表示をしたとき，当該宅地建物取引士に対し，必要な指示をすることができる。

❷ 宅地建物取引業者は，10戸以上の一団の建物の分譲について案内所を設置して行う場合，その案内所において業務に従事する者の数に対する宅地建物取引士の数の割合が5分の1以上の成年者である専任の宅地建物取引士を置かなければならない。

❸ 宅地建物取引業者の従業者である宅地建物取引士は，本人の同意がある場合を除き，正当な理由がある場合でも，宅地建物取引業の業務を補助したことについて知り得た秘密を他に漏らしてはならない。

❹ 宅地建物取引士Aは，甲県知事から事務の禁止の処分を受け，宅地建物取引士証を甲県知事に提出したが，禁止処分の期間が満了した場合は，返還の請求がなくても，甲県知事は，直ちに宅地建物取引士証をAに返還しなければならない。

(本試験 2005 年問 32 出題)

合格者正解率 **94.7%** 不合格者正解率 **67.5%**
受験者正解率 **84.4%**

❶ **正** 宅地建物取引士は，宅地建物取引士証を他人に貸与するなどして，他人に自己の名義の使用を許し，その他人がその宅地建物取引士の名義を使用して宅地建物取引士である旨を表示したときには，指示処分を受けることがある（業法68条1項2号）。よって，本肢は正しく，本問の正解肢となる。

ステップ60

☆❷ **誤** 案内所に置く専任の宅地建物取引士は1名でよい。

ステップ12

宅建業者は，一団の宅地又は建物の分譲を行う案内所で，宅地建物の売買等の契約を締結し，又は，これらの契約の申込みを受けるときは，その案内所に1名以上の成年者である専任の宅地建物取引士を置かなければならない（業法31条の3第1項，規則15条の5の2第2号，15条の5の3）。業務に従事する者の5分の1以上である必要はない。よって，本肢は誤り。

☆❸ **誤** 本人の同意がなくても，正当な理由があればよい。

ステップ44

宅建業者の使用人その他の従業者は，正当な理由がある場合を除き，宅建業の業務を補助したことについて知り得た秘密を他に漏らしてはならない（守秘義務，業法75条の3）。この正当な理由には，本人の同意がある場合のほか，裁判の証人になる場合などがある。よって，本肢は誤り。

☆❹ **誤** 返還の請求がなければ返還不要。

5-4-4

宅地建物取引士が事務禁止処分を受けたことにより，宅地建物取引士証の提出を受けた都道府県知事は，事務禁止期間が満了した場合においてその提出者から返還の請求があったときは，直ちに，宅地建物取引士証を返還しなければならない（業法22条の2第8項）。甲県知事は，Aからの請求があったときに宅地建物取引士証を返還すればよい。よって，本肢は誤り。

●第1編 宅建業法

# 営業保証金

**問 52** 宅地建物取引業者A（国土交通大臣免許）が，宅地建物取引業法の規定に基づき供託する営業保証金に関する次の記述のうち，正しいものはどれか。

❶ Aは，営業保証金を主たる事務所又はその他の事務所のいずれかの最寄りの供託所に供託することができる。

❷ Aが営業保証金を供託した旨は，供託所から国土交通大臣あてに通知されることから，Aがその旨を直接国土交通大臣に届け出る必要はない。

❸ Aとの取引により生じた電気工事業者の工事代金債権について，当該電気工事業者は，営業継続中のAが供託している営業保証金から，その弁済を受ける権利を有する。

❹ 営業保証金の還付により，営業保証金の額が政令で定める額に不足することとなった場合，Aは，国土交通大臣から不足額を供託すべき旨の通知書の送付を受けた日から2週間以内にその不足額を供託しなければならない。

（本試験 2009 年問 30 出題）

**正解肢 4**

| 合格者正解率 | 不合格者正解率 |
|---|---|
| **98.4**% | **83.3**% |
| 受験者正解率 **93.8**% | |

☆**❶ 誤** 主たる事務所の最寄りの供託所に供託する。 ステップ22

　宅建業者は，営業保証金を主たる事務所の最寄りの供託所に供託しなければならない（業法25条1項）。主たる事務所又はその他の事務所のいずれかの最寄りの供託所に供託するのではない。よって，本肢は誤り。

**❷ 誤** Aが直接届け出なければならない。 ステップ24

　宅建業者は，営業保証金を供託したときは，その旨をその免許を受けた国土交通大臣又は都道府県知事に届け出なければならない（業法25条4項）。したがって，営業保証金を供託した旨は，Aが直接国土交通大臣に届け出る必要がある。よって，本肢は誤り。なお，営業保証金を供託した旨を供託所から免許権者あてに通知するという規定はない。

☆**❸ 誤** 宅建業に関する取引により生じた債権しか弁済されない。 ステップ27

　営業保証金から弁済を受けるためには，宅建業者に対し，宅建業に関する「取引」により生じた債権を有していることが必要である（業法27条1項）。電気工事業者の工事代金債権は，宅建業に関する「取引」により生じた債権ではないので，営業保証金から弁済を受ける権利は有しない。よって，本肢は誤り。

☆**❹ 正** 宅建業者は，営業保証金が還付されたため，営業保証金が政令で定める額に不足することとなったときは，免許権者から通知書の送付を受けた日から2週間以内に，その不足額を供託しなければならない（業法28条1項，営業保証金規則5条）。よって，本肢は正しく，本問の正解肢となる。 ステップ27

106　　LEC東京リーガルマインド　2022年版出る順宅建士 ウォーク問過去問題集②宅建業法

●第1編 宅建業法

# 営業保証金

## 問 53

宅地建物取引業法に規定する営業保証金に関する次の記述のうち、誤っているものはどれか。

❶ 宅地建物取引業者は、主たる事務所を移転したことにより、その最寄りの供託所が変更となった場合において、金銭のみをもって営業保証金を供託しているときは、従前の供託所から営業保証金を取り戻した後、移転後の最寄りの供託所に供託しなければならない。

❷ 宅地建物取引業者は、事業の開始後新たに事務所を設置するため営業保証金を供託したときは、供託物受入れの記載のある供託書の写しを添付して、その旨を免許を受けた国土交通大臣又は都道府県知事に届け出なければならない。

❸ 宅地建物取引業者は、一部の事務所を廃止し営業保証金を取り戻そうとする場合には、供託した営業保証金につき還付を請求する権利を有する者に対し、6月以上の期間を定めて申し出るべき旨の公告をしなければならない。

❹ 宅地建物取引業者は、営業保証金の還付があったために営業保証金に不足が生じたときは、国土交通大臣又は都道府県知事から不足額を供託すべき旨の通知書の送付を受けた日から2週間以内に、不足額を供託しなければならない。

(本試験 2017 年問 32 出題)

合格者正解率 **97.5%** 　不合格者正解率 **78.1%**
受験者正解率 **89.0%**

☆❶ **誤** 金銭で供託しているときは，保管替えを請求しなければならない。 　　`ステップ26`

　主たる事務所を移転したため，最寄りの供託所が変更した場合，金銭のみをもって営業保証金を供託しているときは，遅滞なく費用を予納して，営業保証金を供託している供託所に対し，移転後の主たる事務所の最寄りの供託所へ営業保証金の保管替えを請求しなければならない（業法29条1項前段）。よって，本肢は誤りであり，本問の正解肢となる。なお，金銭以外を供託している場合，遅滞なく，営業保証金を移転後の主たる事務所の最寄りの供託所に新たに供託し，従前の供託所から取り戻す（業法29条1項後段）。

☆❷ **正** 宅建業者は，営業保証金を供託したときは，その供託物受入れの記載のある供託書の写しを添附して，その旨をその免許を受けた国土交通大臣又は都道府県知事に届け出なければならない（業法25条4項）。このことは，事業の開始後新たに事務所を設置したときも同様である（業法26条2項）。よって，本肢は正しい。　　`ステップ25`

☆❸ **正** 宅建業者は，一部の事務所を廃止した場合において，営業保証金の額が政令で定める額を超えることとなったときは，その超過額について，取り戻すことができる（業法30条1項）。そして，この場合には，原則として，還付請求権者に対し，6カ月を下らない一定期間内に申し出るべき旨を公告し，その期間内にその申出がなかった場合でなければ，取り戻すことができない（業法30条2項）。よって，本肢は正しい。　　`ステップ28`

☆❹ **正** 宅建業者は，営業保証金が還付されたため，営業保証金が政令で定める額に不足することとなったときは，免許権者から通知書の送付を受けた日から2週間以内に，その不足額を供託しなければならない（業法28条1項，営業保証金規則5条）。よって，本肢は正しい。　　`ステップ27`

●第1編　宅建業法

# 営業保証金

重要度 特A

## 問 54

宅地建物取引業者A社（甲県知事免許）の営業保証金に関する次の記述のうち，宅地建物取引業法の規定によれば，正しいものはどれか。

---

❶ A社は，甲県の区域内に新たに支店を設置し宅地建物取引業を営もうとする場合，甲県知事にその旨の届出を行うことにより事業を開始することができるが，当該支店を設置してから3月以内に，営業保証金を供託した旨を甲県知事に届け出なければならない。

❷ 甲県知事は，A社が宅地建物取引業の免許を受けた日から3月以内に営業保証金を供託した旨の届出をしないときは，その届出をすべき旨の催告をしなければならず，その催告が到達した日から1月以内にA社が届出をしないときは，A社の免許を取り消すことができる。

❸ A社は，宅地建物取引業の廃業により営業保証金を取り戻すときは，営業保証金の還付を請求する権利を有する者（以下この問において「還付請求権者」という。）に対して公告しなければならないが，支店の廃止により営業保証金を取り戻すときは，還付請求権者に対して公告する必要はない。

❹ A社は，宅地建物取引業の廃業によりその免許が効力を失い，その後に自らを売主とする取引が結了した場合，廃業の日から10年経過していれば，還付請求権者に対して公告することなく営業保証金を取り戻すことができる。

（本試験 2011 年問 30 出題）

正解肢 2

| | 合格者正解率 | 不合格者正解率 |
|---|---|---|
| | 85.1% | 62.5% |
| 受験者正解率 74.3% | | |

☆ ❶ 誤 供託した旨の届出に期間制限はない。　　　　　　　　ステップ25

　宅建業者は，事業開始後新たに事務所を設置したときは，当該事務所につき政令で定める額の営業保証金を主たる事務所の最寄りの供託所に供託し，供託した旨の届出をした後でなければ，新設した事務所において事業を開始してはならない（業法26条1項，2項，25条1項，4項，5項）。供託し，その旨の届出をしない限り，事業を開始してはならないから，この届出につき期間制限はない。よって，本肢は誤り。

☆ ❷ 正 免許権者は，免許をした日から3カ月以内に宅建業者が　ステップ24
営業保証金を供託した旨の届出をしないときは，届出をすべき旨の催告をしなければならない（業法25条6項）。そして，催告が到達した日から1カ月以内に宅建業者が供託した旨の届出をしないときは，免許権者は，その免許を取り消すことができる（業法25条7項）。よって，本肢は正しく，本問の正解肢となる。

☆ ❸ 誤 支店の廃止による取戻しには公告必要。　　　　　　　ステップ28

　宅建業者は，一部の事務所を廃止した場合において，営業保証金の額が政令で定める額を超えることとなったときは，その超過額について，取り戻すことができる（業法30条1項）。そして，この場合には，原則として，還付請求権者に対し，6カ月を下らない一定期間内に申し出るべき旨を公告し，その期間内にその申出がなかった場合でなければ，取り戻すことができない（業法30条2項）。よって，本肢は誤り。

❹ 誤 廃業の日から10年ではない。　　　　　　　　　　　ステップ28

　宅建業者が廃業し，その旨の届出があったときは免許はその効力を失い，当該宅建業者であった者は，原則として，公告をした上で営業保証金を取り戻すことができる（業法30条1項，2項本文）。ただし，営業保証金を取り戻すことができる事由が発生した日から10年を経過したときは，公告せずに取り戻すことができる（業法30条2項但書）。廃業の日から10年ではない。よって，本肢は誤り。

●第1編 宅建業法

# 営業保証金

問 55

宅地建物取引業者A社の営業保証金に関する次の記述のうち，宅地建物取引業法の規定によれば，正しいものはどれか。

❶ A社が地方債証券を営業保証金に充てる場合，その価額は額面金額の100分の90である。

❷ A社は，営業保証金を本店及び支店ごとにそれぞれ最寄りの供託所に供託しなければならない。

❸ A社が本店のほかに5つの支店を設置して宅地建物取引業を営もうとする場合，供託すべき営業保証金の合計額は210万円である。

❹ A社は，自ら所有する宅地を売却するに当たっては，当該売却に係る売買契約が成立するまでの間に，その買主（宅地建物取引業者でないものとする）に対して，供託している営業保証金の額を説明しなければならない。

(本試験2012年問33改題)

☆❶ 正　地方債証券を営業保証金に充てる場合，その価額は額面金額の 100 分の 90 と評価される（規則 15 条 1 項 2 号）。よって，本肢は正しく，本問の正解肢となる。

ステップ23

☆❷ 誤　**営業保証金は主たる事務所の最寄りの供託所に供託する。**

ステップ22

営業保証金は，主たる事務所の最寄りの供託所に供託しなければならない（業法 25 条 1 項）。営業保証金を供託する供託所は1 カ所であり，本店，支店ごとに別々の供託所に供託するわけではない。よって，本肢は誤り。

☆❸ 誤　**営業保証金の額は 3,500 万円。**

ステップ22

営業保証金の額は，主たる事務所につき 1,000 万円，その他の事務所は事務所ごとに 500 万円の割合による金額の合計額となる（施行令 2 条の 4）。本店のほかに 5 つの支店を設置するのであれば，営業保証金の額は 3,500 万円となる。よって，本肢は誤り。

☆❹ 誤　**営業保証金の額の説明は不要。**

ステップ43

保証協会に加入していない宅地建物取引業者は，営業保証金を供託している供託所とその所在地を，取引の相手方等（宅建業者を除く）に説明しなければならないが（業法 35 条の 2），供託している営業保証金の額を説明することは義務付けられていない。よって，本肢は誤り。

●第1編　宅建業法

# 営業保証金

**問 56**　宅地建物取引業者A（甲県知事免許）は，甲県に本店と支店を設け，営業保証金として1,000万円の金銭と額面金額500万円の国債証券を供託し，営業している。この場合に関する次の記述のうち宅地建物取引業法の規定によれば，正しいものはどれか。

❶ Aは，本店を移転したため，その最寄りの供託所が変更した場合は，遅滞なく，移転後の本店の最寄りの供託所に新たに営業保証金を供託しなければならない。

❷ Aは，営業保証金が還付され，営業保証金の不足額を供託したときは，供託書の写しを添附して，30日以内にその旨を甲県知事に届け出なければならない。

❸ 本店でAと宅地建物取引業に関する取引をした者は，その取引により生じた債権に関し，1,000万円を限度としてAからその債権の弁済を受ける権利を有する。

❹ Aは，本店を移転したため，その最寄りの供託所が変更した場合において，従前の営業保証金を取りもどすときは，営業保証金の還付を請求する権利を有する者に対し，一定期間内に申し出るべき旨の公告をしなければならない。

（本試験 2016年問40 出題）

正解肢 1

| 合格者正解率 | 不合格者正解率 |
|---|---|
| **85.1** % | **58.7** % |
| 受験者正解率 **75.7**% | |

☆❶ **正** 主たる事務所の移転により最寄りの供託所が変更した場 <sub></sub>ステップ26
合に，金銭と有価証券で営業保証金を供託しているときは，保管
替えの請求はできないため，移転先の事務所の最寄りの供託所に
遅滞なく供託しなければならない（二重供託，業法29条1項）。
Aは本店を移転し，営業保証金のうち500万円分は国債証券で供
託しているため，二重供託しなければならない。よって，本肢は
正しく，本問の正解肢となる。

☆❷ **誤** 営業保証金の不足額を供託した旨の届出は2週間以内。 ステップ27
営業保証金の不足額を供託した場合，供託の日から2週間以内
に免許権者に届け出なければならない（業法28条2項）。した
がって，Aは不足額を供託した旨を甲県知事に届け出なければな
らないが，その時期は供託した日から30日以内ではなく2週間
以内である。よって，本肢は誤り。

☆❸ **誤** 還付請求は営業保証金の額が限度である。 ステップ27
宅建業者と宅建業に関して取引をした者（宅建業者を除く）は，
取引により生じた債権につき，営業保証金の額を限度として，還
付請求することができる（業法27条1項）。したがって，本肢
では1,500万円を限度として還付請求をすることができる。よっ
て，本肢は誤り。

☆❹ **誤** 主たる事務所の変更に伴う営業保証金の取戻しは公告不 ステップ28
要。
本店の移転により最寄りの供託所が変更した場合の営業保証金
の取戻しの際には，二重供託となっているため，債権者に対する
公告は不要である（業法30条2項本文かっこ書）。よって，本
肢は誤り。

114　LEC東京リーガルマインド　2022年版出る順宅建士 ウォーク問過去問題集②宅建業法

●第1編 宅建業法

# 営業保証金

重要度 特A

## 問 57

宅地建物取引業法に規定する営業保証金に関する次の記述のうち，正しいものはどれか。

---

❶ 宅地建物取引業者は，免許を受けた日から3月以内に営業保証金を供託した旨の届出を行わなかったことにより国土交通大臣又は都道府県知事の催告を受けた場合，当該催告が到達した日から1月以内に届出をしないときは，免許を取り消されることがある。

❷ 宅地建物取引業者に委託している家賃収納代行業務により生じた債権を有する者は，宅地建物取引業者が供託した営業保証金について，その債権の弁済を受けることができる。

❸ 宅地建物取引業者は，宅地建物取引業の開始後1週間以内に，供託物受入れの記載のある供託書の写しを添附して，営業保証金を供託した旨を免許を受けた国土交通大臣又は都道府県知事に届け出なければならない。

❹ 宅地建物取引業者は，新たに事務所を2か所増設するための営業保証金の供託について国債証券と地方債証券を充てる場合，地方債証券の額面金額が800万円であるときは，額面金額が200万円の国債証券が必要となる。

(本試験 2018 年問 43 出題)

| 合格者正解率 | 不合格者正解率 |
| --- | --- |
| **92.6%** | **69.5%** |

**正解肢 1**

受験者正解率 **82.5%**

☆**❶ 正** 国土交通大臣又は都道府県知事は，免許をした日から3月以内に宅建業者が営業保証金を供託した旨の届出をしないときは，その届出をすべき旨の催告をしなければならず，この催告が到達した日から1月以内に宅建業者が営業保証金を供託した旨の届出をしないときは，その免許を取り消すことができる（業法25条6項，7項）。よって，本肢は正しく，本問の正解肢となる。

**ステップ24**

☆**❷ 誤 弁済を受けることはできない。**

営業保証金についての弁済を受ける権利を有する者は，宅建業に関し取引をし，その取引により生じた債権を有する者（宅建業者を除く。）である（業法27条1項）。ここでいう「取引」は，「宅地・建物の売買・交換」「宅地・建物の売買・交換・貸借の代理・媒介」を指す（業法2条2号）。本肢の家賃収納代行業務はこの「取引」に含まれない。したがって，家賃収納代行業務により生じた債権について営業保証金から弁済を受けることはできない。よって，本肢は誤り。なお，本肢で取引をした者が宅建業者か否か明記されていないが，このことは正誤の判断に影響しない。

**ステップ27**

☆**❸ 誤 事業の開始後1週間以内に届け出るものではない。**

宅建業者は，営業保証金を供託したときは，その旨をその免許を受けた国土交通大臣又は都道府県知事に届け出なければならず，その届出をした後でなければ，事業を開始してはならない（業法25条4項，5項）。「事業の開始後1週間以内に届け出る」ものではない。よって，本肢は誤り。

**ステップ24**

☆**❹ 誤 額面金額が280万円の国債証券が必要となる。**

営業保証金を国債証券において供託する場合，その価額は額面金額となる（業法25条3項，規則15条1項1号），そして，営業保証金を地方債証券で供託する場合，その価額は額面金額の100分の90となる（業法25条3項，規則15条1項2号）。本肢は支店を2つ増設した場合であるので，供託すべき営業保証金の価額は，500万円×2＝1,000万円となる。額面金額が800万円の地方債証券は，その100分の90が価額となるので，実際には720万円と評価される。したがって，1,000万円－720万円＝280万円となり，額面金額が280万円の国債証券が必要となる。よって，本肢は誤り。

**ステップ22**
**ステップ23**

116　　LEC東京リーガルマインド　2022年版出る順宅建士 ウォーク問過去問題集②宅建業法

●第1編 宅建業法

# 営業保証金

**重要度 特A**

## 問 58

宅地建物取引業者A（甲県知事免許）の営業保証金に関する次の記述のうち，宅地建物取引業法の規定によれば，誤っているものはどれか。なお，Aは，甲県内に本店と一つの支店を設置して事業を営んでいるものとする。

❶ Aが販売する新築分譲マンションの広告を受託した広告代理店は，その広告代金債権に関し，Aが供託した営業保証金からその債権の弁済を受ける権利を有しない。

❷ Aは，免許の有効期間の満了に伴い，営業保証金の取戻しをするための公告をしたときは，遅滞なく，その旨を甲県知事に届け出なければならない。

❸ Aは，マンション3棟を分譲するための現地出張所を甲県内に設置した場合，営業保証金を追加して供託しなければ，当該出張所でマンションの売買契約を締結することはできない。

❹ Aの支店でAと宅地建物取引業に関する取引をした者（宅地建物取引業者を除く。）は，その取引により生じた債権に関し，1,500万円を限度として，Aが供託した営業保証金からその債権の弁済を受ける権利を有する。

（本試験 2007年問37改題）

☆❶ 正 営業保証金から還付を受けるためには，宅建業者に対し，宅建業に関する「取引」により生じた債権を有していることが必要である（業法27条1項）。広告代理店の広告委託契約に基づく債権（広告代金債権）は宅建業に関する「取引」により生じた債権とはいえず，その債権に関し，営業保証金から弁済を受けることはできない。よって，本肢は正しい。

ステップ27

❷ 正 宅建業者が営業保証金の取戻しをしようとするときは，原則として，還付請求権を有する者に対して6カ月を下らない一定期間内に申し出るべき旨を公告しなければならない（業法30条2項）。そして，公告をしたときは，遅滞なく，その旨を免許権者に届け出なければならない（営業保証金規則7条3項）。したがって，本肢のAは，遅滞なく，公告した旨を甲県知事に届け出なければならない。よって，本肢は正しい。

6-4-1
6-4-2

☆❸ 誤 出張所は営業保証金の供託不要。

ステップ22

宅建業者は，事業の開始後新たに事務所を設置したときは，主たる事務所の最寄りの供託所に，新たに営業保証金を供託しなければならない（業法26条，25条1項）。しかし，本肢は「分譲するための現地出張所」であるので事務所には該当せず，追加供託の必要はない。よって，本肢は誤りであり，本問の正解肢となる。

☆❹ 正 宅建業に関する取引をした者（宅建業者を除く。）は，その取引により生じた債権に関し，宅建業者が供託した営業保証金の範囲内で，営業保証金からその債権の弁済を受ける権利を有する（業法27条1項）。したがって，Aと取引を行った者は，1,500万円を限度として，Aの供託した営業保証金の還付を請求することができる。よって，本肢は正しい。

ステップ27

118　LEC東京リーガルマインド　2022年版出る順宅建士 ウォーク問過去問題集②宅建業法

●第1編　宅建業法

# 営業保証金

重要度　特A

**問 59**　宅地建物取引業法に規定する営業保証金に関する次の記述のうち，正しいものはどれか。

❶ 新たに宅地建物取引業を営もうとする者は，営業保証金を金銭又は国土交通省令で定める有価証券により，主たる事務所の最寄りの供託所に供託した後に，国土交通大臣又は都道府県知事の免許を受けなければならない。

❷ 宅地建物取引業者は，既に供託した額面金額1,000万円の国債証券と変換するため1,000万円の金銭を新たに供託した場合，遅滞なく，その旨を免許を受けた国土交通大臣又は都道府県知事に届け出なければならない。

❸ 宅地建物取引業者は，事業の開始後新たに従たる事務所を設置したときは，その従たる事務所の最寄りの供託所に政令で定める額を供託し，その旨を免許を受けた国土交通大臣又は都道府県知事に届け出なければならない。

❹ 宅地建物取引業者が，営業保証金を金銭及び有価証券をもって供託している場合で，主たる事務所を移転したためその最寄りの供託所が変更したときは，金銭の部分に限り，移転後の主たる事務所の最寄りの供託所への営業保証金の保管替えを請求することができる。

（本試験2014年問29出題）

☆ ❶ 誤 営業保証金の供託は、宅建業の免許を受けた後に行う。 6-2-3

営業保証金の供託は、宅建業の免許を受けた後に行う（業法25条1項参照）。供託した後に免許を受けるのではない。よって、本肢は誤り。

❷ 正 宅地建物取引業者は、営業保証金の変換のため新たに供託したときは、遅滞なく、その旨を、供託書正本の写しを添付して、その免許を受けている国土交通大臣又は都道府県知事に届け出なければならない（規則15条の4の2）。よって、本肢は正しく、本問の正解肢となる。 6-4-1 6-4-2

☆ ❸ 誤 従たる事務所ではなく、主たる事務所の最寄りの供託所。 ステップ25

宅地建物取引業者は、事業の開始後新たに事務所を設置したときは、営業保証金を主たる事務所の最寄りの供託所に供託しなければならない。設置した従たる事務所の最寄りの供託所ではない（業法26条1項、2項、25条1項）。よって、本肢は誤り。

☆ ❹ 誤 保管替えは、金銭のみで供託している場合のみである。 ステップ26

保管替えの請求は、金銭のみをもって営業保証金を供託している場合にのみ認められる（業法29条1項）。本肢のように、営業保証金に有価証券が含まれている場合、金銭の部分に限っても営業保証金の保管替えの請求はできない。よって、本肢は誤り。

●第1編　宅建業法

# 営業保証金

重要度 特A

問60　宅地建物取引業者の営業保証金に関する次の記述のうち，宅地建物取引業法（以下この問において「法」という。）の規定によれば，正しいものはどれか。

❶ 宅地建物取引業者は，不正の手段により法第3条第1項の免許を受けたことを理由に免許を取り消された場合であっても，営業保証金を取り戻すことができる。

❷ 信託業法第3条の免許を受けた信託会社で宅地建物取引業を営むものは，国土交通大臣の免許を受けた宅地建物取引業者とみなされるため，営業保証金を供託した旨の届出を国土交通大臣に行わない場合は，国土交通大臣から免許を取り消されることがある。

❸ 宅地建物取引業者は，本店を移転したためその最寄りの供託所が変更した場合，国債証券をもって営業保証金を供託しているときは，遅滞なく，従前の本店の最寄りの供託所に対し，営業保証金の保管替えを請求しなければならない。

❹ 宅地建物取引業者は，その免許を受けた国土交通大臣又は都道府県知事から，営業保証金の額が政令で定める額に不足することとなった旨の通知を受けたときは，供託額に不足を生じた日から2週間以内に，その不足額を供託しなければならない。

（本試験2013年問27出題）

## 正解肢 1

☆ ❶ 正 不正の手段により法第3条1項の免許を受けた場合，免許は必ず取り消される（業法66条1項8号）。この場合，宅建業者であった者又はその承継人は，営業保証金を取り戻すことができる（業法30条1項）。よって，本肢は正しく，本問の正解肢となる。

ステップ28

☆ ❷ 誤 一定の信託会社は，供託した旨の届出を行わなくても免許を取り消されない。

1-6-1

信託業法第3条の免許を受けた信託会社は，宅建業の免許に関する規定が適用されない（業法77条1項）。したがって，営業保証金を供託した旨の届出を行わない場合でも，国土交通大臣から免許を取り消されることはない（業法77条1項，25条7項）。よって，本肢は誤り。

☆ ❸ 誤 金銭以外を供託している場合は，保管替えは不可。

ステップ26

主たる事務所を移転したため，最寄りの供託所が変更した場合，金銭のみをもって営業保証金を供託しているときは，遅滞なく費用を予納して，営業保証金を供託している供託所に対し，移転後の主たる事務所の最寄りの供託所へ営業保証金の保管替えを請求しなければならない（業法29条1項前段）。しかし，金銭以外を供託している場合，遅滞なく営業保証金を移転後の主たる事務所の最寄りの供託所に新たに供託しなければならない（業法29条1項後段）。よって，本肢は誤り。

☆ ❹ 誤 通知書の送付を受けた日から2週間以内である。

ステップ27

営業保証金の還付が行われ，営業保証金が政令で定める額に不足することになったときは，その旨の通知書の送付を受けた日から2週間以内にその不足額を供託しなければならない（業法28条1項，営業保証金規則5条）。供託額に不足を生じた日から2週間以内ではない。よって，本肢は誤り。

●第1編　宅建業法

# 弁済業務保証金

重要度 特A

## 問 61

宅地建物取引業者Aが宅地建物取引業保証協会（以下この問において「保証協会」という。）に加入した場合に関する次の記述のうち，宅地建物取引業法の規定によれば，正しいものはどれか。

---

❶　Aが保証協会に加入する前に，Aと宅地建物取引業に関し取引をした者（宅地建物取引業者を除く）は，弁済業務保証金について弁済を受けることができない。

❷　Aは保証協会に加入した後に新たに事務所を開設したときは，その日から2週間以内に，営業保証金500万円を主たる事務所のもよりの供託所に供託しなければならない。

❸　Aがその一部の事務所を廃止したため，保証協会が弁済業務保証金分担金をAに返還しようとするときは，保証協会は，弁済業務保証金の還付請求権者に対し，一定期間内に認証を受けるため申し出るべき旨の公告を行う必要はない。

❹　Aが，保証協会から弁済業務保証金の還付に係る還付充当金を納付すべき旨の通知を受けた日から2週間以内に，通知された額の還付充当金を保証協会に納付しない場合，保証協会は納付をすべき旨の催告をしなければならず，催告が到達した日から1月以内にAが納付しない場合は，Aは社員としての地位を失う。

（本試験2005年問45改題）

| 合格者正解率 | 不合格者正解率 |
|---|---|
| **94.9%** | **68.1%** |
| 受験者正解率 **84.8%** | |

**正解肢 3**

☆**❶ 誤** 加入前に取引をした者も弁済を受けることができる。 ステップ31

　弁済業務保証金から弁済を受けるためには，その者（宅建業者を除く）が保証協会の社員である宅建業者と宅建業に係る取引をし，取引により生じた債権を有していることが必要である（業法64条の8）。ここでいう取引には，宅建業者が保証協会の社員となる前の取引も含まれる（業法64条の8第1項かっこ書）。よって，本肢は誤り。

☆**❷ 誤** 分担金30万円を保証協会に納付しなければならない。 ステップ30

　保証協会の社員である宅建業者が新たに事務所を設置した場合，設置してから2週間以内に，1カ所につき30万円の弁済業務保証金分担金を保証協会に納付しなければならない（業法64条の9第2項）。営業保証金を供託所に供託するのではない。よって，本肢は誤り。

☆**❸ 正** 保証協会の社員が一部の事務所を廃止したときは，保証協会は，認証を受けるべき旨の公告をすることなく，当該社員に弁済業務保証金分担金の返還をすることができる（業法64条の11第4項参照）。よって，本肢は正しく，本問の正解肢となる。 ステップ33

☆**❹ 誤** 催告をしなければならないとの規定はない。 ステップ32

　保証協会の社員は，還付充当金を納付すべき旨の通知を受けた日から2週間以内に，通知された額の還付充当金を保証協会に納付しなければ，保証協会の社員の地位を失う（業法64条の10第2項，3項）。この場合，催告等を受けなくても当然に社員の地位を失う。よって，本肢は誤り。

124 LEC東京リーガルマインド 2022年版出る順宅建士 ウォーク問過去問題集②宅建業法

●第1編　宅建業法

# 弁済業務保証金

重要度 特A

**問 62**　宅地建物取引業保証協会（以下この問において「保証協会」という。）に関する次の記述のうち，宅地建物取引業法の規定によれば，誤っているものはどれか。

❶ 保証協会は，弁済業務保証金分担金の納付を受けたときは，その納付を受けた額に相当する額の弁済業務保証金を供託しなければならない。

❷ 保証協会は，弁済業務保証金の還付があったときは，当該還付額に相当する額の弁済業務保証金を供託しなければならない。

❸ 保証協会の社員との宅地建物取引業に関する取引により生じた債権を有する者（宅地建物取引業者を除く）は，当該社員が納付した弁済業務保証金分担金の額に相当する額の範囲内で，弁済を受ける権利を有する。

❹ 保証協会の社員との宅地建物取引業に関する取引により生じた債権を有する者（宅地建物取引業者を除く）は，弁済を受ける権利を実行しようとする場合，弁済を受けることができる額について保証協会の認証を受けなければならない。

（本試験 2012 年問 43 改題）

**正解肢 3**

| 合格者正解率 | 不合格者正解率 |
|---|---|
| **80.5%** | **52.9%** |
| 受験者正解率 71.0% | |

☆**❶ 正** 保証協会は，弁済業務保証金分担金の納付を受けたとき  ステップ29
は，その日から1週間以内に，納付を受けた額に相当する額の弁
済業務保証金を供託しなければならない（業法64条の7第1
項）。よって，本肢は正しい。

☆**❷ 正** 還付により弁済業務保証金に不足が生じた場合は，保証  7-3-4
協会は，国土交通大臣から弁済業務保証金の還付があった旨の通
知を受けた日から2週間以内に，還付された額に相当する弁済業
務保証金を供託しなければならない（業法64条の8第3項）。
よって，本肢は正しい。

☆**❸ 誤** 当該社員が社員でないとしたならば供託すべき営業保証  ステップ31
金の額が限度。

保証協会の社員と宅建業に関し取引をした者（宅建業者を除く）
は，その取引により生じた債権に関し，「当該社員が社員でない
としたならば供託すべき営業保証金の額を限度として」，弁済業
務保証金から弁済を受ける権利を有する（業法64条の8第1
項）。当該社員が納付した弁済業務保証金分担金の額に相当する
額の範囲内ではない。よって，本肢は誤りであり，本問の正解肢
となる。

☆**❹ 正** 弁済業務保証金について還付請求をするためには，保証  ステップ31
協会の認証を受ける必要がある（業法64条の8第2項）。よって，
本肢は正しい。

●第1編 宅建業法

# 弁済業務保証金

重要度 A

## 問 63

宅地建物取引業保証協会(以下この問において「保証協会」という。)に関する次の記述のうち、宅地建物取引業法の規定によれば、正しいものはどれか。

❶ 宅地建物取引業者で保証協会に加入した者は、その加入の日から2週間以内に、弁済業務保証金分担金を保証協会に納付しなければならない。

❷ 保証協会の社員となった宅地建物取引業者が、保証協会に加入する前に供託していた営業保証金を取り戻すときは、還付請求権者に対する公告をしなければならない。

❸ 保証協会の社員は、新たに事務所を設置したにもかかわらずその日から2週間以内に弁済業務保証金分担金を納付しなかったときは、保証協会の社員の地位を失う。

❹ 還付充当金の未納により保証協会の社員の地位を失った宅地建物取引業者は、その地位を失った日から2週間以内に弁済業務保証金を供託すれば、その地位を回復する。

(本試験 2019 年問 33 出題)

## 正解肢 3

合格者正解率 **92.5%** / 不合格者正解率 **58.6%**
受験者正解率 **82.1%**

☆ ❶ **誤** 加入しようとする日までに納付しなければならない。 ステップ29

宅建業者で保証協会に加入しようとする者は，その加入しようとする日までに弁済業務保証金分担金を保証協会に納付しなければならない（業法64条の9第1項1号）。加入の日から2週間以内に保証協会に納付するのではない。よって，本肢は誤り。

☆ ❷ **誤** 社員となったことによる営業保証金の取戻しに公告は不要である。 ステップ28

宅建業者は，保証協会の社員となったことにより営業保証金を供託することを要しなくなったときは，公告をすることなく供託した営業保証金を取り戻すことができる（業法64条の14，30条3項，営業保証金規則7条1項）。よって，本肢は誤り。

☆ ❸ **正** 保証協会の社員は，新たに事務所を設置したときは，その日から2週間以内に弁済業務保証金分担金を保証協会に納付しなければならない（業法64条の9第2項）。保証協会の社員は，この期間内に弁済業務保証金分担金を納付しないときは，社員の地位を失う（業法64条の9第3項）。よって，本肢は正しく，本問の正解肢となる。 ステップ30

❹ **誤** 地位を回復する旨の規定はない。

還付充当金の未納により保証協会の社員の地位を失った宅建業者が，その地位を回復するという規定はない。また，宅建業者には弁済業務保証金を供託する権限はない。よって，本肢は誤り。

●第1編　宅建業法

# 弁済業務保証金

重要度 A

## 問64

宅地建物取引業保証協会（以下この問において「保証協会」という。）の社員である宅地建物取引業者Aに関する次の記述のうち、宅地建物取引業法の規定によれば、正しいものはどれか。

❶ Aは、保証協会の社員の地位を失った場合、Aとの宅地建物取引業に関する取引により生じた債権に関し権利を有する者に対し、6月以内に申し出るべき旨の公告をしなければならない。

❷ 保証協会は、Aの取引の相手方から宅地建物取引業に係る取引に関する苦情を受けた場合は、Aに対し、文書又は口頭による説明を求めることができる。

❸ Aは、保証協会の社員の地位を失った場合において、保証協会に弁済業務保証金分担金として150万円の納付をしていたときは、全ての事務所で営業を継続するためには、1週間以内に主たる事務所の最寄りの供託所に営業保証金として1,500万円を供託しなければならない。

❹ Aは、その一部の事務所を廃止したときは、保証協会が弁済業務保証金の還付請求権者に対し、一定期間内に申し出るべき旨の公告をした後でなければ、弁済業務保証金分担金の返還を受けることができない。

（本試験 2018年問44出題）

**正解肢 2**

**合格者正解率 85.1%** | **不合格者正解率 59.1%**

受験者正解率 73.7%

☆**❶ 誤** 公告をするのは保証協会である。 ステップ33

保証協会は，社員が社員の地位を失ったときは，当該社員であった者に係る宅建業に関する取引により生じた債権に関し権利を有する者に対し，6月を下らない一定期間内に認証を受けるため申し出るべき旨を公告しなければならない（業法64条の11第4項）。公告をするのは保証協会であって，社員であった宅建業者Aではない。よって，本肢は誤り。

**❷ 正** 保証協会は，宅建業者の相手方等から社員の取り扱った 7-6-2
宅建業に係る取引に関する苦情の解決について必要があると認めるときは，当該社員に対し，文書もしくは口頭による説明を求めることができる（業法64条の5第2項）。よって，本肢は正しく，本問の正解肢となる。

☆**❸ 誤** 供託すべき額は 2,500 万円となる。 ステップ29
ステップ32

社員たる宅建業者が保証協会の社員の地位を失ったときは，当該地位を失った日から1週間以内に，営業保証金を供託しなければならない（業法64条の15）。営業保証金の額は，主たる事務所につき 1,000 万円，その他の事務所につき事務所ごとに 500 万円の割合による金額の合計額である（業法25条2項，施行令2条の4）。そして，弁済業務保証金分担金の額は，主たる事務所につき 60 万円，その他の事務所につき事務所ごとに 30 万円の割合による金額の合計額である（施行令7条）。したがって，弁済業務保証金分担金として 150 万円を納付している A の事務所の数は，150 万円－60 万円＝90 万円，90 万円÷30 万円＝3 となり，結果，主たる事務所数 1，その他の事務所数 3 となる。以上より，1,000 万円＋500 万円×3 ＝ 2,500 万円となり，A が供託すべき額は 2,500 万円となる。よって，本肢は誤り。

☆**❹ 誤** 公告をすることなく取り戻すことができる。 ステップ33

保証協会は，社員が一部の事務所を廃止したためにその社員が納付した弁済業務保証金分担金の額が政令で定める額を超えることになったときには，その超過額に相当する額の弁済業務保証金を，公告をすることなく取り戻すことができる（業法64条の11第1項，4項参照）。よって，本肢は誤り。

●第1編　宅建業法

# 弁済業務保証金

重要度 特A

## 問 65

宅地建物取引業者A（事務所数1）が，宅地建物取引業保証協会（以下この問において「保証協会」という。）に加入しようとし，又は加入した場合に関する次の記述のうち，正しいものはどれか。

❶ Aは，保証協会に加入するため弁済業務保証金分担金を納付する場合，国債証券，地方債証券その他一定の有価証券をもってこれに充てることができ，国債証券を充てるときは，その額面金額は60万円である。

❷ Aが保証協会に加入した後，新たに支店を1カ所設置した場合，Aは，その日から2週間以内に，弁済業務保証金分担金30万円を供託所に供託しなければならない。

❸ Aは，保証協会から還付充当金を納付すべき旨の通知を受けた場合，その日から2週間以内に，当該還付充当金を納付しなければ社員の地位を失う。

❹ Aが保証協会の社員の地位を失い，弁済業務保証金分担金の返還を受けようとする場合，Aは，一定期間以内に保証協会の認証を受けるため申し出るべき旨の公告をしなければならない。

（本試験1996年問44出題）

☆❶ 誤 **分担金は金銭で納付しなければならない。** [ステップ29]

弁済業務保証金分担金は，営業保証金と異なり，金銭で納付しなければならず，有価証券をもって充てることはできない（業法64条の9第1項，25条3項の準用なし）。よって，本肢は誤り。

☆❷ 誤 **保証協会に納付しなければならない。** [ステップ30]

保証協会の社員である宅建業者が新たに事務所を設置した場合には，その日から2週間以内に，1カ所につき30万円の弁済業務保証金分担金を保証協会に納付しなければならない（業法64の9第2項，施行令7条）。よって，本肢は誤り。

☆❸ 正 保証協会の社員である宅建業者が，保証協会から還付充当金を納付すべき旨の通知を受けた場合，その日から2週間以内に還付充当金を納付しなければ社員の地位を失う（業法64条の10第2項，3項）。よって，本肢は正しく，本問の正解肢となる。 [ステップ32]

☆❹ 誤 **公告は保証協会がしなければならない。** [ステップ33]

宅建業者が保証協会の社員の地位を失い，弁済業務保証金分担金の返還を受けようとする場合，保証協会の認証を受けるため申し出るべき旨の公告をしなければならないのは保証協会であり，宅建業者ではない（業法64条の11第4項）。よって，本肢は誤り。

---

**POINT**

営業保証金も弁済業務保証金も制度自体は難しいが，本試験で出題される項目は限られているので，テキストの内容をすべて覚えようとするのではなく，よく目にする問題を確実に押さえるようにしよう。

●第1編　宅建業法

# 弁済業務保証金

重要度 B

## 問 66

宅地建物取引業保証協会（以下この問において「保証協会」という。）に関する次の記述のうち，宅地建物取引業法（以下この問において「法」という。）の規定によれば，正しいものはどれか。

❶ 宅地建物取引業者が保証協会に加入しようとするときは，当該保証協会に弁済業務保証金分担金を金銭又は有価証券で納付することができるが，保証協会が弁済業務保証金を供託所に供託するときは，金銭でしなければならない。

❷ 保証協会は，宅地建物取引業の業務に従事し，又は，従事しようとする者に対する研修を行わなければならないが，宅地建物取引士については，法第22条の2の規定に基づき都道府県知事が指定する講習をもって代えることができる。

❸ 保証協会に加入している宅地建物取引業者（甲県知事免許）は，甲県の区域内に新たに支店を設置する場合，その日までに当該保証協会に追加の弁済業務保証金分担金を納付しないときは，社員の地位を失う。

❹ 保証協会は，弁済業務保証金から生ずる利息又は配当金，及び，弁済業務保証金準備金を弁済業務保証金の供託に充てた後に社員から納付された還付充当金は，いずれも弁済業務保証金準備金に繰り入れなければならない。

（本試験 2011 年問 43 出題）

正解肢 **4**

合格者正解率 **70.3%** 不合格者正解率 **52.9%**

受験者正解率 **61.9%**

☆**❶ 誤** 分担金は金銭でのみ納付，弁済業務保証金は一定の有価　ステップ29
証券でも供託可。

　弁済業務保証金分担金は，営業保証金とは異なり，金銭で納付
しなければならず，有価証券をもって充てることはできない（業
法64条の9第1項，25条3項の準用なし）。また，保証協会が
供託する弁済業務保証金は，金銭のほか一定の有価証券によるこ
ともでき，金銭でしなければならないわけではない（業法64条
の7第1項，3項，25条3項）。よって，本肢は誤り。

**❷ 誤** 知事指定講習をもって代えることはできない。　　　　　7-6-2

　保証協会は，宅地建物取引士その他宅地建物取引業の業務に従
事し，又は従事しようとする者に対する研修を行わなければなら
ない（業法64条の3第1項2号）。しかし，宅地建物取引士に
ついて，宅地建物取引士証交付の際に行われる都道府県知事が指
定する講習をもって代えることができる旨の規定はない。よって，
本肢は誤り。

☆**❸ 誤** 新事務所を設置した日から2週間以内に分担金を納付し　ステップ30
なければならない。

　保証協会の社員は，弁済業務保証金分担金を納付した後に，新
たに事務所を設置したときは，その日から2週間以内に，弁済業
務保証金分担金を当該保証協会に納付しなければならない（業法
64条の9第2項）。設置する日までに納付しなければならないわ
けではない。よって，本肢は誤り。

**❹ 正** 保証協会は，弁済業務保証金から生ずる利息又は配当金　7-5-1
を弁済業務保証金準備金に繰り入れなければならない（業法64
条の12第2項）。また，弁済業務保証金準備金を弁済業務保証
金の供託に充てた後において，社員から還付充当金の納付を受け
たときは，その還付充当金を弁済業務保証金準備金に繰り入れな
ければならない（業法64条の12第6項）。よって，本肢は正し
く，本問の正解肢となる。

134　　LEC東京リーガルマインド　2022年版出る順宅建士 ウォーク問過去問題集②宅建業法

●第1編　宅建業法

# 弁済業務保証金

## 問 67

宅地建物取引業保証協会（以下この問において「保証協会」という。）又はその社員に関する次の記述のうち，正しいものはどれか。

---

❶ 300万円の弁済業務保証金分担金を保証協会に納付して当該保証協会の社員となった者と宅地建物取引業に関し取引をした者（宅地建物取引業者を除く）は，その取引により生じた債権に関し，6,000万円を限度として，当該保証協会が供託した弁済業務保証金から弁済を受ける権利を有する。

❷ 保証協会は，弁済業務保証金の還付があったときは，当該還付に係る社員又は社員であった者に対し，当該還付額に相当する額の還付充当金を主たる事務所の最寄りの供託所に供託すべきことを通知しなければならない。

❸ 保証協会の社員は，保証協会から特別弁済業務保証金分担金を納付すべき旨の通知を受けた場合で，その通知を受けた日から1か月以内にその通知された額の特別弁済業務保証金分担金を保証協会に納付しないときは，当該保証協会の社員の地位を失う。

❹ 宅地建物取引業者は，保証協会の社員の地位を失ったときは，当該地位を失った日から2週間以内に，営業保証金を主たる事務所の最寄りの供託所に供託しなければならない。

(本試験 2008年問44改題)

| 合格者正解率 | 不合格者正解率 |
|---|---|
| **87.8**% | **59.4**% |
| 受験者正解率 **77.4**% | |

正解肢 **3**

☆**❶ 誤** 6,000万円ではなく5,000万円。 <small>ステップ31</small>

保証協会の社員と宅建業に関し取引をした者（宅建業者を除く）は，その取引により生じた債権に関し，当該社員が社員でないとしたならば供託すべき営業保証金の額を限度として，弁済業務保証金から弁済を受ける権利を有する（業法64条の8第1項）。300万円の弁済業務保証金分担金を納付していることから，本店に加え支店が8カ所あり，もし保証協会の社員でないとしたならば，1,000万円＋（500万円×8）＝5,000万円の営業保証金を供託していることになる。したがって，5,000万円を限度として弁済を受ける権利を有する。よって，本肢は誤り。

☆**❷ 誤** 供託すべきことを通知するのではない。 <small>ステップ32</small>

保証協会は，弁済業務保証金の還付があったときは，当該還付に係る社員又は社員であった者に対し，当該還付額に相当する額の還付充当金を保証協会に納付すべきことを通知しなければならない（業法64条の10第1項）。主たる事務所の最寄りの供託所に供託すべきことを通知するのではない。よって，本肢は誤り。

**❸ 正** 宅建業者は，保証協会から特別弁済業務保証金分担金を <small>ステップ34</small>
納付すべき旨の通知を受けたときは，通知を受けた日から1カ月以内に，通知された額の特別弁済業務保証金分担金を保証協会に納付しなければならず（業法64条の12第4項），もし1カ月以内に納付しないときは，保証協会の社員たる地位を失う（業法64条の12第5項，64条の10第3項）。よって，本肢は正しく，本問の正解肢となる。

☆**❹ 誤** 2週間ではなく，1週間である。 <small>ステップ32</small>

宅建業者が保証協会の社員の地位を失ったときは，その日から1週間以内に営業保証金を供託しなければならない（業法64条の15）。よって，本肢は誤り。

# 弁済業務保証金

**問 68** 宅地建物取引業保証協会(以下この問において「保証協会」という。)に関する次の記述のうち,宅地建物取引業法の規定によれば,正しいものはどれか。

❶ 保証協会の社員との宅地建物取引業に関する取引により生じた債権を有する者は,当該社員が納付した弁済業務保証金分担金の額に相当する額の範囲内で弁済を受ける権利を有する。

❷ 保証協会の社員と宅地建物取引業に関し取引をした者が,その取引により生じた債権に関し,弁済業務保証金について弁済を受ける権利を実行するときは,当該保証協会の認証を受けるとともに,当該保証協会に対し還付請求をしなければならない。

❸ 保証協会は,弁済業務保証金の還付があったときは,当該還付に係る社員又は社員であった者に対し,当該還付額に相当する額の還付充当金をその主たる事務所の最寄りの供託所に供託すべきことを通知しなければならない。

❹ 保証協会は,弁済業務保証金の還付があったときは,当該還付額に相当する額の弁済業務保証金を供託しなければならない。

(本試験 2020 年 10 月問 36 出題)

**正解肢 4**

合格者正解率 **87.2%** 不合格者正解率 **63.1%**

受験者正解率 **77.2%**

☆**❶ 誤** 当該社員が社員でないとしたならば供託すべき営業保証
金の額が限度。

ステップ31

保証協会の社員と宅建業に関し取引をした者（宅建業者を除く）
は、その取引により生じた債権に関し、「当該社員が社員でない
としたならば供託すべき営業保証金の額に相当する額の範囲内に
おいて」、弁済業務保証金から弁済を受ける権利を有する（業法
64条の8第1項）。当該社員が納付した弁済業務保証金分担金の
額に相当する額の範囲内ではない。よって、本肢は誤り。

☆**❷ 誤** 還付請求は、供託所に対して行う。

ステップ31
7-3-2

弁済業務保証金について還付請求をするためには、保証協会の
認証を受けなければならない。そして、当該還付請求の相手方は、
弁済業務保証金の供託先である法務大臣及び国土交通大臣の定め
る供託所である（業法64条の8第1項、2項、64条の7第2項）。
よって、本肢は誤り。

☆**❸ 誤** 還付充当金の納付先は保証協会。

ステップ32

保証協会は、権利の実行により弁済業務保証金の還付があった
ときは、当該還付に係る社員又は社員であった者に対し、当該還
付額に相当する額の還付充当金を保証協会に納付すべきことを通
知しなければならない（業法64条の10第1項）。よって、本肢
は誤り。

**❹ 正** 還付により弁済業務保証金に不足が生じた場合は、保証
協会は、還付された額に相当する額の弁済業務保証金を供託しな
ければならない（業法64条の8第3項）。よって、本肢は正しく、
本問の正解肢となる。

7-3-4

138 LEC東京リーガルマインド 2022年版出る順宅建士 ウォーク問過去問題集②宅建業法

●第1編 宅建業法

# 弁済業務保証金

重要度 A

## 問 69

宅地建物取引業保証協会(以下この問において「保証協会」という。)に関する次の記述のうち,宅地建物取引業法の規定によれば,正しいものはどれか。

❶ 保証協会は,社員の取り扱った宅地建物取引業に係る取引に関する苦情について,宅地建物取引業者の相手方等からの解決の申出及びその解決の結果を社員に周知させなければならない。

❷ 保証協会に加入した宅地建物取引業者は,直ちに,その旨を免許を受けた国土交通大臣又は都道府県知事に報告しなければならない。

❸ 保証協会は,弁済業務保証金の還付があったときは,当該還付に係る社員又は社員であった者に対し,当該還付額に相当する額の還付充当金をその主たる事務所の最寄りの供託所に供託すべきことを通知しなければならない。

❹ 宅地建物取引業者で保証協会に加入しようとする者は,その加入の日から2週間以内に,弁済業務保証金分担金を保証協会に納付しなければならない。

(本試験 2013 年問 39 出題)

**❶ 正** 保証協会は，社員の取り扱った宅地建物取引業に係る取引に関する苦情について，宅地建物取引業者の相手方等からの解決の申出及びその解決の結果を社員に周知させなければならない（業法64条の5第1項，4項）。よって，本肢は正しく，本問の正解肢となる。

7-6-2

**❷ 誤** 報告義務を負うのは保証協会。宅建業者ではない。

7-6-1

保証協会は，新たに社員が加入した場合，直ちに，その旨を免許を受けた国土交通大臣又は都道府県知事に報告しなければならない（業法64条の4第2項）。報告するのは保証協会であり，宅建業者ではない。よって，本肢は誤り。

☆**❸ 誤** 還付充当金の納付先は保証協会。

ステップ32

保証協会は，弁済業務保証金の還付があったときは，当該還付に係る社員又は社員であった者に対し，当該還付額に相当する額の還付充当金を「保証協会」に納付すべきことを通知しなければならない（業法64条の10第1項）。主たる事務所の最寄りの供託所に供託すべきことを通知するのではない。よって，本肢は誤り。

☆**❹ 誤** 保証協会に加入する日までに，分担金を納付しなければならない。

ステップ29

宅建業者で，保証協会に加入しようとする者は，その加入しようとする日までに，弁済業務保証金分担金を保証協会に納付しなければならない（業法64条の9第1項1号）。加入の日から2週間以内に納付するのではない。よって，本肢は誤り。

# 保証金総合

重要度 A

**問 70**

営業保証金を供託している宅地建物取引業者Aと宅地建物取引業保証協会(以下この問において「保証協会」という。)の社員である宅地建物取引業者Bに関する次の記述のうち、宅地建物取引業法の規定によれば、正しいものはいくつあるか。

**ア** A(国土交通大臣免許)は、甲県内にある主たる事務所とは別に、乙県内に新たに従たる事務所を設置したときは、営業保証金をその従たる事務所の最寄りの供託所に供託しなければならない。

**イ** Aは、令和2年5月1日に、Bに手付金500万円を支払い、宅地の売買契約を締結した。宅地の引渡しの前にBが失踪し、宅地の引渡しを受けることができなくなったときは、Aは、手付金について、弁済業務保証金から弁済を受けることができる。

**ウ** Bは、保証協会の社員の地位を失ったときは、その地位を失った日から1週間以内に、営業保証金を供託しなければならない。

**エ** Bの取引に関して弁済業務保証金の還付があったときは、Bは、保証協会から当該還付額に相当する額の還付充当金を納付すべき旨の通知を受けた日から2週間以内に、還付充当金を保証協会に納付しなければならない。

❶ 一つ
❷ 二つ
❸ 三つ
❹ 四つ

(本試験 2017 年問 39 出題)

| 合格者正解率 | 不合格者正解率 |
|:---:|:---:|
| **79.0%** | **57.1%** |
| 受験者正解率 **69.3%** | |

**正解肢 2**

☆**ア 誤** 設置した従たる事務所ではなく，主たる事務所の最寄り 〔ステップ25〕
の供託所。

　宅建業者は，事業の開始後に従たる事務所を設置したとき，当
該事務所1つにつき500万円の営業保証金を主たる事務所の最寄
りの供託所に供託しなければならない（業法26条1項2項，25
条1項）。設置した従たる事務所の最寄りの供託所ではない。よっ
て，本肢は誤り。

☆**イ 誤** 宅建業者は，営業保証金又は弁済業務保証金から弁済を 〔ステップ31〕
受けることができない。

　宅建業者は，他の宅建業者との取引により損害を受けた場合で
あっても，営業保証金又は弁済業務保証金から還付を受けること
ができない（業法27条1項，64条の8第1項）。したがって，
宅建業者であるBから損害を受けた宅建業者Aは，弁済業務保証
金から還付を受けることができない。よって，本肢は誤り。

☆**ウ 正** 宅建業者が保証協会の社員の地位を失ったときは，その 〔ステップ32〕
日から1週間以内に営業保証金を供託しなければならない（業法
64条の15）。よって，本肢は正しい。

☆**エ 正** 弁済業務保証金の還付があった場合に，保証協会から還 〔ステップ32〕
付充当金を納付すべき旨の通知を受けた社員は，その通知を受け
た日から2週間以内に，還付充当金を保証協会に納付しなければ
ならない（業法64条の10第2項）。よって，本肢は正しい。

　以上より，正しいものはウ，エの二つであり，**❷**が本問の正解
肢となる。

142　LEC東京リーガルマインド　2022年版出る順宅建士 ウォーク問過去問題集②宅建業法

● 第1編 宅建業法

# 媒介・代理契約

## 問 71

宅地建物取引業者Aが，B所有の宅地の売却の媒介依頼を受け，Bと専任媒介契約を締結した場合に関する次の記述のうち，宅地建物取引業法の規定によれば，正しいものはどれか。

---

❶ AがBに交付した媒介契約書が国土交通大臣が定めた標準媒介契約約款に基づかない書面である場合，その旨の表示をしなければ，Aは業務停止処分を受けることがある。

❷ 媒介契約の有効期間の満了に際し，BからAに更新の申出があった場合，Aは更新を拒むことはできない。

❸ AがBに宅地の価額について意見を述べる際に，Bからその根拠を明らかにする旨の請求がなければ，Aはその根拠を明らかにする必要はない。

❹ 媒介契約の締結にあたって，業務処理状況を5日に1回報告するという特約は無効である。

(本試験 2004 年問 39 出題)

| 正解肢 1 | 合格者正解率 **93.4%** | 不合格者正解率 **67.6%** |
| 受験者正解率 **83.4%** | | |

☆❶ **正** 媒介契約が標準媒介契約約款に基づくものであるか否かの別は，媒介契約書面の記載事項である（業法34条の2第1項8号，規則15条の9第4号）。そして，この記載をしなかった宅建業者は，業務停止処分を受けることがある（業法65条2項2号）。よって，本肢は正しく，本問の正解肢となる。

ステップ36

☆❷ **誤** 宅建業者は更新を拒むことができる。

専任媒介契約を締結した場合，その有効期間は，依頼者の申出があれば更新することができる（業法34条の2第4項）。しかし，媒介契約も契約である以上，一方当事者である宅建業者が更新を望まない場合には，更新を拒絶することができる。よって，Aは更新を拒むことはできないとする本肢は誤り。

ステップ35

☆❸ **誤** 請求がなくても根拠を明らかにしなければならない。

宅建業者は，宅地又は建物を売買すべき価額又はその評価額について意見を述べるときは，その根拠を明らかにしなければならない（業法34条の2第2項）。依頼者から請求があったか否かは問わない。したがって，AはBの請求がなくても根拠を明らかにしなければならない。よって，本肢は誤り。

ステップ36

☆❹ **誤** 「5日に1回」は2週間に1回以上であるから有効。

専任媒介契約においては，宅建業者は，依頼者に対し，業務の処理状況を2週間に1回以上報告しなければならない（業法34条の2第9項）。この制限に反する特約は無効となる（業法34条の2第10項）。業務処理状況を5日に1回報告するという特約は，宅建業法の規定に反する特約ではないので有効である。よって，本肢は誤り。

ステップ35

144　LEC東京リーガルマインド　2022年版出る順宅建士 ウォーク問過去問題集②宅建業法

# 媒介・代理契約

**問 72**

宅地建物取引業者Aが，BからB所有の既存のマンションの売却に係る媒介を依頼され，Bと専任媒介契約（専属専任媒介契約ではないものとする。）を締結した。この場合における次の記述のうち，宅地建物取引業法の規定によれば，正しいものはいくつあるか。

**ア** Aは，専任媒介契約の締結の日から7日以内に所定の事項を指定流通機構に登録しなければならないが，その期間の計算については，休業日数を算入しなければならない。

**イ** AがBとの間で有効期間を6月とする専任媒介契約を締結した場合，その媒介契約は無効となる。

**ウ** Bが宅地建物取引業者である場合，Aは，当該専任媒介契約に係る業務の処理状況の報告をする必要はない。

**エ** AがBに対して建物状況調査を実施する者のあっせんを行う場合，建物状況調査を実施する者は建築士法第2条第1項に規定する建築士であって国土交通大臣が定める講習を修了した者でなければならない。

❶ 一つ
❷ 二つ
❸ 三つ
❹ 四つ

（本試験 2019 年問 31 出題）

正解肢 **1**

| 合格者正解率 | 不合格者正解率 |
|---|---|
| **81.4%** | **57.8%** |

受験者正解率 **74.2%**

☆**ア** 誤 **休業日数は登録期間の日数に算入しない。** ［ステップ35］

宅建業者は，専任媒介契約を締結したときは，一定事項を指定流通機構に登録しなければならず，この登録は，専属ではない専任媒介契約の場合，契約締結の日から7日以内に行う必要がある。そして，この期間の計算については，休業日数は算入しない（業法34条の2第5項，規則15条の10）。よって，本肢は誤り。

☆**イ** 誤 **特約が無効となるのであり，媒介契約が無効となるのではない。** ［ステップ35］

専任媒介契約の有効期間は，3カ月を超えることができず，これより長い期間を定めたときは，その期間は，3カ月に短縮される（業法34条の2第3項）。そして，この規定に反する特約は，無効となる（業法34条の2第10項）。したがって，有効期間を6カ月とする特約が無効となるのであって，媒介契約が無効となるのではない。よって，本肢は誤り。

☆**ウ** 誤 **宅建業者である依頼者にも業務の処理状況の報告をしなければならない。** ［ステップ35］

専任媒介契約を締結した宅建業者は依頼者に対し当該専任媒介契約に係る業務の処理状況を2週間に1回以上報告しなければならない（業法34条の2第9項）。そして，媒介契約に関する規定は宅建業者間でも適用される（業法78条2項参照）。したがって，依頼者が宅建業者であっても，業務の処理状況の報告をしなければならない。よって，本肢は誤り。

**エ** 正 建物状況調査を実施する者のあっせんを行う場合，建物状況調査を実施する者は，建築士法2条1項に規定する建築士であって国土交通大臣が定める講習を修了した者でなければならない（業法34条の2第1項4号，規則15条の8第1項）。よって，本肢は正しい。

以上より，正しいものはエの一つであり，**❶**が本問の正解肢となる。

146　LEC東京リーガルマインド　2022年版出る順宅建士 ウォーク問過去問題集②宅建業法

● 第1編 宅建業法

# 媒介・代理契約

**問 73**

宅地建物取引業者Aが行う業務に関する次の記述のうち，宅地建物取引業法（以下この問において「法」という。）の規定によれば，正しいものはいくつあるか。

---

**ア** Aは，Bが所有する甲宅地の売却に係る媒介の依頼を受け，Bと専任媒介契約を締結した。このとき，Aは，法第34条の2第1項に規定する書面に記名押印し，Bに交付のうえ，宅地建物取引士をしてその内容を説明させなければならない。

**イ** Aは，Cが所有する乙アパートの売却に係る媒介の依頼を受け，Cと専任媒介契約を締結した。このとき，Aは，乙アパートの所在，規模，形質，売買すべき価額，依頼者の氏名，都市計画法その他の法令に基づく制限で主要なものを指定流通機構に登録しなければならない。

**ウ** Aは，Dが所有する丙宅地の貸借に係る媒介の依頼を受け，Dと専任媒介契約を締結した。このとき，Aは，Dに法第34条の2第1項に規定する書面を交付しなければならない。

❶ 一つ
❷ 二つ
❸ 三つ
❹ なし

(本試験 2015 年問 28 出題)

**正解肢 4**

| 合格者正解率 | 不合格者正解率 |
|---|---|
| **56.7**% | **26.3**% |

受験者正解率 **46.3**%

出る順宅建士②

☆**ア 誤** 宅地建物取引士をして説明させる必要はない。 `ステップ36`

　宅建業者は，売買の媒介契約を締結したときは，遅滞なく，媒介契約の内容を記載した書面を作成して記名押印し，依頼者に交付しなければならない（業法34条の2第1項）。しかし，その内容を宅地建物取引士に説明させる必要はない。よって，本肢は誤り。

☆**イ 誤** 依頼者の氏名は登録する必要はない。 `8-2-4`

　宅建業者は，専任媒介契約を締結したときは，当該宅地又は建物につき，所在，規模，形質，売買すべき価額，都市計画法その他の法令に基づく制限で主要なもの等を指定流通機構に登録しなければならないが，依頼者の氏名を登録する必要はない（業法34条の2第5項，規則15条の11第1号）。よって，本肢は誤り。

☆**ウ 誤** 貸借の場合，媒介契約書面の作成・交付は不要である。 `ステップ36`

　宅建業者は，宅地又は建物の売買又は交換の媒介契約を締結したときは，遅滞なく，一定事項を記載した書面を作成して記名押印し，依頼者に交付しなければならない（業法34条の2第1項）。しかし，貸借の媒介の場合には，書面を作成して，依頼者に交付する必要はない。よって，本肢は誤り。

　以上より，正しいものは一つもなく，**❹**が本問の正解肢となる。

●第1編 宅建業法

# 媒介・代理契約

**問 74**

宅地建物取引業者A社が，宅地建物取引業者でないBから自己所有の土地付建物の売却の媒介を依頼された場合における次の記述のうち，宅地建物取引業法（以下この問において「法」という。）の規定によれば，誤っているものはどれか。

---

❶ A社がBと専任媒介契約を締結した場合，当該土地付建物の売買契約が成立したときは，A社は，遅滞なく，登録番号，取引価格及び売買契約の成立した年月日を指定流通機構に通知しなければならない。

❷ A社がBと専属専任媒介契約を締結した場合，A社は，Bに当該媒介業務の処理状況の報告を電子メールで行うことはできない。

❸ A社が宅地建物取引業者C社から当該土地付建物の購入の媒介を依頼され，C社との間で一般媒介契約（専任媒介契約でない媒介契約）を締結した場合，A社は，C社に法第34条の2の規定に基づく書面を交付しなければならない。

❹ A社がBと一般媒介契約（専任媒介契約でない媒介契約）を締結した場合，A社がBに対し当該土地付建物の価額又は評価額について意見を述べるときは，その根拠を明らかにしなければならない。

(本試験 2012年問29出題)

| 合格者正解率 | 不合格者正解率 |
|---|---|
| 95.4% | 75.3% |

受験者正解率 88.5%

☆ **❶ 正** 専任媒介契約を締結し,指定流通機構に登録をした宅建業者は,登録に係る宅地又は建物の売買又は交換の契約が成立したときは,遅滞なく,①登録番号,②取引価格,③契約の成立年月日を指定流通機構に通知しなければならない(業法34条の2第7項,規則15条の13)。よって,本肢は正しい。  8-2-4

☆ **❷ 誤** **業務処理状況の報告は電子メールによって行うことができる。**  8-2-3

専属専任媒介契約を締結した宅建業者は,依頼者に対し,当該専属専任媒介契約に係る業務の処理状況を1週間に1回以上報告しなければならないとされているが(業法34条の2第9項),その方法は,特に規制はない。もちろん電子メールによることも可能である。よって,本肢は誤りであり,本問の正解肢となる。なお,標準専属専任媒介契約約款に基づく場合,その報告は書面又は電子メールで報告する必要がある。

☆ **❸ 正** 宅建業者は,宅地建物の売買又は交換の媒介契約を締結したときは,遅滞なく,一定の事項を記載した書面を作成して記名押印し,依頼者にこれを交付しなければならない(業法34条の2第1項)。一般媒介であってもこの点は同様である。よって,本肢は正しい。  ステップ36

☆ **❹ 正** 宅建業者は,宅地又は建物を売買すべき価額又はその評価額について意見を述べるときは,その根拠を明らかにしなければならない(業法34条の2第2項)。一般媒介契約であってもこの点は同様である。よって,本肢は正しい。  ステップ36

●第1編　宅建業法

# 媒介・代理契約

**問 75** 宅地建物取引業者Aが，BからB所有の住宅の売却の媒介を依頼された場合における次の記述のうち，宅地建物取引業法（以下この問において「法」という。）の規定によれば，正しいものはいくつあるか。

**ア** Aは，Bとの間で専任媒介契約を締結し，所定の事項を指定流通機構に登録したときは，その登録を証する書面を遅滞なくBに引き渡さなければならない。

**イ** Aは，Bとの間で媒介契約を締結したときは，当該契約が国土交通大臣が定める標準媒介契約約款に基づくものであるか否かの別を，法第34条の2第1項の規定に基づき交付すべき書面に記載しなければならない。

**ウ** Aは，Bとの間で専任媒介契約を締結するときは，Bの要望に基づく場合を除き，当該契約の有効期間について，有効期間満了時に自動的に更新する旨の特約をすることはできない。

**エ** Aは，Bとの間で専属専任媒介契約を締結したときは，Bに対し，当該契約に係る業務の処理状況を1週間に1回以上報告しなければならない。

❶ 一つ
❷ 二つ
❸ 三つ
❹ 四つ

（本試験 2020 年 10 月問 29 出題）

**ア 正** 指定流通機構に登録をした宅建業者は，その登録を証する書面を遅滞なく依頼者に引き渡さなければならない（業法34条の2第6項）。よって，本肢は正しい。 ステップ35

☆**イ 正** 媒介契約が標準媒介契約約款に基づくものであるか否かの別は，媒介契約書の記載事項である（業法34条の2第1項8号，規則15条の9第4号）。よって，本肢は正しい。 ステップ36

☆**ウ 誤** 専任媒介契約の自動更新は認められない。 ステップ35

専任媒介契約の有効期間の更新には依頼者からの申出が必要であって，自動更新は認められない（業法34条の2第4項）。そして，当該規定に反する特約は無効となる（業法34条の2第10項）。したがって，本肢においては，Bの要望に基づく場合でも，自動更新は認められない。よって，本肢は誤り。

☆**エ 正** 専属専任媒介契約を締結した宅建業者は，依頼者に対し，当該専属専任媒介契約に係る業務の処理状況を1週間に1回以上報告しなければならない（業法34条の2第9項かっこ書）。よって，本肢は正しい。 ステップ35

以上より，正しいものはア，イ，エの三つであり，❸が本問の正解肢となる。

●第1編 宅建業法

# 媒介・代理契約

**問 76**  宅地建物取引業者Aが，Bから宅地の売却の依頼を受け，Bと専属専任媒介契約（以下この問において「媒介契約」という。）を締結した場合に関する次の記述のうち，宅地建物取引業法の規定によれば，正しいものはどれか。

---

❶ 「媒介契約の有効期間内に宅地の売買契約が成立しないときは，同一の期間で契約を自動更新する」旨の特約を定めた場合，媒介契約全体が無効となる。

❷ 宅地の買主の探索が容易で，指定流通機構への登録期間経過後短期間で売買契約を成立させることができると認められる場合には，Aは，契約の相手方を探索するため，当該宅地について指定流通機構に登録する必要はない。

❸ Bが宅地建物取引業者である場合でも，Aが媒介契約を締結したときにBに交付すべき書面には，BがAの探索した相手方以外の者と宅地の売買又は交換の契約を締結したときの措置を記載しなければならない。

❹ 媒介契約において，「Bが他の宅地建物取引業者の媒介によって宅地の売買契約を成立させた場合，宅地の売買価額の3パーセントの額を違約金としてAに支払う」旨の特約は，無効である。

(本試験 1999 年問 37 出題)

**正解肢 3**

| 合格者正解率 | 不合格者正解率 |
|---|---|
| —— | —— |

受験者正解率 ——

☆**❶ 誤　全体が無効になるのではなく，特約が無効。**　　ステップ35

専任媒介契約（専属専任媒介契約を含む）の有効期間は依頼者の申出により更新することができ，これに反する特約は無効である（業法34条の2第4項，10項）。したがって，本肢のような特約は無効となるが，媒介契約全体が無効となるわけではなく，特約部分のみが無効となるにすぎない。よって，本肢は誤り。

☆**❷ 誤　専属専任媒介契約は，指定流通機構への登録義務あり。**　　ステップ35

宅建業者は，専任媒介契約（専属専任媒介契約を含む）を締結した場合，指定流通機構に登録しなければならない（業法34条の2第5項）。そして，この登録は，たとえ本肢のように探索が容易な場合であっても，省略することはできない。よって，本肢は誤り。

☆**❸ 正　**宅建業者は，媒介契約を締結した場合，遅滞なく，一定　　ステップ36
事項を記載した書面を作成して記名押印し，依頼者にこれを交付　　ステップ46
しなければならない（業法34条の2第1項）。この書面の交付は，依頼者が宅建業者の場合でも省略できない。また，専属専任媒介契約である場合，この書面には，依頼者が宅建業者が探索した相手方以外の者と契約を締結した場合の措置を記載しなければならない（業務34条の2第1項8号，規則15条の9第2号）。よって，本肢は正しく，本問の正解肢となる。

**❹ 誤　「媒介契約違反の場合の措置」の定めは有効。**　　ステップ36

本肢の特約は，❸で述べた「依頼者が宅建業者が探索した相手方以外の者と契約を締結した場合の措置」を定めたものであり，有効である。よって，本肢は誤り。

154　　LEC東京リーガルマインド　2022年版出る順宅建士 ウォーク問過去問題集②宅建業法

●第1編　宅建業法

# 媒介・代理契約

重要度 A

## 問 77

宅地建物取引業者Aが，Bから自己所有の宅地の売買の媒介を依頼された場合における当該媒介に係る契約に関する次の記述のうち，宅地建物取引業法（以下この問において「法」という。）の規定によれば，正しいものはどれか。

---

❶ Aは，Bとの間で専任媒介契約を締結したときは，宅地建物取引士に法第34条の2第1項の規定に基づき交付すべき書面の記載内容を確認させた上で，当該宅地建物取引士をして記名押印させなければならない。

❷ Aは，Bとの間で有効期間を2月とする専任媒介契約を締結した場合，Bの申出により契約を更新するときは，更新する媒介契約の有効期間は当初の有効期間を超えてはならない。

❸ Aは，Bとの間で一般媒介契約（専任媒介契約でない媒介契約）を締結する際，Bから媒介契約の有効期間を6月とする旨の申出があったとしても，当該媒介契約において3月を超える有効期間を定めてはならない。

❹ Aは，Bとの間で締結した媒介契約が一般媒介契約であるか，専任媒介契約であるかにかかわらず，宅地を売買すべき価額をBに口頭で述べたとしても，法第34条の2第1項の規定に基づき交付すべき書面に当該価額を記載しなければならない。

(本試験 2010 年問 33 出題)

| 合格者正解率 | 不合格者正解率 |
|---|---|
| **82.0%** | **57.5%** |

正解肢 **4**

受験者正解率 **73.1%**

☆**❶ 誤　宅地建物取引士をして記名押印させる必要はない。**　　ステップ36

　媒介契約書への記名押印は，宅建業者が行うものとされており，また宅地建物取引士をして媒介契約書の内容を確認させる義務もない（業法34条の2第1項）。よって，本肢は誤り。

☆**❷ 誤　専任媒介契約では更新後の期間も3カ月以内。**　　ステップ35

　専任媒介契約は，依頼者の申出がある場合には，更新することができ，更新後の期間は3カ月を超えることができない（業法34条の2第4項）。3カ月以内であれば，当初の契約期間を超えることも可能である。よって，本肢は誤り。

☆**❸ 誤　一般媒介契約には有効期間の制限はない。**　　ステップ35

　一般媒介契約については，契約期間の制限はない（業法34条の2第3項参照）。したがって，一般媒介契約において有効期間を6カ月とする定めは，有効である。よって，本肢は誤り。

☆**❹ 正　**媒介契約書には，媒介契約の種類にかかわらず，宅地又　　ステップ36
は建物を売買すべき価額又はその評価額を記載しなければならない（業法34条の2第1項2号）。売買すべき価額を口頭で述べたとしても，同様である。よって，本肢は正しく，本問の正解肢となる。

●第1編 宅建業法

# 媒介・代理契約

## 問 78

宅地建物取引業者Aが、BからB所有の宅地の売却に係る媒介を依頼された場合における次の記述のうち、宅地建物取引業法（以下この問において「法」という。）の規定によれば、正しいものはどれか。なお、この問において一般媒介契約とは、専任媒介契約でない媒介契約をいう。

❶ AがBと一般媒介契約を締結した場合、当該一般媒介契約が国土交通大臣が定める標準媒介契約約款に基づくものであるか否かの別を、法第34条の2第1項に規定する書面に記載する必要はない。

❷ AがBと専任媒介契約を締結した場合、当該宅地の売買契約が成立しても、当該宅地の引渡しが完了していなければ、売買契約が成立した旨を指定流通機構に通知する必要はない。

❸ AがBと一般媒介契約を締結した場合、当該宅地の売買の媒介を担当するAの宅地建物取引士は、法第34条の2第1項に規定する書面に記名押印する必要はない。

❹ Aは、Bとの間で締結した媒介契約が一般媒介契約であるか、専任媒介契約であるかを問わず、法第34条の2第1項に規定する書面に売買すべき価額を記載する必要はない。

(本試験 2016 年問 27 出題)

**正解肢 3**

| 合格者正解率 | 不合格者正解率 |
|:---:|:---:|
| **96.7%** | **75.8%** |
| 受験者正解率 **89.3%** | |

☆❶ **誤** 標準媒介契約約款に基づくか否かは媒介契約書面の記載事項である。 <small>ステップ36</small>

媒介契約が標準媒介契約約款に基づくものであるか否かの別は，媒介契約書の記載事項であり，これは媒介契約の種類によって異なることはない（業法34条の2第1項8号，規則15条の9第4号）。よって，本肢は誤り。

☆❷ **誤** 売買契約成立後，遅滞なく，通知が必要。 <small>8-2-4</small>

専任媒介契約を締結し，指定流通機構に登録をした宅建業者は，登録に係る宅地又は建物の売買又は交換の契約が成立したときは，遅滞なく，その旨を指定流通機構に通知しなければならない（業法34条の2第7項）。よって，本肢は誤り。

☆❸ **正** 宅建業者は，宅地又は建物の売買又は交換の媒介の契約を締結したときは，遅滞なく，所定の事項を記載した書面を作成して記名押印し，依頼者にこれを交付しなければならない（業法34条の2第1項）。したがって，媒介契約書面に記名押印をしなければならないのは，宅建業者であるAであり，Aの宅地建物取引士ではない。よって，本肢は正しく，本問の正解肢となる。 <small>ステップ36</small>

☆❹ **誤** 売買すべき価額は媒介契約書面の記載事項である。 <small>ステップ36</small>

宅地又は建物を売買すべき価額は，媒介契約書の記載事項であり，これは媒介契約の種類によって異なることはない（業法34条の2第1項2号）。よって，本肢は誤り。

●第1編　宅建業法

# 媒介・代理契約

重要度 B

## 問 79

宅地建物取引業者Aが，BからB所有の中古マンションの売却の依頼を受け，Bと専任媒介契約（専属専任媒介契約ではない媒介契約）を締結した場合に関する次の記述のうち，宅地建物取引業法（以下この問において「法」という。）の規定によれば，正しいものはいくつあるか。

**ア** Aは，2週間に1回以上当該専任媒介契約に係る業務の処理状況をBに報告しなければならないが，これに加え，当該中古マンションについて購入の申込みがあったときは，遅滞なく，その旨をBに報告しなければならない。

**イ** 当該専任媒介契約の有効期間は，3月を超えることができず，また，依頼者の更新しない旨の申出がなければ自動更新とする旨の特約も認められない。ただし，Bが宅地建物取引業者である場合は，AとBの合意により，自動更新とすることができる。

**ウ** Aは，当該専任媒介契約の締結の日から7日（ただし，Aの休業日は含まない。）以内に所定の事項を指定流通機構に登録しなければならず，また，法第50条の6に規定する登録を証する書面を遅滞なくBに提示しなければならない。

**エ** 当該専任媒介契約に係る通常の広告費用はAの負担であるが，指定流通機構への情報登録及びBがAに特別に依頼した広告に係る費用については，成約したか否かにかかわらず，国土交通大臣の定める報酬の限度額を超えてその費用をBに請求することができる。

❶ 一つ
❷ 二つ
❸ 三つ
❹ 四つ

（本試験 2017 年問 43 出題）

正解肢 1

☆**ア 正** 専任媒介契約を締結した宅建業者は，依頼者に対し，当該専任媒介契約に係る業務の処理状況を2週間に1回以上報告しなければならない（業法34条の2第9項）。そして，当該媒介契約の目的物である宅地又は建物の売買又は交換の申込みがあったときは，遅滞なく，その旨を依頼者に報告しなければならない（業法34条の2第8項）。よって，本肢は正しい。

ステップ35

☆**イ 誤** 相手方が宅建業者でも自動更新とすることができない。

ステップ35

専任媒介契約の有効期間は，3月を超えることができず（業法34条の2第3項），更新には依頼者からの申出が必要であって，自動更新は認められない（業法34条の2第4項）。そして，専任媒介契約の有効期間及び更新に関する規定は，宅建業者間相互の取引においても適用される（業法78条2項参照）。よって，本肢は誤り。

**ウ 誤** 登録を証する書面を提示ではなく，引き渡さなければならない。

ステップ35

宅建業者は，専任媒介契約の締結の日から7日以内（休業日数は算入しない。）に指定流通機構に登録をしなければならない（業法34条の2第5項，規則15条の10）。指定流通機構に登録をした宅建業者は，業法50条の6に規定する登録を証する書面を遅滞なく依頼者に引き渡さなければならない（業法34条の2第6項）。提示するだけでは不十分である。よって，本肢は誤り。

☆**エ 誤** 指定流通機構への登録料を報酬とは別に請求することができない。

ステップ58

宅建業者は，依頼者の依頼によって広告を行う場合に，広告の料金を依頼者に対し請求できるのであって，原則として報酬とは別に必要経費の支払を請求することはできない（業法46条，報酬告示第9（1）項）。したがって，依頼者の依頼によって行う広告に係る費用を請求することはできても，指定流通機構への情報登録の費用まで請求することはできない。よって，本肢は誤り。

以上より，正しいものはアの一つであり，❶が本問の正解肢となる。

●第1編　宅建業法

# 媒介・代理契約

重要度 特A

## 問 80

宅地建物取引業者Aは，BからB所有の宅地の売却について媒介の依頼を受けた。この場合における次の記述のうち，宅地建物取引業法（以下この問において「法」という。）の規定によれば，誤っているものはいくつあるか。

---

**ア**　AがBとの間で専任媒介契約を締結し，Bから「売却を秘密にしておきたいので指定流通機構への登録をしないでほしい」旨の申出があった場合，Aは，そのことを理由に登録をしなかったとしても法に違反しない。

**イ**　AがBとの間で媒介契約を締結した場合，Aは，Bに対して遅滞なく法第34条の２第１項の規定に基づく書面を交付しなければならないが，Bが宅地建物取引業者であるときは，当該書面の交付を省略することができる。

**ウ**　AがBとの間で有効期間を３月とする専任媒介契約を締結した場合，期間満了前にBから当該契約の更新をしない旨の申出がない限り，当該期間は自動的に更新される。

**エ**　AがBとの間で一般媒介契約（専任媒介契約でない媒介契約）を締結し，当該媒介契約において，重ねて依頼する他の宅地建物取引業者を明示する義務がある場合，Aは，Bが明示していない他の宅地建物取引業者の媒介又は代理によって売買の契約を成立させたときの措置を法第34条の２第１項の規定に基づく書面に記載しなければならない。

❶　一つ
❷　二つ
❸　三つ
❹　四つ

（本試験 2014 年問 32 出題）

| 正解 | | | |
|---|---|---|---|
| チェック欄 | / | / | / |

**正解肢 3**

| 合格者正解率 | 不合格者正解率 |
|---|---|
| **75.9**% | **55.6**% |
| 受験者正解率 **69.8**% | |

☆**ア** **誤** 依頼者からの申出があっても，指定流通機構への登録を省略することはできない。　[ステップ35]

　宅建業者は，専任媒介契約を締結した場合，指定流通機構に登録しなければならない（業法34条の2第5項）。そして，この登録は，たとえ本肢のように依頼者から登録しないでほしい旨の申出があっても省略することはできない。よって，本肢は誤り。

☆**イ** **誤** 依頼者が宅建業者であっても，媒介契約書面を交付しなければならない。　[ステップ36]

　宅建業者は，売買の媒介契約を締結した場合，遅滞なく，一定事項を記載した書面を作成して記名押印し，依頼者にこれを交付しなければならない（業法34条の2第1項）。そして，この書面の交付は，依頼者が宅建業者の場合でも省略できない（業法78条2項参照）。よって，本肢は誤り。

☆**ウ** **誤** 依頼者からの申出がない場合に自動更新されるわけではない。　[ステップ35]

　専任媒介契約の有効期間は3ヵ月を超えることができない。そして，この有効期間の更新は，依頼者の申出がある場合に限られる（業法34条の2第3項，4項）。依頼者からの申出がない場合に自動的に更新されるわけではない。よって，本肢は誤り。

☆**エ** **正** 売買の媒介契約の書面には，媒介契約に違反した場合の措置を記載しなければならない。他の宅地建物取引業者を明示する義務がある一般媒介契約にあっては，依頼者が明示していない他の宅地建物取引業者の媒介又は代理によって売買又は交換の契約を成立させたときの措置を記載しなければならない（業法34条の2第1項8号，規則15条の9第3号）。よって，本肢は正しい。　[ステップ36]

　以上より，誤っているものはア，イ，ウの三つであり，**❸**が本問の正解肢となる。

162　LEC東京リーガルマインド　2022年版出る順宅建士 ウォーク問過去問題集②宅建業法

●第1編 宅建業法

# 媒介・代理契約

## 問 81

宅地建物取引業者A社が，Bから自己所有の甲宅地の売却の媒介を依頼され，Bと媒介契約を締結した場合における次の記述のうち，宅地建物取引業法の規定によれば，正しいものはいくつあるか。

---

**ア** A社が，Bとの間に専任媒介契約を締結し，甲宅地の売買契約を成立させたときは，A社は，遅滞なく，登録番号，取引価格，売買契約の成立した年月日，売主及び買主の氏名を指定流通機構に通知しなければならない。

**イ** A社は，Bとの間に媒介契約を締結し，Bに対して甲宅地を売買すべき価額又はその評価額について意見を述べるときは，その根拠を明らかにしなければならない。

**ウ** A社がBとの間に締結した専任媒介契約の有効期間は，Bからの申出により更新することができるが，更新の時から3月を超えることができない。

❶ 一つ
❷ 二つ
❸ 三つ
❹ なし

(本試験 2013 年問 28 出題)

正解肢 **2**

| 合格者正解率 | 不合格者正解率 |
|---|---|
| **82.2%** | **64.2%** |
| 受験者正解率 **75.2%** | |

**ア 誤** 売主及び買主の氏名は通知不要。　　　　　8-2-4

　指定流通機構に登録している宅建業者は，登録に係る宅地又は建物の売買又は交換の契約が成立したときは，遅滞なく，①登録番号，②宅地又は建物の取引価格，③契約の成立した年月日を，当該登録に係る指定流通機構に通知しなければならない（業法34条の2第7項，規則15条の13）。しかし，売主，買主の氏名を通知する必要はない。よって，本肢は誤り。

☆**イ 正** 宅建業者は，宅地又は建物を売買すべき価額又はその評　ステップ36
価額について意見を述べるときは，その根拠を明らかにしなければならない（業法34条の2第2項）。よって，本肢は正しい。

☆**ウ 正** 専任媒介契約は，依頼者からの申出がある場合には，更　ステップ35
新することができ，更新後の期間は3カ月を超えることができない（業法34条の2第4項）。よって，本肢は正しい。

　以上より，正しいものはイ，ウの二つであり，**❷**が本問の正解となる。

●第1編　宅建業法

# 広告等に関する規制　重要度A

## 問 82

宅地建物取引業者が行う広告に関する次の記述のうち，宅地建物取引業法の規定に違反するものはいくつあるか。

**ア** 建築基準法第6条第1項に基づき必要とされる確認を受ける前において，建築工事着手前の賃貸住宅の貸主から当該住宅の貸借の媒介を依頼され，取引態様を媒介と明示して募集広告を行った。

**イ** 一団の宅地の売買について，数回に分けて広告する際に，最初に行った広告以外には取引態様の別を明示しなかった。

**ウ** 建物の貸借の媒介において，依頼者の依頼によらない通常の広告を行い，国土交通大臣の定める報酬限度額の媒介報酬のほか，当該広告の料金に相当する額を受領した。

**エ** 建築工事着手前の分譲住宅の販売において，建築基準法第6条第1項に基づき必要とされる確認を受ける前に，取引態様を売主と明示して当該住宅の広告を行った。

**❶** 一つ
**❷** 二つ
**❸** 三つ
**❹** 四つ

(本試験 2019 年問 30 出題)

正解肢 **4**

| 合格者正解率 | 不合格者正解率 |
|---|---|
| **95.5**% | **67.6**% |

受験者正解率 **86.9**%

☆**ア** 違反する　建築確認を受ける前に広告をすることはできない。 ｜ステップ39

　宅建業者は，宅地の造成又は建物の建築に関する工事の完了前においては，当該工事に関し必要とされる許可，確認等があった後でなければ，すべての取引態様における広告をすることができない（業法33条）。貸借の媒介における広告も規制対象となる。取引態様を明示しているか否かは影響しない。よって，本肢は宅建業法の規定に違反する。

☆**イ** 違反する　広告のつど取引態様の別を明示しなければならない。 ｜ステップ37

　宅建業者は，宅地又は建物の売買，交換又は貸借に関する広告をするときは，取引態様の別を明示しなければならない（業法34条1項）。数回に分けて広告する場合には，最初に行った広告に限らず，それぞれの広告のつど取引態様の別を明示しなければならない。よって，本肢は宅建業法の規定に違反する。

☆**ウ** 違反する　依頼者の依頼によらない通常の広告の料金は報酬額に含まれる。 ｜ステップ58

　依頼者の依頼によって行う広告の料金に相当する額については，報酬額とは別に受領することができる（報酬告示第9）。しかし，依頼者の依頼によらない通常の広告の料金は，報酬としての受領となる。したがって，国土交通大臣の定める報酬限度額の媒介報酬のほかに，依頼者の依頼によらない通常の広告の料金に相当する額を受領することは，国土交通大臣の定める報酬の額を超えて報酬を受けることになる（業法46条2項）。よって，本肢は宅建業法の規定に違反する。

☆**エ** 違反する　未完成物件について必要な許可等を受ける前に販売の広告はできない。 ｜ステップ39

　肢アと同様に，宅建業者は，宅地の造成又は建物の建築に関する工事の完了前においては，当該工事に関し必要とされる許可，確認等があった後でなければ，すべての取引態様における広告をすることができない（業法33条）。取引態様を明示しているか否かは影響しない。よって，本肢は宅建業法の規定に違反する。

　以上より，違反するものはア，イ，ウ，エの四つすべてであり，**❹**が本問の正解肢となる。

●第1編　宅建業法

# 広告等に関する規制　重要度 A

## 問 83

宅地建物取引業者がその業務に関して行う広告に関する次の記述のうち，宅地建物取引業法の規定によれば，正しいものはいくつあるか。

**ア** 建物の売却について代理を依頼されて広告を行う場合，取引態様として，代理であることを明示しなければならないが，その後，当該物件の購入の注文を受けたときは，広告を行った時点と取引態様に変更がない場合を除き，遅滞なく，その注文者に対し取引態様を明らかにしなければならない。

**イ** 広告をするに当たり，実際のものよりも著しく優良又は有利であると人を誤認させるような表示をしてはならないが，誤認させる方法には限定がなく，宅地又は建物に係る現在又は将来の利用の制限の一部を表示しないことにより誤認させることも禁止されている。

**ウ** 複数の区画がある宅地の売買について，数回に分けて広告をする場合は，広告の都度取引態様の別を明示しなければならない。

**エ** 宅地の造成又は建物の建築に関する工事の完了前においては，当該工事に必要な都市計画法に基づく開発許可，建築基準法に基づく建築確認その他法令に基づく許可等の申請をした後でなければ，当該工事に係る宅地又は建物の売買その他の業務に関する広告をしてはならない。

① 一つ
② 二つ
③ 三つ
④ 四つ

（本試験 2020 年 10 月問 27 出題）

| 合格者正解率 | 不合格者正解率 |
|:---:|:---:|
| **79.0**% | **52.8**% |
| 受験者正解率 **68.2**% | |

**正解肢 2**

☆**ア** **誤** 注文を受けたときも取引態様の別の明示が必要。 `ステップ37`

宅建業者は，宅地又は建物の売買，交換又は貸借に関する広告をするときのみならず，注文を受けたときにも，遅滞なく，取引態様の別を明らかにしなければならない（業法34条2項）。したがって，広告を行った時点と取引態様に変更がない場合であっても，その注文者に対し取引態様を明らかにしなければならない。よって，本肢は誤り。

☆**イ** **正** 宅建業者は，その業務に関して広告をするときは，当該 `ステップ38`
広告に係る宅地又は建物の現在若しくは将来の利用の制限について著しく事実に相違し，若しくは有利であると人を誤認させるような表示をしてはならない（業法32条）。誤認させる方法に制限はない。よって，本肢は正しい。

☆**ウ** **正** 宅建業者は，宅地又は建物の売買，交換又は貸借に関す `ステップ37`
る広告をするときは，取引態様の別を明示しなければならない（業法34条1項）。取引態様の別の明示は，広告のつど必要である。よって，本肢は正しい。

☆**エ** **誤** 申請をしても許可等がおりるまで広告不可。 `ステップ39`

宅建業者は，宅地の造成又は建物の建築に関する工事の完了前においては，当該工事に関し必要とされる開発許可，建築確認等の処分があった後でなければ，当該工事に係る宅地又は建物の売買その他の業務に関する広告をしてはならない（業法33条）。許可等の申請をした後であっても，許可等があるまでは広告をすることができない。よって，本肢は誤り。

以上より，正しいものはイ，ウの二つであり，**❷**が本問の正解肢となる。

168　LEC東京リーガルマインド　2022年版出る順宅建士 ウォーク問過去問題集②宅建業法

● 第1編　宅建業法

# 広告等に関する規制　重要度 特A

## 問 84

次の記述のうち，宅地建物取引業法の規定によれば，正しいものはどれか。なお，この問において「建築確認」とは，建築基準法第6条第1項の確認をいうものとする。

❶ 宅地建物取引業者は，建築確認が必要とされる建物の建築に関する工事の完了前においては，建築確認を受けた後でなければ，当該建物の貸借の媒介をしてはならない。

❷ 宅地建物取引業者は，建築確認が必要とされる建物の建築に関する工事の完了前において，建築確認の申請中である場合は，その旨を表示すれば，自ら売主として当該建物を販売する旨の広告をすることができる。

❸ 宅地建物取引業者は，建築確認が必要とされる建物の建築に関する工事の完了前においては，建築確認を受けた後でなければ，当該建物の貸借の代理を行う旨の広告をしてはならない。

❹ 宅地建物取引業者は，建築確認が必要とされる建物の建築に関する工事の完了前において，建築確認の申請中である場合は，建築確認を受けることを停止条件とする特約を付ければ，自ら売主として当該建物の売買契約を締結することができる。

(本試験 2015 年問 37 出題)

| 正解 チェック 欄 | ／ | ／ | ／ |
|---|---|---|---|

LEC東京リーガルマインド　2022年版出る順宅建士 ウォーク問過去問題集②宅建業法　169

正解肢 **3**

| 合格者正解率 | 不合格者正解率 |
|---|---|
| **93.0**% | **68.7**% |
| 受験者正解率 **84.7**% | |

☆**❶ 誤** 貸借は，建築確認前でも媒介することができる。　　ステップ40

宅建業者は，宅地の造成又は建物の建築に関する工事の完了前においては，当該工事に関し必要とされる許可，確認等があった後でなければ，自ら当事者として，もしくは代理により売買もしくは交換の契約を締結し，又は売買もしくは交換の媒介をしてはならない（業法36条）。しかし，賃貸借契約に関しては，代理による契約の締結・媒介とも，禁止されていない。よって，本肢は誤り。

☆**❷ 誤** 建築確認前は，申請中である旨の表示をしても広告する　　ステップ39
ことができない。

宅建業者は，宅地の造成又は建物の建築に関する工事の完了前においては，当該工事に関し必要とされる許可，確認等があった後でなければ，すべての取引態様における広告をすることができない（業法33条）。したがって，建築確認申請中である旨の表示をしている場合であっても広告をすることはできない。よって，本肢は誤り。

☆**❸ 正** 宅建業者は，宅地の造成又は建物の建築に関する工事の　　ステップ39
完了前においては，当該工事に関し必要とされる許可，確認等があった後でなければ，すべての取引態様における広告をすることができない（業法33条）。したがって，貸借の代理を行う場合でも広告をすることはできない。よって，本肢は正しく，本問の正解肢となる。

☆**❹ 誤** 建築確認を停止条件としていても，売買契約を締結する　　ステップ40
ことはできない。

宅建業者は，宅地の造成又は建物の建築に関する工事の完了前においては，当該工事に関し必要とされる許可，確認等があった後でなければ，売買もしくは交換の契約を締結し，又は売買もしくは交換の媒介をしてはならない（業法36条）。したがって，建築確認を受けることを停止条件としていても，現状は建築確認申請中であり，未だ建築確認はなされていないから，売買契約を締結することはできない。よって，本肢は誤り。

170　LEC東京リーガルマインド　2022年版出る順宅建士 ウォーク問過去問題集②宅建業法

●第1編　宅建業法

# 広告等に関する規制

## 問 85

宅地建物取引業者が行う広告に関する次の記述のうち，宅地建物取引業法の規定によれば，正しいものはどれか。

❶ 宅地建物取引業者は，宅地の造成又は建物の建築に関する工事が完了するまでの間は，当該工事に必要な都市計画法に基づく開発許可，建築基準法に基づく建築確認その他法令に基づく許可等の処分があった後でなければ，当該工事に係る宅地又は建物の売買その他の業務に関する広告をすることはできない。

❷ 宅地建物取引業者が，複数の区画がある宅地の売買について，数回に分けて広告をするときは，最初に行う広告以外には取引態様の別を明示する必要はない。

❸ 宅地建物取引業者は，建物の貸借の媒介において広告を行った場合には，依頼者の依頼の有無にかかわらず，報酬とは別に，当該広告の料金に相当する額を受領することができる。

❹ 宅地建物取引業の免許を取り消された者は，免許の取消し前に建物の売買の広告をしていれば，当該建物の売買契約を締結する目的の範囲内においては，なお宅地建物取引業者とみなされる。

（本試験 2011 年問 36 出題）

## 正解肢 1

合格者正解率 96.9%　不合格者正解率 89.2%
受験者正解率 93.2%

☆❶ **正** 宅建業者は、宅地の造成、建物の建築に関する工事の完了前では、当該工事に必要な開発許可、建築確認等が下りた後でなければ、すべての取引態様における広告をすることはできない（業法33条）。よって、本肢は正しく、本問の正解肢となる。 　ステップ39

☆❷ **誤** 初回に限らず広告のつど取引態様の明示が必要。 　ステップ37

宅建業者は、宅地、建物の売買、交換、貸借に関する広告をするときは、取引態様の別を明示しなければならない（業法34条1項）。取引態様の別の明示は、広告をするつど必要である。よって、本肢は誤り。

☆❸ **誤** 依頼者の依頼に基づく広告料金は報酬と別途受領可。 　ステップ58

宅建業者は、依頼者の報酬とは別に広告料金を請求することはできない。ただし、依頼者の依頼によって行う広告料金については、報酬とは別途受領することができる（業法46条3項、報酬告示第9）。よって、本肢は誤り。

☆❹ **誤** 広告をしていても、それだけでは宅建業者とみなされない。 　ステップ11

宅建業者は、免許の効力が失われた場合でも、その者又は一般承継人は、当該宅建業者が締結した契約に基づく取引を結了する目的の範囲内で宅建業者とみなされる（業法76条）。したがって、広告をしていたというだけで、宅建業者とみなされることはない。よって、本肢は誤り。

●第1編 宅建業法

# 広告等に関する規制 重要度 特A

## 問 86

宅地建物取引業者が行う広告に関する次の記述のうち、宅地建物取引業法（以下この問において「法」という。）の規定によれば、正しいものはいくつあるか。

**ア** 建物の所有者と賃貸借契約を締結し、当該建物を転貸するための広告をする際は、当該広告に自らが契約の当事者となって貸借を成立させる旨を明示しなければ、法第34条に規定する取引態様の明示義務に違反する。

**イ** 居住用賃貸マンションとする予定の建築確認申請中の建物については、当該建物の貸借に係る媒介の依頼を受け、媒介契約を締結した場合であっても、広告をすることができない。

**ウ** 宅地の売買に関する広告をインターネットで行った場合において、当該宅地の売買契約成立後に継続して広告を掲載していたとしても、最初の広告掲載時点で当該宅地に関する売買契約が成立していなければ、法第32条に規定する誇大広告等の禁止に違反することはない。

**エ** 新築分譲住宅としての販売を予定している建築確認申請中の物件については、建築確認申請中である旨を表示をすれば、広告をすることができる。

❶ 一つ
❷ 二つ
❸ 三つ
❹ 四つ

(本試験 2012 年問 28 出題)

正解肢 1

| 合格者正解率 | 不合格者正解率 |
| --- | --- |
| 53.3% | 32.9% |

受験者正解率 46.2%

☆**ア 誤** 「自ら貸借」には宅建業法の規制は及ばない。 ステップ1

自ら借り受けた建物を他に転貸する行為も「自ら貸借」に該当するため宅建業にあたらず,宅建業法の規制は及ばない。したがって,広告に自らが契約の当事者となって貸借を成立させる旨を明示しなくとも取引態様の明示義務に違反しない。よって,本肢は誤り。

☆**イ 正** 宅建業者は,宅地の造成又は建物の建築に関する工事の完了前においては,当該工事に関し必要とされる許可,確認等があった後でなければ,すべての取引態様における広告をすることができない(業法33条)。よって,本肢は正しい。 ステップ39

☆**ウ 誤** 誇大広告の禁止は継続的に求められる。 ステップ38

売買契約が成立した物件のように,物件は存在するが,実際には取引の対象とはなり得ない物件に関する広告表示をすることは誇大広告の禁止に違反し許されない(業法32条)。そして,継続的に広告を行う場合には,掲載時のみならず掲載後も継続的に違反しないことが求められる。また,インターネットによる広告の場合も当該規制は及ぶ。よって,本肢は誤り。

☆**エ 誤** 申請中の表示をしても広告は不可。 ステップ39

宅建業者は,宅地の造成又は建物の建築に関する工事の完了前においては,当該工事に関し必要とされる許可,確認等があった後でなければ,すべての取引態様における広告をすることができない(業法33条)。したがって,建築確認申請中である旨の表示をしている場合であっても広告をすることはできない。よって,本肢は誤り。

以上より,正しいものはイの一つであり,**❶**が本問の正解肢となる。

●第1編 宅建業法

# 重要事項の説明

## 問 87

宅地建物取引業者が行う宅地建物取引業法第35条に規定する重要事項の説明に関する次の記述のうち，正しいものはどれか。

❶ 重要事項説明書には，代表者の記名押印があれば宅地建物取引士の記名押印は必要がない。

❷ 重要事項説明書に記名押印する宅地建物取引士は専任の宅地建物取引士でなければならないが，実際に重要事項の説明を行う者は専任の宅地建物取引士でなくてもよい。

❸ 宅地建物取引士証を亡失した宅地建物取引士は，その再交付を申請していても，宅地建物取引士証の再交付を受けるまでは重要事項の説明を行うことができない。

❹ 重要事項の説明は，宅地建物取引業者の事務所において行わなければならない。

(本試験 2020 年 10 月問 41 出題)

**正解肢 3**

| 合格者正解率 | 不合格者正解率 |
|---|---|
| **99.5%** | **93.4%** |

受験者正解率 **97.0%**

☆❶ **誤** **宅地建物取引士の記名押印が必要。** `ステップ41`

重要事項説明書には，宅地建物取引士が記名押印しなければならない(業法35条5項，7項)。代表者の記名押印ではない。よって，本肢は誤り。

☆❷ **誤** **専任の宅地建物取引士が記名押印する必要はない。** `ステップ41`

重要事項説明書には，宅地建物取引士が記名押印しなければならない(業法35条5項，7項)が，専任の宅地建物取引士でなくてもよい。また，重要事項の説明を行う者は宅地建物取引士であればよく，専任の宅地建物取引士でなくてもよい(業法35条1項)。よって，本肢は誤り。

☆❸ **正** 宅地建物取引士は，重要事項の説明をするときは，宅地 `ステップ41` 建物取引士証を提示しなければならない(業法35条4項)。したがって，宅地建物取引士証を亡失した宅地建物取引士は，その再交付を申請していても，宅地建物取引士証の再交付を受けるまでは，宅地建物取引士証の提示をすることができないため，重要事項の説明をすることができない。よって，本肢は正しく，本問の正解肢となる。

☆❹ **誤** **場所の制限はない。** `10-2-2`

重要事項の説明に関し，場所について制限した規定はない(業法35条参照)。よって，本肢は誤り。

176　LEC東京リーガルマインド　2022年版出る順宅建士 ウォーク問過去問題集②宅建業法

●第1編　宅建業法

# 重要事項の説明

重要度 **A**

## 問 88

宅地建物取引業者が行う宅地建物取引業法第35条に規定する重要事項の説明に関する次の記述のうち、正しいものはどれか。なお、説明の相手方は宅地建物取引業者ではないものとする。

---

❶ 建物の売買の媒介を行う場合、当該建物の売主に耐震診断の記録の有無を照会したにもかかわらず、当該有無が判別しないときは、自ら耐震診断を実施し、その結果を説明する必要がある。

❷ 建物の貸借の媒介を行う場合、当該建物が津波防災地域づくりに関する法律第23条第1項の規定に基づく津波防護施設区域に位置しているときはその旨を説明する必要があるが、同法第53条第1項の規定に基づく津波災害警戒区域に位置しているときであってもその旨は説明する必要はない。

❸ 建物の売買の媒介を行う場合、売主が特定住宅瑕疵担保責任の履行の確保等に関する法律に基づく住宅販売瑕疵担保保証金の供託を行うときは、その措置の概要を説明する必要があるが、当該建物の契約不適合を担保すべき責任の履行に関し保証保険契約の締結を行うときは、その措置の概要を説明する必要はない。

❹ 区分所有権の目的である建物の貸借の媒介を行う場合、その専有部分の用途その他の利用制限に関する規約の定めがあるときはその内容を説明する必要があるが、1棟の建物又はその敷地の専用使用権に関する規約の定めについては説明する必要がない。

(本試験 2014年問34改題)

※本書では、「宅地又は建物の種類又は品質に関して契約の内容に適合しない場合におけるその不適合を担保すべき責任」を「契約不適合を担保すべき責任」又は「契約不適合担保責任」としています。

| 正解チェック欄 | / | / | / |

| 合格者正解率 | 不合格者正解率 |
|---|---|
| **91.7** % | **63.6** % |

正解肢 **4**

受験者正解率 **83.1**%

☆**❶ 誤 耐震診断を実施する必要はない。**　　　10-3-1

　宅建業者は，重要事項の説明において，建物（昭和56年6月1日以降に新築の工事に着手したものを除く。）が建築物の耐震改修の促進に関する法律4条1項に規定する一定の耐震診断を受けたものであるときは，その内容を買主に説明しなければならない（業法35条1項14号，規則16条の4の3第5号）。この規定は，耐震診断を受けている場合に説明を求めているだけであって，耐震診断の実施の有無が判別しないときに，耐震診断を義務付けているのではない。よって，本肢は誤り。

☆**❷ 誤 建物貸借の場合，津波防護施設区域の説明は不要だが，　　10-3-1
津波災害警戒区域については説明必要。**

　宅地建物取引業者は，建物の貸借以外の契約においては，取引の対象となる宅地又は建物が津波防災地域づくりに関する法律の規定により指定された津波防護施設区域内にあるときはその旨を説明しなければならない（業法35条1項14号，施行令3条1項20号の2）。しかし，建物の貸借においては説明する必要はない。一方，建物の貸借であっても，津波災害警戒区域内にあるときはその旨を説明しなければならない（業法35条1項14号，規則16条の4の3第3号）。したがって，本肢の建物の貸借において「津波防護施設区域」は説明し，「津波災害警戒区域」は説明の必要はないとするのは，説明義務が逆になった記述である。よって，本肢は誤り。

☆**❸ 誤 供託の場合だけでなく，保証保険契約の場合も，概要を　　10-3-1
説明しなければならない。**

　建物の売買の媒介を行う場合，売主が特定住宅瑕疵担保責任の履行の確保等に関する法律に基づく瑕疵担保責任の履行に関する措置の概要を説明しなければならない（業法35条1項13号）。住宅販売瑕疵担保保証金の供託を行うときは，その措置の概要，契約不適合を担保すべき責任の履行に関し保証保険契約の締結を行うときは，その措置の概要を説明する必要がある（規則16条の4の2第1号，4号）。したがって，保証保険契約の場合もその概要を説明しなければならない。よって，本肢は誤り。

☆**❹ 正** 区分所有建物の貸借の媒介においては，その専有部分の用途その他の利用制限に関する規約の定めがあるとき，その内容は説明事項となる（業法35条1項6号，規則16条の2第3号）。しかし，1棟の建物又はその敷地の専用使用権（一部の者のみに使用を許す旨）に関する規約の定めは，説明する必要はない（業法35条1項6号，規則16条の2第4号）。よって，本肢は正しく，本問の正解肢となる。

ステップ41

178　　LEC東京リーガルマインド　2022年版出る順宅建士 ウォーク問過去問題集②宅建業法

●第1編 宅建業法

# 重要事項の説明

## 問 89

宅地建物取引業者が行う宅地建物取引業法第35条に規定する重要事項の説明に関する次の記述のうち，正しいものはどれか。なお，説明の相手方は宅地建物取引業者ではないものとする。

❶ 既存住宅の貸借の媒介を行う場合，建物の建築及び維持保全の状況に関する書類の保存状況について説明しなければならない。

❷ 宅地の売買の媒介を行う場合，登記された抵当権について，引渡しまでに抹消される場合は説明しなくてよい。

❸ 宅地の貸借の媒介を行う場合，借地権の存続期間を50年とする賃貸借契約において，契約終了時における当該宅地の上の建物の取壊しに関する事項を定めようとするときは，その内容を説明しなければならない。

❹ 建物の売買又は貸借の媒介を行う場合，当該建物が津波防災地域づくりに関する法律第53条第1項により指定された津波災害警戒区域内にあるときは，その旨を，売買の場合は説明しなければならないが，貸借の場合は説明しなくてよい。

(本試験 2019 年問 39 出題)

| | 合格者正解率 | 不合格者正解率 |
|---|---|---|
| 正解肢 **3** | **94.1**% | **82.6**% |
| | 受験者正解率 **90.6**% | |

☆❶ **誤　貸借の媒介の場合，書類の保存状況の説明不要。**　　10-3

　建物が既存の建物であるときは，設計図書，点検記録その他の建物の建築及び維持保全の状況に関する書類で国土交通省令で定めるものの保存の状況が重要事項の説明事項となるのは，売買又は交換の契約の場合である（業法35条1項6号の2ロ，規則16条の2の3）。既存の建物の貸借の媒介の場合は，説明する必要はない。よって，本肢は誤り。

☆❷ **誤　引渡しまでに抹消される場合であっても，登記された抵**　　10-3
**当権は説明が必要。**

　宅地又は建物の上に存する登記された権利の種類及び内容並びに登記名義人又は登記簿の表題部に記録された所有者の氏名（法人にあっては，その名称）は，重要事項として説明しなければならない（業法35条1項1号）。引渡しまでに抹消される場合であっても，登記簿に記録されている抵当権は説明しなければならない。よって，本肢は誤り。

☆❸ **正　宅地の貸借の媒介の場合，契約終了時における当該宅地**　　10-3
の上の建物の取壊しに関する事項を定めようとするときは，その内容を重要事項として説明しなければならない（業法35条1項14号，規則16条の4の3第13号）。よって，本肢は正しく，本問の正解肢となる。

☆❹ **誤　貸借の場合も説明が必要である。**　　10-3

　売買，交換のみならず，貸借においても，宅地又は建物が津波防災地域づくりに関する法律53条1項により指定された津波災害警戒区域内にあるときは，その旨を重要事項として説明しなければならない（業法35条1項14号，規則16条の4の3第3号）。よって，本肢は誤り。

● 第1編 宅建業法

# 重要事項の説明

## 問 90

宅地建物取引業法第35条に規定する重要事項の説明を宅地建物取引士が行う場合における次の記述のうち、誤っているものはどれか。なお、説明の相手方は宅地建物取引業者ではないものとする。

❶ 建物の売買の媒介の場合は、建築基準法に規定する建蔽率及び容積率に関する制限があるときはその概要を説明しなければならないが、建物の貸借の媒介の場合は説明する必要はない。

❷ 宅地の売買の媒介の場合は、土砂災害警戒区域等における土砂災害防止対策の推進に関する法律第6条第1項により指定された土砂災害警戒区域内にあるときはその旨を説明しなければならないが、建物の貸借の媒介の場合は説明する必要はない。

❸ 建物の売買の媒介の場合は、住宅の品質確保の促進等に関する法律第5条第1項に規定する住宅性能評価を受けた新築住宅であるときはその旨を説明しなければならないが、建物の貸借の媒介の場合は説明する必要はない。

❹ 宅地の売買の媒介の場合は、私道に関する負担について説明しなければならないが、建物の貸借の媒介の場合は説明する必要はない。

(本試験 2010 年問 35 改題)

**正解肢 2**

| 合格者正解率 | 不合格者正解率 |
|---|---|
| **96.0%** | **86.7%** |
| 受験者正解率 **92.6%** | |

☆**❶ 正** 建物の売買においては，建築基準法に規定する建蔽率，容積率に関する制限について，その概要を説明しなければならない（業法35条1項2号，施行令3条1項2号）。しかし，建物の貸借においては，建蔽率，容積率に関する制限は，説明事項とされていない（施行令3条3項）。よって，本肢は正しい。

ステップ41

☆**❷ 誤** **建物の貸借においても説明必要。**

宅地の売買のみならず，建物の貸借においても，宅地又は建物が土砂災害警戒区域内にあるときは，その旨を説明しなければならない（業法35条1項14号，規則16条の4の3第2号）。よって，本肢は誤りであり，本問の正解肢となる。

10-3-1

☆**❸ 正** 建物の売買においては，当該建物が住宅の品質確保の促進等に関する法律に規定する住宅性能評価を受けた新築住宅であるときは，その旨を説明しなければならない（業法35条1項14号，規則16条の4の3第6号）。しかし，建物の貸借においては，説明事項とされていない。よって，本肢は正しい。

ステップ41

☆**❹ 正** 宅地の売買においては，私道に関する負担に関する事項について説明しなければならない（業法35条1項3号）。しかし，建物の貸借においては，説明事項とされていない。よって，本肢は正しい。

ステップ41

● 第1編 宅建業法

# 重要事項の説明

重要度 A

**問 91**

宅地建物取引業者が建物の貸借の媒介を行う場合における宅地建物取引業法（以下この問において「法」という。）第35条に規定する重要事項の説明に関する次の記述のうち，誤っているものはどれか。なお，特に断りのない限り，当該建物を借りようとする者は宅地建物取引業者ではないものとする。

❶ 当該建物を借りようとする者が宅地建物取引業者であるときは，貸借の契約が成立するまでの間に重要事項を記載した書面を交付しなければならないが，その内容を宅地建物取引士に説明させる必要はない。

❷ 当該建物が既存の住宅であるときは，法第34条の2第1項第4号に規定する建物状況調査を実施しているかどうか，及びこれを実施している場合におけるその結果の概要を説明しなければならない。

❸ 台所，浴室，便所その他の当該建物の設備の整備の状況について説明しなければならない。

❹ 宅地建物取引士は，テレビ会議等のITを活用して重要事項の説明を行うときは，相手方の承諾があれば宅地建物取引士証の提示を省略することができる。

（本試験 2018年問39 出題）

## 正解肢 4

合格者正解率 **96.6%** 不合格者正解率 **83.2%**
受験者正解率 **90.7%**

☆ ❶ **正** 借りようとする者が宅建業者であるときは,その者に対して重要事項の説明をする必要はないが,重要事項を記載した書面の交付はしなければならない(業法35条6項)。よって,本肢は正しい。なお,この書面には宅地建物取引士の記名押印が必要である(業法35条7項)。 <!-- ステップ41 -->

☆ ❷ **正** 当該建物が既存の建物であるときは,建物状況調査を実施しているかどうか,及びこれを実施している場合におけるその結果の概要を説明しなければならない(業法35条1項6号の2イ)。よって,本肢は正しい。なお,本肢のような建物の貸借の場合,売買・交換の場合と異なり,設計図書,点検記録等の書類の保存の状況を説明する必要はない。 <!-- 10-3-1 -->

☆ ❸ **正** 建物の貸借の場合,台所,浴室,便所その他の当該建物の設備の整備の状況を重要事項として説明しなければならない(業法35条1項14号,規則16条の4の3第7号)。よって,本肢は正しい。 <!-- ステップ41 -->

☆ ❹ **誤** 宅地建物取引士証の提示を省略することはできない。 <!-- 10-2-3 -->

所定の要件を満たす場合,宅地又は建物の貸借の代理又は媒介に係る重要事項の説明にテレビ会議等のITを活用することができる。この場合であっても,相手方の承諾の有無を問わず,宅地建物取引士証の提示を省略することはできない(解釈・運用の考え方)。よって,本肢は誤りであり,本問の正解肢となる。

● 第1編　宅建業法

# 重要事項の説明

**問 92**

宅地建物取引業者が行う宅地建物取引業法第35条に規定する重要事項の説明（以下この問において「重要事項説明」という。）に関する次の記述のうち、正しいものはどれか。なお、説明の相手方は宅地建物取引業者ではないものとする。

❶ 建物管理が管理会社に委託されている建物の貸借の媒介をする宅地建物取引業者は、当該建物が区分所有建物であるか否かにかかわらず、その管理会社の商号及びその主たる事務所の所在地について、借主に説明しなければならない。

❷ 宅地建物取引業者である売主は、他の宅地建物取引業者に媒介を依頼して宅地の売買契約を締結する場合、重要事項説明の義務を負わない。

❸ 建物の貸借の媒介において、建築基準法に規定する建蔽率及び容積率に関する制限があるときは、その概要を説明しなければならない。

❹ 重要事項説明では、代金、交換差金又は借賃の額を説明しなければならないが、それ以外に授受される金銭の額については説明しなくてよい。

(本試験 2019 年問 41 出題)

## 正解肢 1

合格者正解率 **91.5%** 不合格者正解率 **71.2%**
受験者正解率 **85.2%**

☆ **❶ 正** 建物の貸借の契約にあって、当該建物の管理が委託されているときは、その建物が区分所有建物であるか否かにかかわらず、その委託を受けている者の氏名(法人にあっては、その商号又は名称)及び住所(法人にあっては、その主たる事務所の所在地)を借主に説明しなければならない(業法35条1項6号、規則16条の2第8号、業法35条1項14号、規則16条の4の3第12号)。よって、本肢は正しく、本問の正解肢となる。 ステップ41

☆ **❷ 誤** 売主も重要事項説明義務を負う。 10-2

1つの取引に複数の宅建業者が関与するときは、自ら貸主となる場合、買主等又は借主となる場合を除いて、すべての宅建業者が重要事項の説明義務を負う(業法35条1項)。したがって、宅建業者である売主は、他の宅建業者に媒介を依頼して宅地の売買契約を締結する場合、重要事項の説明義務を負う。よって、本肢は誤り。

☆ **❸ 誤** 建物の貸借の場合、建蔽率等に関する制限は、説明事項とされていない。 ステップ41

建物の貸借においては、建蔽率、容積率に関する制限は、説明事項とされていない(業法35条1項2号、施行令3条3項)。よって、本肢は誤り。

☆ **❹ 誤** 代金、交換差金及び借賃の額は説明不要、「以外」の金銭の額は説明必要。 ステップ42

代金、交換差金及び借賃以外に授受される金銭の額及び当該金銭の授受の目的は重要事項として説明しなければならない(業法35条1項7号)。したがって、代金、交換差金又は借賃の額は説明しなくてよいが、それ以外に授受される金銭の額については、説明しなければならない。よって、本肢は誤り。なお、代金、交換差金及び借賃の額については、37条書面の必要的記載事項である(業法37条1項3号、2項2号)。

● 第1編　宅建業法

# 重要事項の説明

## 問93

宅地建物取引業法第35条に規定する重要事項の説明を宅地建物取引士が行う場合における次の記述のうち，同条の規定に違反しないものはどれか。なお，説明の相手方は宅地建物取引業者ではないものとする。

❶ 中古マンションの売買の媒介において，当該マンションに係る維持修繕積立金については説明したが，管理組合が保管している維持修繕の実施状況についての記録の内容については説明しなかった。

❷ 自ら売主となる新築住宅の売買において，重要事項の説明の時点で契約不適合担保責任の履行に関する責任保険の契約を締結する予定であることは説明したが，当該責任保険の概要については説明しなかった。

❸ 宅地の売買の媒介において，当該宅地が急傾斜地の崩壊による災害の防止に関する法律第3条の規定に基づく急傾斜地崩壊危険区域内にあることは説明したが，立木竹の伐採には都道府県知事の許可を受けなければならないことについては説明しなかった。

❹ 建物の売買の媒介において，登記された権利の種類及び内容については説明したが，移転登記の申請の時期については説明しなかった。

（本試験 2010 年問 36 改題）

## 正解肢 4

| 合格者正解率 | 不合格者正解率 |
|:---:|:---:|
| **95.3**% | **75.6**% |

受験者正解率 **88.1**%

☆❶ **違反する** 維持修繕の実施状況の記録の内容も説明必要。 ステップ41

マンションの売買において，当該マンションの計画的な維持修繕のための費用の積立てを行う旨の規約の定めがあるときは，その内容及び既に積み立てられている額について説明しなければならない（業法35条1項6号，規則16条の2第6号）。また，マンションの売買において，維持修繕の実施状況が記録されているときは，その内容をも説明しなければならない（業法35条1項6号，規則16条の2第9号）。よって，本肢は違反する。

☆❷ **違反する** 責任保険の概要についても説明必要。 10-3-1

宅建業者が自ら売主となる新築住宅の売買において，当該建物の契約不適合を担保すべき責任の履行に関する保証保険契約又は責任保険契約の締結の措置を講ずるかどうか，及びその措置を講ずる場合におけるその措置の概要を説明しなければならない（業法35条1項13号，規則16条の4の2第1号）。よって，本肢は違反する。

❸ **違反する** 制限の概要について説明必要。 10-3-1

宅地の売買において，当該宅地が急傾斜地の崩壊による災害の防止に関する法律に基づく急傾斜地危険区域内にあるときは，立木竹の伐採等には都道府県知事の許可を受けなければならないこと等の急傾斜地危険区域内における制限の概要についても説明しなければならない（業法35条1項2号，施行令3条1項23号，急傾斜地の崩壊による災害の防止に関する法律7条1項）。よって，本肢は違反する。

☆❹ **違反しない** 建物の売買において，当該宅地又は建物の上に存する登記された権利の種類及び内容について説明しなければならない（業法35条1項1号）。しかし，移転登記の申請の時期については，説明事項とされていない。移転登記の申請時期は，37条書面の必要的記載事項である（業法37条1項5号）。よって，本肢は違反せず，本問の正解肢となる。 ステップ41

188　LEC東京リーガルマインド　2022年版出る順宅建士 ウォーク問過去問題集②宅建業法

●第1編 宅建業法

# 重要事項の説明

**問 94** 宅地建物取引業者間の取引における宅地建物取引業法第35条に規定する重要事項の説明及び重要事項を記載した書面（以下この問において「重要事項説明書」という。）の交付に関する次の記述のうち，正しいものはどれか。

---

❶ 建物の売買においては，売主は取引の対象となる建物（昭和56年6月1日以降に新築の工事に着手したものを除く。）について耐震診断を受けなければならず，また，その診断の結果を重要事項説明書に記載しなければならない。

❷ 建物の売買においては，その対象となる建物が未完成である場合は，重要事項説明書を交付した上で，宅地建物取引士をして説明させなければならない。

❸ 建物の売買においては，その契約不適合を担保すべき責任の履行に関し保証保険契約の締結などの措置を講ずるかどうか，また，講ずる場合はその概要を重要事項説明書に記載しなければならない。

❹ 宅地の交換において交換契約に先立って交換差金の一部として30万円の預り金の授受がある場合，その預り金を受領しようとする者は，保全措置を講ずるかどうか，及びその措置を講ずる場合はその概要を重要事項説明書に記載しなければならない。

(本試験 2018年問35出題)

正解肢 **3**

| 合格者正解率 | 不合格者正解率 |
|---|---|
| **67.4**% | **47.7**% |
| 受験者正解率 **58.8**% | |

☆❶ **誤** 耐震診断は受ける義務はない。

10-3-1

　建物の売買において，当該建物（昭和56年6月1日以降に新築の工事に着手したものを除く。）が建築物の耐震改修の促進に関する法律4条1項に規定する一定の耐震診断を受けたものであるときは，その内容が重要事項説明書の記載事項となる（業法35条1項14号，規則16条の4の3第5号）。耐震診断は受けなければならないのではない。よって，本肢は誤り。

☆❷ **誤** 宅建業者である買主に説明する必要はない。

ステップ41

　建物の売買において，買主が宅建業者であるときは，重要事項説明書を買主に交付するが，宅地建物取引士をして説明させる必要はない（業法35条6項）。よって，本肢は誤り。

☆❸ **正** 建物の売買において，契約不適合を担保すべき責任の履行に関し保証保険契約の締結その他の措置で国土交通省令・内閣府令で定めるものを講ずるかどうか，及びその措置を講ずる場合におけるその措置の概要が重要事項説明書の記載事項となる（業法35条1項13号）。よって，本肢は正しく，本問の正解肢となる。

10-3-1

❹ **誤** 50万円未満の場合は記載不要である。

10-3-1

　支払金又は預り金（宅建業者の相手方等からその取引の対象となる宅地又は建物に関し受領する代金，交換差金，借賃その他の金銭）を受領しようとする場合において，保全措置を講ずるかどうか，及びその措置を講ずる場合におけるその措置の概要が重要事項説明書の記載事項となる（業法35条1項11号）。しかし，受領する額が50万円未満のものは保全措置の対象となる支払金又は預り金から除かれる（規則16条の3第1号）。本肢では，交換差金の一部として授受される預り金の額が30万円であるから，支払金又は預り金の保全措置を講ずるかどうか，及びその措置を講ずる場合のその概要を重要事項説明書に記載する必要はない。よって，本肢は誤り。

# 重要事項の説明

## 問 95

宅地建物取引業者Aが，マンションの分譲に際して行う宅地建物取引業法第35条の規定に基づく重要事項の説明に関する次の記述のうち，正しいものはどれか。なお，説明の相手方は宅地建物取引業者ではないものとする。

❶ 当該マンションの建物又はその敷地の一部を特定の者にのみ使用を許す旨の規約の定めがある場合，Aは，その内容だけでなく，その使用者の氏名及び住所について説明しなければならない。

❷ 建物の区分所有等に関する法律第2条第4項に規定する共用部分に関する規約がまだ案の段階である場合，Aは，規約の設定を待ってから，その内容を説明しなければならない。

❸ 当該マンションの建物の計画的な維持修繕のための費用の積立を行う旨の規約の定めがある場合，Aは，その内容を説明すれば足り，既に積み立てられている額については説明する必要はない。

❹ 当該マンションの建物の計画的な維持修繕のための費用を特定の者にのみ減免する旨の規約の定めがある場合，Aは，買主が当該減免対象者であるか否かにかかわらず，その内容を説明しなければならない。

(本試験 2008 年問 37 改題)

**正解肢 4**

| 合格者正解率 | 不合格者正解率 |
|---|---|
| **90.7%** | **72.1%** |
| 受験者正解率 **83.5%** | |

☆❶ **誤** 使用者の氏名・住所は説明不要。　　　　　　　　　10-3-3

　マンションの建物又は敷地の一部を特定の者にのみ使用を許す旨の規約の定め（案を含む。）がある場合、その内容は重要事項の説明事項であるが、その使用者の氏名及び住所は、重要事項の説明事項ではない（業法35条1項6号、規則16条の2第4号）。よって、本肢は誤り。

☆❷ **誤** 案の段階でも説明必要。　　　　　　　　　　　　ステップ41

　建物の区分所有等に関する法律2条4項に規定する共用部分に関する規約の定め（案を含む。）があるときは、その内容は重要事項の説明事項となる（業法35条1項6号、規則16条の2第2号）。案の段階であっても重要事項の説明事項となるのであり、規約の成立を待ってから、その内容を説明するのではない。よって、本肢は誤り。

☆❸ **誤** 既に積み立てられている額についても説明必要。　ステップ41

　マンションの建物の計画的な維持修繕のための費用の積立てを行う旨の規約の定め（案を含む。）があるときは、その内容及び既に積み立てられている額は重要事項の説明事項となる（業法35条1項6号、規則16条の2第6号）。よって、本肢は誤り。

☆❹ **正** マンションの建物の計画的な維持修繕のための費用、通　10-3-3
常の管理費用その他の、マンションの所有者が負担しなければならない費用を特定の者にのみ減免する旨の規約（案を含む。）の定めがあるときは、その内容は重要事項の説明事項となる（業法35条1項6号、規則16条の2第5号）。したがって、宅建業者は、買主が当該減免対象者であるか否かにかかわらず、その内容を説明しなければならない。よって、本肢は正しく、本問の正解肢となる。

# 重要事項の説明

**問 96** 宅地建物取引業者が行う宅地建物取引業法第35条に規定する重要事項の説明に関する次の記述のうち、誤っているものはどれか。なお、説明の相手方は宅地建物取引業者ではないものとする。

❶ 区分所有建物の売買の媒介を行う場合、当該1棟の建物及びその敷地の管理が委託されているときは、その委託を受けている者の氏名（法人にあっては、その商号又は名称）及び住所（法人にあっては、その主たる事務所の所在地）を説明しなければならない。

❷ 土地の売買の媒介を行う場合、移転登記の申請の時期の定めがあるときは、その内容を説明しなければならない。

❸ 住宅の売買の媒介を行う場合、宅地内のガス配管設備等に関して、当該住宅の売買後においても当該ガス配管設備等の所有権が家庭用プロパンガス販売業者にあるものとするときは、その旨を説明する必要がある。

❹ 中古マンションの売買の媒介を行う場合、当該マンションの計画的な維持修繕のための費用の積立てを行う旨の規約の定めがあるときは、その内容及び既に積み立てられている額について説明しなければならない。

（本試験 2017 年問 41 出題）

合格者正解率 **94.7**% 不合格者正解率 **68.4**%
受験者正解率 **83.1**%

☆ **❶ 正** 宅建業者が区分所有建物の売買の媒介を行う場合において，当該1棟の建物及びその敷地の管理が委託されているときは，その委託を受けている者の氏名（法人にあっては，その商号又は名称）及び住所（法人にあっては，その主たる事務所の所在地）を重要事項説明書に記載して宅地建物取引士をして重要事項説明書を交付して説明をさせなければならない（業法35条1項6号，規則16条の2第8号）。よって，本肢は正しい。

ステップ41

☆ **❷ 誤** 移転登記の申請時期の説明は不要。

ステップ42

宅建業者は，移転登記の申請の時期を37条書面に記載しなければならないが（業法37条1項5号），重要事項説明書に記載して説明する必要はない（業法35条1項参照）。よって，本肢は誤りであり，本問の正解肢となる。

**❸ 正** 宅建業者は，ガスの供給のための施設の整備の状況について重要事項説明書に記載して宅地建物取引士をして重要事項説明書を交付して説明をさせなければならない（業法35条1項4号）。ガス配管設備等に関して，住宅の売買後においても宅地内のガスの配管設備等の所有権が家庭用プロパンガス販売業者にあるものとする場合には，その旨の説明をさせなければならない（解釈・運用の考え方）。よって，本肢は正しい。

10-3-1

☆ **❹ 正** 宅建業者は，区分所有建物の売買の媒介を行う場合において，当該1棟の建物の計画的な維持修繕のための費用の積立てを行う旨の規約の定めがあるときは，その内容及び既に積み立てられている額を重要事項説明書に記載して宅地建物取引士をして重要事項説明書を交付して説明をさせなければならない（業法35条1項6号，規則16条の2第6号）。よって，本肢は正しい。

ステップ41

●第1編　宅建業法

# 重要事項の説明

**問 97**　宅地建物取引業者が行う宅地建物取引業法第35条に規定する重要事項の説明に関する次の記述のうち，正しいものはどれか。なお，説明の相手方は宅地建物取引業者ではないものとする。

❶ 建物の売買の媒介だけでなく建物の貸借の媒介を行う場合においても，損害賠償額の予定又は違約金に関する事項について，説明しなければならない。

❷ 建物の売買の媒介を行う場合，当該建物について，石綿の使用の有無の調査の結果が記録されているか照会を行ったにもかかわらず，その存在の有無が分からないときは，宅地建物取引業者自らが石綿の使用の有無の調査を実施し，その結果を説明しなければならない。

❸ 建物の売買の媒介を行う場合，当該建物が既存の住宅であるときは，建物状況調査を実施しているかどうかを説明しなければならないが，実施している場合その結果の概要を説明する必要はない。

❹ 区分所有建物の売買の媒介を行う場合，建物の区分所有等に関する法律第2条第3項に規定する専有部分の用途その他の利用の制限に関する規約の定めがあるときは，その内容を説明しなければならないが，区分所有建物の貸借の媒介を行う場合は，説明しなくてよい。

（本試験 2020 年 10 月問 31 出題）

合格者正解率 **92.0%** 不合格者正解率 **77.3%**
受験者正解率 **86.0%**

☆❶ **正** 宅建業者は，建物の売買の媒介だけでなく建物の貸借の媒介を行う場合においても，損害賠償額の予定又は違約金に関する事項について，説明しなければならない。（業法35条1項9号）。よって，本肢は正しく，本問の正解肢となる。

10-3

☆❷ **誤** 宅建業者が自ら石綿の使用の有無を調査する必要はない。

10-3

建物の売買の媒介を行う場合，当該建物について，石綿の使用の有無の調査の結果が記録されているときは，その内容を説明しなければならない（業法35条1項14号，規則16条の4の3第4号）。調査結果の記録がないときは，説明する必要がない。また，石綿使用の有無の調査結果の記録の存在の有無が分からないときに，宅建業者が石綿の使用の有無の調査を自ら実施する必要はない（解釈・運用の考え方）。よって，本肢は誤り。

☆❸ **誤** 建物状況調査を実施した場合の結果の概要も説明が必要。

10-3-1

建物の売買の媒介を行う場合，当該建物が既存の建物であるときは，建物状況調査を実施しているかどうか，及びこれを実施している場合におけるその結果の概要を説明しなければならない（業法35条1項6号の2イ）。よって，本肢は誤り。

☆❹ **誤** 制限がある場合は，貸借でも説明必要。

ステップ41

区分所有建物の売買の媒介を行う場合，区分所有建物の専有部分の用途その他の利用の制限に関する規約の定め（その案を含む）があるときは，その内容を，重要事項として説明しなければならない（業法35条1項6号，規則16条の2第3号）。貸借の媒介の場合でも説明が必要である（業法規則16条の2第3号）。よって，本肢は誤り。

# 37条書面

**問 98** 宅地建物取引業者が行う業務に関する次の記述のうち、宅地建物取引業法の規定によれば、正しいものはいくつあるか。なお、この問において「37条書面」とは、同法第37条の規定により交付すべき書面をいうものとする。

**ア** 宅地建物取引業者は、自ら売主として宅地建物取引業者ではない買主との間で新築分譲住宅の売買契約を締結した場合において、契約不適合担保責任の履行に関して講ずべき保証保険契約の締結その他の措置について定めがあるときは、当該措置についても37条書面に記載しなければならない。

**イ** 宅地建物取引業者は、37条書面を交付するに当たり、宅地建物取引士をして、その書面に記名押印の上、その内容を説明させなければならない。

**ウ** 宅地建物取引業者は、自ら売主として宅地の売買契約を締結した場合は、買主が宅地建物取引業者であっても、37条書面に当該宅地の引渡しの時期を記載しなければならない。

**エ** 宅地建物取引業者は、建物の売買の媒介において、当該建物に係る租税その他の公課の負担に関する定めがあるときは、その内容を37条書面に記載しなければならない。

❶ 一つ
❷ 二つ
❸ 三つ
❹ 四つ

(本試験 2014 年問 40 改題)

正解肢 3

合格者正解率 **83.2%** ｜ 不合格者正解率 **62.1%**
受験者正解率 76.8%

☆**ア 正** 37条書面に，当該宅地もしくは建物の契約不適合を担保 `ステップ42`
すべき責任又は当該責任の履行に関して講ずべき保証保険契約の
締結その他の措置についての定めがあるときは，その内容を記載
しなければならない（業法37条1項11号）。よって，本肢は正
しい。

☆**イ 誤** 37条書面は説明する必要がない。 `ステップ42`
宅建業者は，交付すべき書面を作成したときは，宅地建物取引
士をして，当該書面に記名押印させなければならない（業法37
条3項）。しかし，その内容の説明までする必要はない。よって，
本肢は誤り。

☆**ウ 正** 宅建業者は，自ら売主として契約を締結したときは，そ `ステップ42`
の契約の相手方に37条書面を交付しなければならない（業法37
条1項）。これは相手方が宅建業者であっても省略できない（業
法78条2項参照）。また，売買において「引渡し時期」は，必
ず記載しなければならない事項である（業法37条1項4号）。
よって，本肢は正しい。

☆**エ 正** 建物の売買の媒介において，当該建物に係る租税その他 `ステップ42`
の公課の負担に関する定めがあるときは，その内容を37条書面
に記載しなければならない（業法37条1項12号）。よって，本
肢は正しい。

　　以上より，正しいものはア，ウ，エの三つであり，**❸**が本問の
正解肢となる。

198　LEC東京リーガルマインド　2022年版出る順宅建士 ウォーク問過去問題集②宅建業法

●第1編　宅建業法

# 37条書面

**問99** 宅地建物取引業者A社が宅地建物取引業法第37条の規定により交付すべき書面（以下この問において「37条書面」という。）に関する次の記述のうち，宅地建物取引業法の規定によれば，正しいものの組合せはどれか。

---

**ア** A社は，建物の貸借に関し，自ら貸主として契約を締結した場合に，その相手方に37条書面を交付しなければならない。

**イ** A社は，建物の売買に関し，その媒介により契約が成立した場合に，当該売買契約の各当事者のいずれに対しても，37条書面を交付しなければならない。

**ウ** A社は，建物の売買に関し，その媒介により契約が成立した場合に，天災その他不可抗力による損害の負担に関する定めがあるときは，その内容を記載した37条書面を交付しなければならない。

**エ** A社は，建物の売買に関し，自ら売主として契約を締結した場合に，その相手方が宅地建物取引業者であれば，37条書面を交付する必要はない。

❶　ア，イ
❷　イ，ウ
❸　ウ，エ
❹　ア，エ

（本試験 2013 年問 31 出題）

| | 合格者正解率 | 不合格者正解率 |
|---|---|---|
| 正解肢 **2** | **94.2**% | **71.8**% |
| | 受験者正解率 **85.5**% | |

☆**ア　誤**　「自ら貸借」には宅建業法の規制は及ばない。　　　　ステップ1

　　宅建業者が自ら貸主となり賃貸借契約を締結することは，宅建
業法上の取引に該当せず，宅建業にはあたらない（業法2条2
号）。したがって，貸主である宅建業者は，借主に37条書面を
交付する必要はない。よって，本肢は誤り。

☆**イ　正**　宅建業者は，その媒介により売買契約が成立したときは，　ステップ42
売買契約の両当事者に37条書面を交付しなければならない（業
法37条1項）。よって，本肢は正しい。

☆**ウ　正**　天災その他不可抗力による損害の負担に関する定めがあ　ステップ42
るときは，その内容を37条書面に記載し，その書面を交付しな
ければならない（業法37条1項10号）。よって，本肢は正しい。

☆**エ　誤**　相手方が業者でも37条書面の交付は省略できない。　　ステップ42

　　宅建業者は，自ら売主として契約を締結したときは，その契約
の相手方に37条書面を交付しなければならない（業法37条1
項）。これは相手方が宅建業者であっても省略できない（業法78
条2項参照）。よって，本肢は誤り。

　　以上より，正しいものはイ，ウであり，**❷**が本問の正解肢とな
る。

●第1編　宅建業法

# 37条書面

**重要度 特A**

## 問100

次の記述のうち，宅地建物取引業法（以下この問において「法」という。）の規定によれば，正しいものはどれか。

❶ 宅地建物取引業者が建物の貸借の媒介を行う場合，借賃以外に金銭の授受があるときは，その額及び授受の目的について，法第35条に規定する重要事項を記載した書面に記載しているのであれば，法第37条の規定により交付すべき書面（以下この問において「37条書面」という。）に記載する必要はない。

❷ 宅地建物取引業者が区分所有建物の貸借の媒介を行う場合，損害賠償額の予定又は違約金に関する特約の内容について，37条書面に記載する必要はないが，売買の媒介を行う場合は，当該内容について37条書面に記載する必要がある。

❸ 土地付建物の売買契約において，買主が金融機関から住宅ローンの承認を得られなかったときは契約を無条件で解除できるという取り決めがある場合，当該売買の媒介を行う宅地建物取引業者は，自ら住宅ローンのあっせんをする予定がなくても，37条書面にその取り決めの内容を記載する必要がある。

❹ 宅地建物取引業者Aが，宅地建物取引業者でないBから建物の売却の依頼を受け，AとBとの間で専属専任媒介契約を締結した場合，Aが探索した相手方以外の者とBとの間で売買契約を締結したときの措置について，AとBとの間で取り決めがなければ，Aは法第34条の2第1項の規定に基づき交付すべき書面に記載する必要はない。

（本試験 2010年問34出題）

| 正解チェック欄 | / | / | / |
|---|---|---|---|

LEC東京リーガルマインド　2022年版出る順宅建士 ウォーク問過去問題集②宅建業法　201

| 合格者正解率 | 不合格者正解率 |
| --- | --- |
| **77.5%** | **57.7%** |

受験者正解率 **70.3%**

**正解肢 3**

☆**❶ 誤** 借賃以外の金銭の授受があるときは，その額・目的は 37条書面に記載必要。 `ステップ42`

借賃以外の金銭の授受に関する定めがあるときは，その額及び授受の目的について重要事項説明書面に記載していても（業法35条1項7号），その額ならびに当該金銭の授受の時期及び目的を37条書面に記載する必要がある（業法37条2項3号）。よって，本肢は誤り。

☆**❷ 誤** 貸借の場合でも，損害賠償額の予定又は違約金の定めがあるときは，37条書面に記載必要。 `ステップ42`

損害賠償額の予定又は違約金に関する定めがあるときは，売買の場合のみならず，貸借の場合においても，その内容を37条書面に記載する必要がある（業法37条1項8号，2項1号）。よって，本肢は誤り。

☆**❸ 正** 買主が金融機関から住宅ローンの承認を得られなかったときは契約を無条件で解除できるとの約定は「契約の解除に関する定め」に該当するため，住宅ローンのあっせんをする予定の有無にかかわらず，契約の解除に関する定めがあるときは，その内容を37条書面に記載する必要がある（業法37条1項7号）。よって，本肢は正しく，本問の正解肢となる。 `ステップ42`

☆**❹ 誤** 媒介契約違反の場合の措置は，媒介契約書面に記載必要。 `ステップ36`

媒介契約書には，専属専任媒介契約における依頼者が媒介の依頼を受けた宅建業者が探索した相手方以外の者と売買契約を締結した場合の措置を記載する必要がある（業法34条の2第1項8号，規則15条の9第2号）。よって，本肢は誤り。

●第1編 宅建業法

# 37条書面

重要度 特A

## 問101

宅地建物取引業法（以下この問において「法」という。）第37条の規定により交付すべき書面（以下この問において「37条書面」という。）に関する次の記述のうち、正しいものはどれか。なお、Aは宅地建物取引業者（消費税課税事業者）である。

❶ Aは、宅地建物取引業者Bと宅地建物取引業者Cの間で締結される宅地の売買契約の媒介においては、37条書面に引渡しの時期を記載しなくてもよい。

❷ Aは、自ら売主として土地付建物の売買契約を締結したときは、37条書面に代金の額を記載しなければならないが、消費税等相当額については記載しなくてもよい。

❸ Aは、自ら売主として、宅地建物取引業者Dの媒介により、宅地建物取引業者Eと宅地の売買契約を締結した。Dが宅地建物取引士をして37条書面に記名押印させている場合、Aは宅地建物取引士をして当該書面に記名押印させる必要はない。

❹ Aは、貸主Fと借主Gの間で締結される建物賃貸借契約について、Fの代理として契約を成立させたときは、FとGに対して37条書面を交付しなければならない。

（本試験 2016 年問 42 出題）

**正解肢 4**

| 合格者正解率 | 不合格者正解率 |
|:---:|:---:|
| **84.7** % | **63.5** % |
| 受験者正解率 **77.1**% | |

☆**❶ 誤 記載が必要。**

宅建業者の媒介により契約が成立したときは，建物の引渡しの時期を37条書面に記載しなければならない（業法37条1項4号）。よって本肢は誤り。

ステップ42
ステップ46

**❷ 誤 記載が必要。**

宅建業者が自ら当事者として売買契約を締結したときは，37条書面に代金の額を記載しなければならない（業法37条1項3号）。消費税等相当額は，代金の一部となるものであるため，代金の額として記載しなければならない（解釈・運用の考え方）。よって，本肢は誤り。

☆**❸ 誤 すべての宅建業者が宅地建物取引士をして記名押印させる必要がある。**

11-2

宅建業者は，交付すべき書面を作成したときは，宅地建物取引士をして，当該書面に記名押印させなければならない（業法37条3項）。また，複数の宅建業者が取引に関与するときは，すべての宅建業者が宅地建物取引士をして37条書面に記名押印させなければならない。よって，本肢は誤り。

☆**❹ 正** 宅建業者は，宅地又は建物の貸借に関し，当事者を代理して契約を締結したときはその相手方及び代理を依頼した者に，37条書面を交付しなければならない（業法37条2項）。よって，本肢は正しく，本問の正解肢となる。

ステップ42

● 第1編 宅建業法

# 37条書面

**問102** 宅地建物取引業者が媒介により建物の貸借の契約を成立させた場合、宅地建物取引業法第37条の規定により当該貸借の契約当事者に対して交付すべき書面に必ず記載しなければならない事項の組合せとして、正しいものはどれか。

---

**ア** 保証人の氏名及び住所
**イ** 建物の引渡しの時期
**ウ** 借賃の額並びにその支払の時期及び方法
**エ** 媒介に関する報酬の額
**オ** 借賃以外の金銭の授受の方法

❶ ア、イ
❷ イ、ウ
❸ ウ、エ、オ
❹ ア、エ、オ

(本試験 2013 年問 35 出題)

**ア 記載する必要はない** 保証人の氏名及び住所は、37条書面の記載事項とはされていない。よって、本肢は必ず記載しなければならない事項ではない。

☆**イ 必ず記載しなければならない** 建物の引渡しの時期は、37条書面に必ず記載しなければならない（業法37条1項4号）。よって、本肢は必ず記載しなければならない事項である。 ステップ42

☆**ウ 必ず記載しなければならない** 借賃の額ならびにその支払い時期及び方法は、37条書面に必ず記載しなければならない（業法37条2項2号）。よって、本肢は必ず記載しなければならない事項である。 ステップ42

☆**エ 記載する必要はない** 媒介に関する報酬の額は、媒介契約書面の記載事項であるが（業法34条の2第1項6号）、37条書面の記載事項とはされていない。よって、本肢は必ず記載すべき事項ではない。 8-3-2

☆**オ 記載する必要はない** 借賃以外の金銭の授受に関する事項は、定めがある場合に限り記載する事項であり（業法37条2項3号）、必ず記載しなければならない事項ではない。また、定めがある場合であっても、その額ならびに当該金銭の授受の時期及び目的は記載事項とされているが、授受の方法は記載事項とされていない（業法37条2項3号）。よって、本肢は必ず記載すべき事項ではない。 ステップ42

以上より、必ず記載しなければならない事項はイ、ウであり、**❷**が本問の正解肢となる。

●第1編　宅建業法

# 37条書面

**問103**　宅地建物取引業者Ａが宅地建物取引業法（以下この問において「法」という。）第37条の規定により交付すべき書面（以下この問において「37条書面」という。）に関する次の記述のうち，法の規定によれば，正しいものはいくつあるか。

**ア**　Ａは，その媒介により建築工事完了前の建物の売買契約を成立させ，当該建物を特定するために必要な表示について37条書面で交付する際，法第35条の規定に基づく重要事項の説明において使用した図書の交付により行った。

**イ**　Ａが自ら貸主として宅地の定期賃貸借契約を締結した場合において，借賃の支払方法についての定めがあるときは，Ａは，その内容を37条書面に記載しなければならず，借主が宅地建物取引業者であっても，当該書面を交付しなければならない。

**ウ**　土地付建物の売主Ａは，買主が金融機関から住宅ローンの承認を得られなかったときは契約を無条件で解除できるという取決めをしたが，自ら住宅ローンのあっせんをする予定がなかったので，37条書面にその取決めの内容を記載しなかった。

**エ**　Ａがその媒介により契約を成立させた場合において，契約の解除に関する定めがあるときは，当該契約が売買，貸借のいずれに係るものであるかを問わず，37条書面にその内容を記載しなければならない。

❶　一つ
❷　二つ
❸　三つ
❹　四つ

（本試験 2019年問36 出題）

**ア 正** 宅建業法37条1項2号に規定する宅地建物を特定するために必要な表示について書面で交付する際,工事完了前の建物については,重要事項の説明の時に使用した図書を交付することにより行うものとする(解釈・運用の考え方)。よって,本肢は正しい。

☆**イ 誤** 自ら貸借であり,宅建業法の適用はない。 ステップ1

自ら貸借は,取引に当たらず,宅建業法の規定は適用されない(業法2条2号)。したがって,借賃の支払方法を記載する必要はなく,37条書面を交付する必要もない。よって,本肢は誤り。

☆**ウ 誤** 取決めの内容は37条書面に記載しなければならない。 ステップ42

契約の解除に関する定めがあるときは,その内容を,37条書面に記載しなければならない(37条1項7号)。買主が金融機関から住宅ローンの承認を得られなかったときは契約を無条件で解除できるという取決めは「契約の解除に関する定め」に該当するため,住宅ローンのあっせんをする予定の有無にかかわらず,その内容を37条書面に記載しなければならない。よって,本肢は誤り。

☆**エ 正** 契約の解除に関する定めがあるときは,その内容を,売買又は交換の場合のみならず貸借の場合においても37条書面に記載しなければならない(業法37条1項7号,2項1号)。よって,本肢は正しい。 ステップ42

以上より,正しいものはア,エの二つであり,❷が本問の正解肢となる。

●第1編　宅建業法

# 37条書面

## 問104

宅地建物取引業者Aが，宅地建物取引業法（以下この問において「法」という。）第37条の規定により交付すべき書面（以下この問において「37条書面」という。）に関する次の記述のうち，法の規定に違反しないものはどれか。

❶ Aは，売主を代理して宅地の売買契約を締結した際，買主にのみ37条書面を交付した。

❷ Aは，自ら売主となる宅地の売買契約において，手付金等を受領するにもかかわらず，37条書面に手付金等の保全措置の内容を記載しなかった。

❸ Aは，媒介により宅地の売買契約を成立させた場合において，契約の解除に関する定めがあるにもかかわらず，37条書面にその内容を記載しなかった。

❹ Aは，自ら売主となる宅地の売買契約において契約不適合担保責任に関する特約を定めたが，買主が宅地建物取引業者であり，契約不適合担保責任に関する特約を自由に定めることができるため，37条書面にその内容を記載しなかった。

（本試験2017年問38改題）

| 合格者正解率 | 不合格者正解率 |
|---|---|
| **81.5**% | **48.8**% |
| 受験者正解率 **67.1**% | |

**正解肢 2**

☆**❶ 違反する** 37条書面の交付は，買主のみならず，売主に対 [ステップ42]
しても必要。

　宅建業者は，契約が成立したときは，契約の両当事者に，遅滞
なく，一定事項を記載した書面を交付しなければならない（業法
37条）。契約の両当事者に交付しなければならないので，買主の
みならず，売主にも交付しなければならない。よって，本肢は宅
建業法に違反する。

**❷ 違反しない** 手付金等の保全措置の内容は，重要事項説明書 [ステップ42]
の記載事項であるが（業法35条1項10号），37条書面の記載
事項ではない（業法37条1項各号参照）。したがって，手付金
等の保全措置の内容が定められていても，当該内容を37条書面
に記載する必要はない。よって，本肢は宅建業法に違反せず，本
問の正解肢となる。

☆**❸ 違反する** 契約解除事項は，定めがあれば記載しなければな [ステップ42]
らない。

　契約の解除に関する事項は，37条書面の任意的記載事項である。
定めがあれば記載しなければならない（業法37条1項7号）。
よって，本肢は宅建業法に違反する。

☆**❹ 違反する** 37条書面は，相手方が宅建業者でも，定めた特 [ステップ42]
約の内容を記載しなければならない。

　宅建業者は，契約が成立したときは，契約の両当事者に，遅滞
なく，一定事項を記載した書面を交付しなければならない（業法
37条）。相手方が宅建業者でも省略することはできない。また，
契約不適合担保責任に関する特約（内容）は，37条書面の任意的
記載事項であるので，定めがあればその内容を記載しなければな
らない（業法37条1項11号）。よって，本肢は宅建業法の規定
に違反する。

●第1編　宅建業法

# 37条書面

重要度 特A

**問105** 宅地建物取引業者が媒介により既存建物の貸借の契約を成立させた場合，宅地建物取引業法第37条の規定により，当該貸借の契約当事者に対して交付すべき書面に必ず記載しなければならない事項の組合せはどれか。

---

**ア** 契約不適合担保責任の内容
**イ** 当事者の氏名(法人にあっては，その名称)及び住所
**ウ** 建物の引渡しの時期
**エ** 建物の構造耐力上主要な部分等の状況について当事者双方が確認した事項

❶　ア，イ
❷　イ，ウ
❸　イ，エ
❹　ウ，エ

(本試験 2018 年問 34 改題)

☆**ア 記載する必要はない** 貸借の媒介の場合，契約不適合担保責任の内容は37条書面の記載事項とはならない（業法37条2項，1項11号参照）。よって，本肢は記載しなければならない事項ではない。 ステップ42

☆**イ 必ず記載しなければならない** 貸借の媒介の場合，当事者の氏名（法人にあっては，その名称）及び住所は，必ず記載しなければならない事項である（業法37条2項1号，1項1号）。よって，本肢は必ず記載しなければならない事項である。 ステップ42

☆**ウ 必ず記載しなければならない** 貸借の媒介の場合，建物の引渡しの時期は，必ず記載しなければならない事項である（業法37条2項1号，1項4号）。よって，本肢は必ず記載しなければならない事項である。 ステップ42

☆**エ 記載する必要はない** 貸借の媒介の場合，当該建物が既存の建物であるときは，建物の構造耐力上主要な部分等の状況について当事者の双方が確認した事項は，記載しなければならない事項ではない（業法37条2項，1項2号の2参照）。よって，本肢は必ず記載しなければならない事項ではない。 ステップ42

以上により，必ず記載しなければならない事項はイ，ウであり，❷が本問の正解肢となる。

●第1編　宅建業法

# 35条・37条書面

重要度 特A

## 問106

宅地建物取引業法に関する次の記述のうち，誤っているものはどれか。なお，この問において，「35条書面」とは，同法第35条の規定に基づく重要事項を記載した書面を，「37条書面」とは，同法第37条の規定に基づく契約の内容を記載した書面をいうものとする。

❶ 宅地建物取引業者は，抵当権に基づく差押えの登記がされている建物の貸借の媒介をするにあたり，貸主から当該登記について告げられなかった場合であっても，35条書面及び37条書面に当該登記について記載しなければならない。

❷ 宅地建物取引業者は，37条書面の作成を宅地建物取引士でない従業者に行わせることができる。

❸ 宅地建物取引業者は，その媒介により建物の貸借の契約が成立した場合，天災その他不可抗力による損害の負担に関する定めがあるときには，その内容を37条書面に記載しなければならない。

❹ 37条書面に記名押印する宅地建物取引士は，35条書面に記名押印した宅地建物取引士と必ずしも同じ者である必要はない。

(本試験 2011年問34 出題)

正解肢 **1**

| 合格者正解率 | 不合格者正解率 |
|---|---|
| **76.5**% | **55.7**% |

受験者正解率 **66.4**%

☆**❶** 誤 　登記された権利について，37条書面には記載不要。

　　登記された権利に関する事項は，35条書面の記載事項であるが，37条書面の記載事項ではない（業法35条1項1号，37条1項参照）。したがって，37条書面に当該登記について記載する必要はない。よって，本肢は誤りであり，本問の正解肢となる。

ステップ41
ステップ42

☆**❷** 正 　宅建業者は37条書面を作成したときは，宅地建物取引士をして当該書面に記名押印させなければならない（業法37条3項）。宅地建物取引士にさせなければならないのは，記名押印であって，作成については宅地建物取引士ではない従業者が行ってもよい。よって，本肢は正しい。

ステップ42

☆**❸** 正 　天災その他不可抗力による損害の負担（危険負担）に関する定めがあるときは，売買，交換，貸借のいずれの場合も，その内容を37条書面に記載しなければならない（業法37条2項1号，1項10号）。よって，本肢は正しい。

ステップ42

☆**❹** 正 　35条書面及び37条書面のいずれも，宅地建物取引士が記名押印しなければならないが，同一の宅地建物取引士が行うことは要求されていない（業法35条5項，37条3項）。したがって，必ずしも同じ宅地建物取引士である必要はない。よって，本肢は正しい。

●第1編 宅建業法

# 35条・37条書面

重要度 B

**問 107**

宅地建物取引業者Aは、Bが所有し、居住している甲住宅の売却の媒介を、また、宅地建物取引業者Cは、Dから既存住宅の購入の媒介を依頼され、それぞれ媒介契約を締結した。その後、B及びDは、それぞれA及びCの媒介により、甲住宅の売買契約（以下この問において「本件契約」という。）を締結した。この場合における次の記述のうち、宅地建物取引業法（以下この問において「法」という。）の規定によれば、正しいものはどれか。なお、この問において「建物状況調査」とは、法第34条の2第1項第4号に規定する調査をいうものとする。

❶ Aは、甲住宅の売却の依頼を受けた媒介業者として、本件契約が成立するまでの間に、Dに対し、建物状況調査を実施する者のあっせんの有無について確認しなければならない。

❷ A及びCは、本件契約が成立するまでの間に、Dに対し、甲住宅について、設計図書、点検記録その他の建物の建築及び維持保全の状況に関する書類で国土交通省令で定めるものの保存の状況及びそれぞれの書類に記載されている内容について説明しなければならない。

❸ CがDとの間で媒介契約を締結する2年前に、甲住宅は既に建物状況調査を受けていた。この場合において、A及びCは、本件契約が成立するまでの間に、Dに対し、建物状況調査を実施している旨及びその結果の概要について説明しなければならない。

❹ A及びCは、Dが宅地建物取引業者である場合であっても、法第37条に基づき交付すべき書面において、甲住宅の構造耐力上主要な部分等の状況について当事者の双方が確認した事項があるときにその記載を省略することはできない。

（本試験 2018年問27出題）

正解肢 **4**

| 合格者正解率 | 不合格者正解率 |
|:---:|:---:|
| **81.4**% | **57.2**% |
| 受験者正解率 **70.8**% | |

☆❶ **誤** あっせんの有無について確認する必要はない。

10-3-1

重要事項の説明事項となるのは，建物状況調査（実施後国土交通省令で定める期間の経過していないものに限る。）を実施しているかどうか，及びこれを実施している場合におけるその結果の概要であり，建物状況調査を実施する者のあっせんの有無ではない（業法35条1項6号の2イ）。よって，本肢は誤り。なお，建物状況調査を実施する者のあっせんの有無は，媒介契約書の記載事項である（業法34条の2第1項4号）。

❷ **誤** 書類に記載されている内容を説明する必要はない。

10-3-1

媒介業者A及びCは，売買契約が成立するまでの間に，宅建業者でない場合のDに対して，設計図書，点検記録その他の建物の建築及び維持保全の状況に関する書類で国土交通省令で定めるものの保存の状況について重要事項として説明をしなければならない（業法35条1項6号の2ロ）。しかし，それぞれの書類に記載されている内容を説明する必要はない。よって，本肢は誤り。

❸ **誤** 建物状況調査は、1年を経過していないものに限る。

10-3-1

重要事項の説明事項となる建物状況調査は，実施後国土交通省令で定める期間である1年を経過していないものに限る（業法35条1項6号の2イ，規則16条の2の2）。したがって，媒介契約を締結する2年前に受けた建物状況調査は，実施している旨及びその結果の概要について重要事項として説明する必要はない。よって，本肢は誤り。

☆❹ **正** 宅建業者は、売買契約が成立したときは、宅建業者を含む各当事者に、遅滞なく、37条書面を交付しなければならない。

ステップ42

そして，当該建物が既存の建物であるときは，建物の構造耐力上主要な部分等の状況について当事者の双方が確認した事項はこの37条書面に必ず記載する事項であり，省略することはできない（業法37条1項2号の2）。よって，本肢は正しく，本問の正解肢となる。

216　LEC東京リーガルマインド　2022年版出る順宅建士 ウォーク問過去問題集②宅建業法

●第1編 宅建業法

# その他の業務上の規制

重要度 A

## 問108

次の記述のうち，宅地建物取引業法（以下この問において「法」という。）の規定によれば，誤っているものはどれか。

❶ 宅地建物取引業者が，自ら売主として，宅地及び建物の売買の契約を締結するに際し，手付金について，当初提示した金額を減額することにより，買主に対し売買契約の締結を誘引し，その契約を締結させることは，法に違反しない。

❷ 宅地建物取引業者が，アンケート調査をすることを装って電話をし，その目的がマンションの売買の勧誘であることを告げずに勧誘をする行為は，法に違反する。

❸ 宅地建物取引業者が，宅地及び建物の売買の媒介を行うに際し，媒介報酬について，買主の要望を受けて分割受領に応じることにより，契約の締結を誘引する行為は，法に違反する。

❹ 宅地建物取引業者が，手付金について信用の供与をすることにより，宅地及び建物の売買契約の締結を誘引する行為を行った場合，監督処分の対象となるほか，罰則の適用を受けることがある。

（本試験 2017 年問 34 出題）

正解肢 **3**

| 合格者正解率 | 不合格者正解率 |
|:---:|:---:|
| **75.1%** | **51.3%** |
| 受験者正解率 **64.5%** | |

☆❶ **正** 宅建業者は，手付について貸付けその他信用の供与をすることにより契約の締結を誘引する行為をしてはならない（業法47条3号）。ここで，信用の供与とは，金銭等の有価物の現実の交付を後日に帰することをいい，貸付けのほか，約束手形の発行，手付を分割払いとすることなどをいう。しかし，手付金を減額することは，信用の供与にあたらず，宅建業法に違反しない。よって，本肢は正しい。

ステップ45

❷ **正** 宅建業者の従業者は，宅建業に係る契約の締結の勧誘をするに際し，宅建業者の相手方などに対し，当該勧誘に先立って宅建業者の商号又は名称及び当該勧誘を行う者の氏名並びに当該契約の締結について勧誘をする目的である旨を告げなければならない(業法47条の2第3項，規則16条の12第1号ハ)。目的がマンションの販売の勧誘であることを告げずに勧誘する行為は宅建業法に違反する。よって，本肢は正しい。

12-3-7

☆❸ **誤** 報酬について，分割受領することは，違反しない。

ステップ45

宅建業者は，手付について貸付けその他信用の供与をすることにより契約の締結を誘引する行為をしてはならない（業法47条3号）。しかし，報酬について分割受領に応じることは，特に禁止されておらず，宅建業法に違反しない。よって，本肢は誤りであり，本問の正解肢となる。

❹ **正** 宅建業者は，手付について貸付けその他の信用の供与をすることにより契約の締結を誘引する行為をしてはならない（業法47条3号）。これに違反した場合は，6月以下の懲役若しくは100万円以下の罰金に処し，又はこれを併科されることがある（業法81条2号）。よって，本肢は正しい。

ステップ45
ステップ59
ステップ62

●第1編　宅建業法

# その他の業務上の規制　重要度 特A

## 問109

宅地建物取引業者が売主である新築分譲マンションを訪れた買主Aに対して，当該宅地建物取引業者の従業者Bが行った次の発言内容のうち，宅地建物取引業法の規定に違反しないものはいくつあるか。

**ア** A：眺望の良さが気に入った。隣接地は空地だが，将来の眺望は大丈夫なのか。
B：隣接地は，市有地で，現在，建築計画や売却の予定がないことを市に確認しました。将来，建つとしても公共施設なので，市が眺望を遮るような建物を建てることは絶対ありません。ご安心ください。

**イ** A：先日来たとき，5年後の転売で利益が生じるのが確実だと言われたが本当か。
B：弊社が数年前に分譲したマンションが，先日高値で売れました。このマンションはそれより立地条件が良く，また，近隣のマンション価格の動向から見ても，5年後値上がりするのは間違いありません。

**ウ** A：購入を検討している。貯金が少なく，手付金の負担が重いのだが。
B：弊社と提携している銀行の担当者から，手付金も融資の対象になっていると聞いております。ご検討ください。

**エ** A：昨日，申込証拠金10万円を支払ったが，都合により撤回したいので申込証拠金を返してほしい。
B：お預かりした10万円のうち，社内規程上，お客様の個人情報保護のため，申込書の処分手数料として，5,000円はお返しできませんが，残金につきましては法令に従いお返しします。

❶ 一つ
❷ 二つ
❸ 三つ
❹ なし

（本試験 2015 年問 41 出題）

## 正解肢 1

合格者正解率 69.2%　不合格者正解率 49.7%
受験者正解率 62.6%

☆**ア 違反する**　「眺望を遮るような建物を建てることは絶対にない」は断定的判断である。

　宅建業者は，宅建業に係る契約の締結の勧誘をするに際し，宅建業者の相手方などに対し，当該契約の目的物である宅地又は建物の将来の環境又は交通その他の利便について誤解させるべき断定的判断を提供してはならない（業法47条の2第3項，規則16条の12第1号イ）。「市が眺望を遮るような建物を建てることは絶対にありません」という発言は断定的判断に該当するため，宅建業者はこの発言をしてはならない。よって，本肢は宅建業法の規定に違反する。

☆**イ 違反する**　「5年後値上がりするのは間違いありません」は断定的判断である。

12-3-5

　宅建業者は，宅建業に係る契約の締結の勧誘をするに際し，相手方に対して，利益を生ずることが確実であると誤解させるべき断定的判断を提供してはならない（業法47条の2第1項）。したがって，宅建業者は「5年後値上がりするのは間違いありません」という断定的判断に当たる発言をしてはならない。よって，本肢は宅建業法の規定に違反する。

☆**ウ 違反しない**　宅建業者は，手付について貸付その他信用の供与をすることにより契約の締結を誘引してはならない（業法47条3号）。信用の供与とは，具体的には，「貸付」，「分割払い」，「後払い」などをいうが，銀行との金銭の貸借のあっせんをすることは信用の供与には当たらない。よって，本肢は宅建業法の規定に違反しない。

ステップ45

☆**エ 違反する**　預り金を返還することを拒んではならない。

ステップ45

　宅建業者は，宅建業者の相手方等が契約の申込みの撤回を行うに際し，既に受領した預り金を返還することを拒んではならない（業法47条の2第3項，規則16条の12第2号）。したがって，契約が撤回されたときは，宅建業者は既に受領していた申込証拠金を返還しなければならない。よって，本肢は宅建業法の規定に違反する。

　以上より，宅建業法の規定に違反しないものはウの一つであり，**❶**が本問の正解肢となる。

●第1編　宅建業法

# クーリング・オフ　重要度 特A

**問110**　宅地建物取引業者Aが自ら売主として締結した建物の売買契約について，買主が宅地建物取引業法第37条の2の規定に基づき売買契約の解除をする場合に関する次の記述のうち，正しいものはどれか。

❶　宅地建物取引業者でない買主Bは，建物の物件の説明を自宅で受ける申し出を行い，自宅でこの説明を受け，即座に買受けを申し込んだ。後日，勤務先の近くのホテルのロビーで売買契約を締結した場合，Bは売買契約の解除はできない。

❷　宅地建物取引業者でない買主Cは，建物の物件の説明をAの事務所で受け，翌日，出張先から電話で買受けを申し込んだ。後日，勤務先の近くの喫茶店で売買契約を締結した場合，Cは売買契約の解除はできない。

❸　宅地建物取引業者である買主Dは，建物の物件の説明をAの事務所で受けた。後日，Aの事務所近くの喫茶店で買受けを申し込むとともに売買契約を締結した場合，Dは売買契約の解除はできる。

❹　宅地建物取引業者でない買主Eから売買契約の解除があった場合で，この契約の解除が法的要件を満たし，かつ，Aが手付金を受領しているとき，Aは契約に要した費用を手付金から控除して返還することができる。

（本試験 2002 年問 45 出題）

| 正解チェック欄 | / | / | / |

LEC東京リーガルマインド　2022年版出る順宅建士 ウォーク問過去問題集②宅建業法　221

| 合格者正解率 | 不合格者正解率 |
|:---:|:---:|
| **89.4**% | **57.2**% |
| 受験者正解率 **74.8**% | |

**正解肢 1**

☆**❶ 正** 「事務所等」で買受けの申込みをし，「事務所等」以外の
場所で売買契約を締結した場合には，買主は，37条の2の規定に
基づく売買契約の解除（以下クーリング・オフという）をするこ
とはできない（業法37条の2第1項）。そして，買主が自ら申
し出た場合の，買主の自宅又は勤務先は，ここにいう「事務所等」
にあたる（規則16条の5第2号）。よって，本肢は正しく，本
問の正解肢となる。 `ステップ47`

☆**❷ 誤** 電話で申し込んでいるのでクーリング・オフ可。 `ステップ47`

「事務所等」以外の場所で買受けの申込みをし，又は売買契約
を締結した場合には，買主は，クーリング・オフをすることがで
きる（業法37条の2第1項）。本肢でCは，出張先で買受けを
申し込んでいるので，「事務所等」以外の場所で買受けの申込み
をしたことになる。したがって，Cは売買契約の解除ができる。
よって，本肢は誤り。

☆**❸ 誤** 宅建業者はクーリング・オフ不可。 `ステップ46`

本肢のような宅建業者相互間の取引には，クーリング・オフの
規定は適用されない（業法78条2項）。したがって，Dは売買
契約の解除はできない。よって，本肢は誤り。

☆**❹ 誤** 手付金は全額返還しなければならない。 `ステップ47`

クーリング・オフがなされた場合，宅建業者は，申込者等に対し，
速やかに，買受けの申込み又は売買契約の締結に際し受領した手
付金その他の金銭を返還しなければならない（業法37条の2第
3項）。したがって，Aは契約に要した費用を手付金から控除し
て返還することはできない。よって，本肢は誤り。

**POINT**

クーリング・オフの分野では，①クーリング・オフができない
場所，②クーリング・オフができなくなる時期，③クーリング・
オフの方法，の3つをしっかりと押さえよう。

●第1編 宅建業法

# クーリング・オフ

重要度 **A**

## 問 111

宅地建物取引業者Aが，自ら売主として，宅地建物取引業者ではないBとの間で宅地の売買契約を締結した場合における，宅地建物取引業法第37条の2の規定に基づくいわゆるクーリング・オフに関する次の記述のうち，誤っているものはいくつあるか。

**ア** Bがクーリング・オフにより売買契約を解除した場合，当該契約の解除に伴う違約金について定めがあるときは，Aは，Bに対して違約金の支払を請求することができる。

**イ** Aは，Bの指定した喫茶店で買受けの申込みを受けたが，その際クーリング・オフについて何も告げず，その3日後に，クーリング・オフについて書面で告げたうえで売買契約を締結した。この契約において，クーリング・オフにより契約を解除できる期間について買受けの申込みをした日から起算して10日間とする旨の特約を定めた場合，当該特約は無効となる。

**ウ** Aが媒介を依頼した宅地建物取引業者Cの事務所でBが買受けの申込みをし，売買契約を締結した場合，Aからクーリング・オフについて何も告げられていなければ，当該契約を締結した日から起算して8日経過していてもクーリング・オフにより契約を解除することができる。

**❶** 一つ

**❷** 二つ

**❸** 三つ

**❹** なし

(本試験 2019 年問 38 出題)

| 正解チェック欄 | / | / | / |

LEC東京リーガルマインド　2022年版出る順宅建士 ウォーク問過去問題集②宅建業法　　223

**正解肢 2**

合格者正解率 **69.6%** | 不合格者正解率 **47.4%**

受験者正解率 **62.8%**

☆**ア 誤** 売主である宅建業者は，違約金の支払を請求することができない。 ステップ47

クーリング・オフが行われた場合，宅建業者は，クーリング・オフに伴う損害賠償又は違約金の支払を請求することができない（業法37条の2第1項）。そして，申込者等に不利な特約は無効となるので，定めがあっても請求をすることはできない（業法37条の2第4項）。よって，本肢は誤り。

☆**イ 正** 申込者等が申込みの撤回等を行うことができる旨及びその申込みの撤回等を行う場合の方法について書面を交付して告げられた場合において，その告げられた日から起算して8日を経過したとき，申込者等は，クーリング・オフをすることができなくなる（業法37条の2第1項1号，規則16条の6）。この点に関して，宅建業法の規定に反する特約で申込者等に不利なものは無効となる（業法37条の2第4項）。本肢の場合，書面で告げられたのは買受けの申込みをした日の3日後であり，買受けの申込みの日から起算して10日間という特約は，書面で告げられた日から起算して7日間となるので，宅建業法の規定よりも短くなる。したがって，この特約は無効となる。よって，本肢は正しい。 ステップ47

☆**ウ 誤** 媒介業者の事務所は，クーリング・オフができない事務所に当たる。 ステップ47

宅建業者が他の宅建業者に対し，宅地又は建物の売却について代理又は媒介の依頼をした場合にあっては，代理又は媒介の依頼を受けた他の宅建業者の事務所又は事務所以外の場所で継続的に業務を行うことができる施設を有するものは，事務所等に当たる（業法37条の2第1項，規則16条の5第1号ハ）。したがって，Aが依頼した媒介業者Cの事務所で買受けの申込みがされているので，Bは，クーリング・オフをすることができない（業法37条の2第1項）。よって，本肢は誤り。

以上より，誤っているものはア，ウの二つであり，**②**が本問の正解肢となる。

●第1編　宅建業法

# クーリング・オフ　重要度 A

## 問 112

宅地建物取引業者Aが，自ら売主として，宅地建物取引業者でないBと宅地の売買契約を締結した場合，宅地建物取引業法第37条の2の規定に基づくいわゆるクーリング・オフについてAがBに告げるときに交付すべき書面の内容に関する次の記述のうち，誤っているものはどれか。

❶ Aについては，その商号又は名称及び住所並びに免許証番号，Bについては，その氏名（法人の場合，その商号又は名称）及び住所が記載されていなければならない。

❷ Bは，クーリング・オフについて告げられた日から起算して8日を経過するまでの間は，代金の全部を支払った場合を除き，書面によりクーリング・オフによる契約の解除を行うことができることが記載されていなければならない。

❸ クーリング・オフによる契約の解除は，Bが当該契約の解除を行う旨を記載した書面を発した時にその効力を生ずることが記載されていなければならない。

❹ Bがクーリング・オフによる契約の解除を行った場合，Aは，それに伴う損害賠償又は違約金の支払をBに請求することができないこと，また，売買契約の締結に際し，手付金その他の金銭が支払われているときは，遅滞なくその全額をBに返還することが記載されていなければならない。

（本試験 2016 年問 44 出題）

❶ 正 宅建業者はクーリング・オフの方法について書面で告知しなければならない（業法37条の2第1項1号，規則16条の6）。そして，その書面の内容として買主の氏名及び住所，売主の商号又は住所ならびに免許証番号を記載しなければならない（規則16条の6第1号，2号）。よって，本肢は正しい。

☆❷ 誤 代金全部を支払った場合でも，引渡しを受けていなければクーリング・オフ可。

クーリング・オフの方法を告知する書面には，クーリング・オフができなくなる例外を記載しなければならない（規則16条の6第3号）。そして，クーリング・オフができなくなる例外には，買主が宅地又は建物の引渡しを受け，かつ，代金の全部を支払った場合がある（業法37条の2第1項2号）。したがって，本肢では引渡しについての記載が不足しているということになる。よって，本肢は誤りであり，本問の正解肢となる。

☆❸ 正 クーリング・オフの方法を告知する書面には，クーリング・オフの効力が生じるのは申込みの撤回の書面を発した時であることについて記載しなければならない（規則16条の6第5号）。よって，本肢は正しい。

❹ 正 クーリング・オフの方法を告知する書面には，クーリング・オフによる解除に伴って，売主は損害賠償請求ができないこと，手付金等の支払済みの金銭を返還しなければならないこと，について記載しなければならない（規則16条の6第4号，6号）。よって，本肢は正しい。

●第1編　宅建業法

# クーリング・オフ　特A

## 問113

宅地建物取引業者Ａが，自ら売主となり，宅地建物取引業者でない買主との間で締結した宅地の売買契約について，買主が宅地建物取引業法第37条の2の規定に基づき売買契約の解除（以下この問において「クーリング・オフ」という。）をする場合に関する次の記述のうち，正しいものはどれか。

❶　買主Ｂは，20区画の宅地を販売するテント張りの案内所において，買受けを申し込み，契約を締結して，手付金を支払った。Ｂは，Ａからクーリング・オフについて書面で告げられていなくても，その翌日に契約の解除をすることができる。

❷　買主Ｃは，喫茶店で買受けの申込みをした際に，Ａからクーリング・オフについて書面で告げられ，その4日後にＡの事務所で契約を締結した場合，契約締結日から起算して8日が経過するまでは契約の解除をすることができる。

❸　買主Ｄは，ホテルのロビーで買受けの申込みをし，翌日，Ａの事務所で契約を締結した際に手付金を支払った。その3日後，Ｄから，クーリング・オフの書面が送付されてきた場合，Ａは，契約の解除に伴う損害額と手付金を相殺することができる。

❹　買主Ｅは，自ら指定したレストランで買受けの申込みをし，翌日，Ａの事務所で契約を締結した際に代金の全部を支払った。その6日後，Ｅは，宅地の引渡しを受ける前にクーリング・オフの書面を送付したが，Ａは，代金の全部が支払われていることを理由に契約の解除を拒むことができる。

（本試験 2003 年問 39 出題）

| 正解チェック欄 | / | / | / |

LEC東京リーガルマインド　2022年版出る順宅建士 ウォーク問過去問題集②宅建業法　　227

受験者正解率 79.0%

☆❶ 正 買主が宅建業者の案内所（土地に定着する建物内に設けられるもの）で売買契約の締結をした場合，買主は，クーリング・オフをすることができない（業法37条の2第1項，規則16条の5第1号ロ）。しかし，テント張りの案内所はこれに該当しない（解釈・運用の考え方）。したがって，Bは，契約の解除をすることができる。よって，本肢は正しく，本問の正解肢となる。

☆❷ 誤 **契約締結日から起算するのではない。**

買主は，クーリング・オフについて宅建業者から書面で告げられた日から起算して8日を経過したときは，クーリング・オフをすることができない（業法37条の2第1項1号，規則16条の6）。Cは，申込みをした際に書面で告げられているので，その日から8日経過するとクーリング・オフをすることができなくなる。契約締結日から起算するのではない。よって，本肢は誤り。

☆❸ 誤 **手付金は全額返還しなければならない。**

クーリング・オフがなされた場合，宅建業者は，買主に対し，速やかに，売買契約締結の際に受領した手付金その他の金銭を返還しなければならず，クーリング・オフに伴う損害賠償又は違約金の支払いを請求することはできない（業法37条の2第1項，3項）。したがって，Aは，契約の解除に伴う損害額と手付金を相殺することはできない。よって，本肢は誤り。

☆❹ 誤 **引渡しを受けていないのでクーリング・オフ可。**

買主が物件の引渡しを受け，かつ，代金の全部を支払ったときは，クーリング・オフをすることができなくなる（業法37条の2第1項2号）。しかし，Eは，宅地の引渡しを受けていないので，クーリング・オフをすることができる。したがって，Aは，契約の解除を拒むことはできない。よって，本肢は誤り。

●第1編　宅建業法

# クーリング・オフ

**重要度 A**

## 問 114

宅地建物取引業者である売主Ａが，宅地建物取引業者Ｂの媒介により宅地建物取引業者ではない買主Ｃと新築マンションの売買契約を締結した場合において，宅地建物取引業法第37条の2の規定に基づくいわゆるクーリング・オフに関する次の記述のうち，正しいものはいくつあるか。

---

**ア**　ＡとＣの間で，クーリング・オフによる契約の解除に関し，Ｃは契約の解除の書面をクーリング・オフの告知の日から起算して8日以内にＡに到達させなければ契約を解除することができない旨の特約を定めた場合，当該特約は無効である。

**イ**　Ｃは，Ｂの事務所で買受けの申込みを行い，その3日後に，Ｃの自宅近くの喫茶店で売買契約を締結した場合，クーリング・オフによる契約の解除はできない。

**ウ**　Ｃは，Ｂからの提案によりＣの自宅で買受けの申込みを行ったが，クーリング・オフについては告げられず，その10日後に，Ａの事務所で売買契約を締結した場合，クーリング・オフによる契約の解除はできない。

**エ**　クーリング・オフについて告げる書面には，Ｂの商号又は名称及び住所並びに免許証番号を記載しなければならない。

**❶**　一つ

**❷**　二つ

**❸**　三つ

**❹**　なし

(本試験 2018 年問 37 出題)

正解チェック欄 ／ ／ ／

LEC東京リーガルマインド　2022年版出る順宅建士 ウォーク問過去問題集②宅建業法　229

**正解肢 2**

| 合格者正解率 | 不合格者正解率 |
|---|---|
| **53.8%** | **45.9%** |
| 受験者正解率 **50.3%** | |

☆**ア　正**　宅建業者ではない買主は，申込みの撤回又は契約の解除　ステップ47
を行うことができる旨及びその方法について，売主である宅建業
者から，書面で告げられた日から起算して8日以内であればクー
リング・オフによる申込みの撤回又は契約の解除をすることがで
きる（業法37条の2第1項1号）。当該申込みの撤回又は契約
の解除の効果は，買主が契約を解除する旨の書面を発した時に生
ずる（業法37条の2第2項）。そして，これらの規定と異なる
特約で買主に不利なものは無効となる（業法37条の2第4項）。
以上より，告知の日から起算して8日以内に書面を到達させなけ
ればならないとする本肢の特約は，買主であるCに不利なものと
して無効となる。よって，本肢は正しい。

☆**イ　正**　売主である宅建業者から依頼された媒介業者の事務所で　ステップ47
買受けの申込み又は売買契約を締結した場合，クーリング・オフ
による申込みの撤回又は契約の解除はできなくなる（業法37条
の2第1項本文，規則16条の5第1号ハ）。また，買受けの申
込みの場所と契約締結の場所が異なる場合は，「申込み」の場所
で判断する。以上より，Cが媒介業者であるBの事務所で申込み
をしている以上，Cはクーリング・オフによる契約の解除をする
ことはできない。よって，本肢は正しい。

☆**ウ　誤　クーリング・オフをすることができる。**　ステップ47
買主の自宅で売買契約を締結した場合であっても，買主の申出
によるものでないときには，買主は，クーリング・オフをするこ
とができる（業法37条の2第1項，規則16条の5第2号）。買
受けの申込みの場所と契約締結の場所が異なる場合は，「申込み」
の場所で判断する。また，そもそもクーリング・オフについては
告げられていないので，10日後であってもクーリング・オフによ
る契約の解除をすることができる。したがって，本肢のCはクー
リング・オフによる契約の解除をすることができる。よって，本
肢は誤り。

**エ　誤　媒介業者の商号等の記載は不要である。**
クーリング・オフについて告げる書面の記載内容については，
宅建業法規則16条の6に規定があり，売主である宅建業者の商
号又は名称及び住所並びに免許証番号は記載するものとされてい
るが，媒介業者に関する商号又は名称及び住所並びに免許証番号
の記載は要求されていない（規則16条の6）。本肢の場合，A
の商号等の記載は必要であるが，Bの商号等の記載は不要という
ことである。よって，本肢は誤り。

以上より，正しいものはア，イの二つであり，**❷**が本問の正解
肢となる。

230　LEC東京リーガルマインド　2022年版出る順宅建士 ウォーク問過去問題集②宅建業法

●第1編　宅建業法

# クーリング・オフ　重要度 特A

## 問 115

宅地建物取引業者A社が，自ら売主として宅地建物取引業者でない買主Bとの間で締結した宅地の売買契約について，Bが宅地建物取引業法第37条の2の規定に基づき，いわゆるクーリング・オフによる契約の解除をする場合における次の記述のうち，正しいものはどれか。

❶　Bは，自ら指定した喫茶店において買受けの申込みをし，契約を締結した。Bが翌日に売買契約の解除を申し出た場合，A社は，既に支払われている手付金及び中間金の全額の返還を拒むことができる。

❷　Bは，月曜日にホテルのロビーにおいて買受けの申込みをし，その際にクーリング・オフについて書面で告げられ，契約を締結した。Bは，翌週の火曜日までであれば，契約の解除をすることができる。

❸　Bは，宅地の売買契約締結後に速やかに建物請負契約を締結したいと考え，自ら指定した宅地建物取引業者であるハウスメーカー（A社より当該宅地の売却について代理又は媒介の依頼は受けていない。）の事務所において買受けの申込みをし，A社と売買契約を締結した。その際，クーリング・オフについてBは書面で告げられた。その6日後，Bが契約の解除の書面をA社に発送した場合，Bは売買契約を解除することができる。

❹　Bは，10区画の宅地を販売するテント張りの案内所において，買受けの申込みをし，2日後，A社の事務所で契約を締結した上で代金全額を支払った。その5日後，Bが，宅地の引渡しを受ける前に契約の解除の書面を送付した場合，A社は代金全額が支払われていることを理由に契約の解除を拒むことができる。

（本試験 2013 年問 34 出題）

| 正解チェック欄 | ／ | ／ | ／ |

| | 合格者正解率 | 不合格者正解率 |
|---|---|---|
| 正解肢 **3** | **78.7%** | **53.0%** |
| | 受験者正解率 **68.7%** | |

☆**❶ 誤 喫茶店は自宅又は勤務する場所に該当しない。** ステップ47

　宅建業者の相手方が自ら指定したその相手方の自宅又は勤務する場所において宅地又は建物の売買契約を締結した場合，その相手方の自宅又は勤務する場所は，クーリング・オフできない事務所等の場所とされ，ここで買受けの申込みをした買主は，クーリング・オフによる解除をすることはできない（業法37条の2第1項，規則16条の5第2号）。しかし，Bが自ら指定した喫茶店で契約締結をした場合，Bは，クーリング・オフによる解除をすることができる。したがって，Bが翌日に売買契約の解除を申し出た場合，A社は，既に支払われている手付金及び中間金の全額の返還を拒むことができない。よって，本肢は誤り。

☆**❷ 誤 8日には告げられた日も含まれる。** ステップ47

　上記のとおり，ホテルのロビーはBの自宅・勤務先に該当しないため，Bはクーリング・オフによる解除をすることができる。しかしクーリング・オフについて書面で告げられた日から起算して8日経過すると，クーリング・オフができなくなる（業法37条の2第1項1号，規則16条の6）。本肢では，月曜日に書面で告げられているので，翌週の月曜日までクーリング・オフができることになり，火曜日にはクーリング・オフはできない。よって，本肢は誤り。

**❸ 正 Bが自ら指定した宅建業者であるハウスメーカーは，A社より当該宅地の売却について代理又は媒介の依頼を受けていないため，クーリング・オフができない事務所等に該当しない（業法37条の2，規則16条の5第1号ハ参照）。また，クーリング・オフについて書面で告げられた6日後に契約解除の書面を発送しているので，Bは売買契約を解除することができる。よって，本肢は正しく，正解肢となる。** ステップ47

☆**❹ 誤 クーリング・オフ不可になるのは，代金全額支払＋引渡しの場合。** ステップ47

　テント張りの案内所はクーリング・オフできない事務所等に該当しない（業法37条の2第1項，規則16条の5第1号ロ，解釈・運用の考え方）。また，買主が物件の引渡しを受け，かつ，代金の全部を支払ったときは，クーリング・オフをすることができなくなる（業法37条の2第1項2号）が，本肢においてBは宅地の引渡し前に解除の書面を送付しているため，A社は契約解除を拒むことができない。よって，本肢は誤り。

232　　LEC東京リーガルマインド　2022年版出る順宅建士 ウォーク問過去問題集②宅建業法

●第1編 宅建業法

# 手付金等の保全措置 重要度 特A

## 問 116

宅地建物取引業者である売主は，宅地建物取引業者ではない買主との間で，戸建住宅の売買契約（所有権の登記は当該住宅の引渡し時に行うものとする。）を締結した。この場合における宅地建物取引業法第41条又は第41条の2の規定に基づく手付金等の保全措置（以下この問において「保全措置」という。）に関する次の記述のうち，正しいものはどれか。

❶ 当該住宅が建築工事の完了後で，売買代金が3,000万円であった場合，売主は，買主から手付金200万円を受領した後，当該住宅を引き渡す前に中間金300万円を受領するためには，手付金200万円と合わせて保全措置を講じた後でなければ，その中間金を受領することができない。

❷ 当該住宅が建築工事の完了前で，売買代金が2,500万円であった場合，売主は，当該住宅を引き渡す前に買主から保全措置を講じないで手付金150万円を受領することができる。

❸ 当該住宅が建築工事の完了前で，売主が買主から保全措置が必要となる額の手付金を受領する場合，売主は，事前に，国土交通大臣が指定する指定保管機関と手付金等寄託契約を締結し，かつ，当該契約を証する書面を買主に交付した後でなければ，買主からその手付金を受領することができない。

❹ 当該住宅が建築工事の完了前で，売主が買主から保全措置が必要となる額の手付金等を受領する場合において売主が銀行との間で締結する保証委託契約に基づく保証契約は，建築工事の完了までの間を保証期間とするものでなければならない。

(本試験 2018 年問 38 出題)

| 正解肢 1 | | 合格者正解率 | 不合格者正解率 |
|---|---|---|---|
| | | **94.6**% | **66.5**% |
| | | 受験者正解率 **82.3**% | |

☆❶ **正** 完成物件の売買の場合，手付金等の額が代金の 10％以下 [ステップ49]
かつ 1,000 万円以下であれば保全措置は不要である（業法 41 条
の 2 第 1 項，施行令 3 条の 3）。本肢の場合，代金の額が 3,000
万円であるので，受領する合計額が 300 万円を超えるとき，受領
前に保全措置を講じなければならない。そして，中間金を受領す
る時には，手付金の額と合わせて 500 万円となるので，中間金を
受領する前に 500 万円について保全措置を講じる必要がある。
よって，本肢は正しく，本問の正解肢となる。

☆❷ **誤** 代金の 5％を超えているので保全措置が必要となる。 [ステップ49]
未完成物件の売買の場合，手付金等の額が代金の 5％以下かつ
1,000 万円以下であれば保全措置は不要である（業法 41 条第 1 項，
施行令 3 条の 3）。本肢の場合，代金の額が 2,500 万円であるので，
受領する合計額が 125 万円を超えるとき，受領前に保全措置を講
じなければならない。手付金の額は 150 万円であり，代金の 5％
を超えているので，手付金を受領する前に保全措置を講じる必要
がある。よって，本肢は誤り。

☆❸ **誤** 手付金等寄託契約では保全措置を講じたことにならな [ステップ49]
い。
未完成物件の売買の場合に講じる手付金等の保全措置には，銀
行等との保証委託契約による方法又は保険事業者との保証保険契
約による方法がある（業法 41 条 1 項）。しかし，指定保管機関
との手付金等寄託契約による方法が使用できるのは完成物件の場
合だけであって，未完成物件の場合には使用できない。本肢の場
合，未完成物件について指定保管機関と手付金等寄託契約を締結
しているが，必要とされる保全措置を講じていることにはならな
い。よって，本肢は誤り。

❹ **誤** 保全措置が必要となるのは工事の完了までではない。
未完成物件についても，銀行その他の金融機関との間において，
当該銀行等がその債務を連帯して保証することを委託する契約
（保証委託契約）を締結する方法が認められている（業法 41 条 1
項 1 号）。この場合，保証すべき手付金等の返還債務が，少なく
とも宅建業者が受領した手付金等に係る宅地又は建物の引渡しま
でに生じたものであることが必要である（業法 41 条 2 項 2 号）。
また，宅地又は建物について買主への所有権移転の登記がなされ
たときも手付金等の保全措置を講じる必要がなくなる（業法 41
条 1 項但書）。この場合であれば，買主に登記がされた時までの
間となる。いずれにしろ，建築工事の完了までの間ではない。よっ
て，本肢は誤り。

●第1編 宅建業法

# 手付金等の保全措置 特A 重要度

**問 117**

宅地建物取引業者Aが，自ら売主として買主との間で建築工事完了前の建物を5,000万円で売買する契約をした場合において，宅地建物取引業法第41条第1項に規定する手付金等の保全措置(以下この問において「保全措置」という。)に関する次の記述のうち，同法に違反するものはどれか。

❶ Aは，宅地建物取引業者であるBと契約を締結し，保全措置を講じずに，Bから手付金として1,000万円を受領した。

❷ Aは，宅地建物取引業者でないCと契約を締結し，保全措置を講じた上でCから1,000万円の手付金を受領した。

❸ Aは，宅地建物取引業者でないDと契約を締結し，保全措置を講じることなくDから手付金100万円を受領した後，500万円の保全措置を講じた上で中間金500万円を受領した。

❹ Aは，宅地建物取引業者でないEと契約を締結し，Eから手付金100万円と中間金500万円を受領したが，既に当該建物についてAからEへの所有権移転の登記を完了していたため，保全措置を講じなかった。

(本試験 2014年問33出題)

## 正解肢 3

合格者正解率 **67.5%** 不合格者正解率 **50.7%**
受験者正解率 **62.5%**

☆ ❶ **違反しない** 宅建業者が自ら売主となって，宅建業者でない者が買主の場合，原則として，保全措置を講じなければ手付金等を受領できない。しかし，買主が宅建業者の場合には手付金等の保全措置を講じる必要がない（業法 78 条 2 項, 41 条 1 項）。よって，本肢は宅建業法の規定に違反しない。 <sub>ステップ49</sub>

☆ ❷ **違反しない** 宅建業者は，自ら売主となる場合，原則として，保全措置を講じなければ，宅建業者でない買主から手付金等を受領することができない（業法 41 条 1 項）。また，代金の額の 10 分の 2 を超える額の手付を受領することはできない（業法 39 条 1 項）。本肢は，保全措置を講じた上で代金の 10 分の 2 の手付金を受領している。よって，本肢は宅建業法の規定に違反しない。 <sub>ステップ48</sub>

☆ ❸ **違反する** 手付金及び中間金全額について保全措置が必要。 <sub>ステップ49</sub>

宅建業者は，自ら売主となる場合，原則として，保全措置を講じなければ，宅建業者でない買主から手付金等を受領することができない（業法 41 条 1 項）。もっとも，未完成物件の場合，5％以下かつ 1,000 万円以下であれば保全措置が不要である（業法 41 条 1 項, 施行令 3 条の 3）。本肢は，代金が 5,000 万円であり，5,000 万円の 5％である 250 万円を超える 600 万円（手付金＋中間金）を受領する場合は，その全額の 600 万円につき保全措置が必要である。よって，500 万円しか保全措置を講じていない本肢は宅建業法の規定に違反するので，本問の正解肢となる。

☆ ❹ **違反しない** 未完成物件の売買の場合，手付金等の額が代金の 5％又は 1,000 万円を超えるときは，原則として保全措置を講ずる必要があるが，買主への所有権移転の登記がされたときは保全措置を講ずる必要はない（業法 41 条 1 項但書）。よって，本肢は宅建業法の規定に違反しない。 <sub>ステップ49</sub>

●第1編　宅建業法

# 手付金等の保全措置 特A

重要度

## 問118

宅地建物取引業者A社は，自ら売主として宅地建物取引業者でない買主Bとの間で，中古マンション（代金2,000万円）の売買契約（以下「本件売買契約」という。）を締結し，その際，代金に充当される解約手付金200万円（以下「本件手付金」という。）を受領した。この場合におけるA社の行為に関する次の記述のうち，宅地建物取引業法（以下この問において「法」という。）の規定に違反するものはいくつあるか。

---

**ア**　引渡前に，A社は，代金に充当される中間金として100万円をBから受領し，その後，本件手付金と当該中間金について法第41条の2に定める保全措置を講じた。

**イ**　本件売買契約締結前に，A社は，Bから申込証拠金として10万円を受領した。本件売買契約締結時に，当該申込証拠金を代金の一部とした上で，A社は，法第41条の2に定める保全措置を講じた後，Bから本件手付金を受領した。

**ウ**　A社は，本件手付金の一部について，Bに貸付けを行い，本件売買契約の締結を誘引した。

❶　一つ
❷　二つ
❸　三つ
❹　なし

(本試験 2012年問34出題)

|正解チェック欄| / | / | / |
|---|---|---|---|

| 合格者正解率 | 不合格者正解率 |
|---|---|
| **75.4**% | **48.3**% |
| 受験者正解率 **66.0**% | |

正解肢 **2**

☆**ア** 違反する　中間金を受領する前に保全措置を講ずることが必要。 ステップ49

　自ら売主制限の規制が適用になる場合，宅建業者は保全措置を講じなければ手付金等を受領できないのが原則である。ただし，完成物件を取引する場合，受け取る手付金等の額が代金の10％以下であり，かつ1,000万円以下であれば保全措置を講ずる必要はない（業法41条の2第1項，施行令3条の3）。本問では中間金を受領するときに手付金と合わせると代金の10％を超えてしまうので，中間金を受領する前に本件手付金と中間金を合わせた300万円について保全措置を講ずる必要がある。よって，本肢は宅建業法の規定に違反する。

☆**イ** 違反しない　手付金等の保全措置の対象となる手付金等とは，契約締結後，引渡しまでの間に，代金の一部として授受される金銭をいうので，本肢の申込証拠金は手付金等にあたる。申込証拠金と本件手付金を合計すると210万円となるから，本件手付金を受領する前に保全措置を講ずる必要がある。よって，本肢は宅建業法の規定に違反しない。 ステップ49

☆**ウ** 違反する　手付の貸与は禁止されている。 ステップ45

　宅建業者は，手付について貸付けその他信用の供与をすることにより契約の締結を誘引してはならない（業法47条3号）。よって，本肢は宅建業法の規定に違反する。

　以上より，宅建業法の規定に違反するのはア，ウの二つであり，**❷**が本問の正解肢となる。

●第1編 宅建業法

# 手付金等の保全措置 重要度A

## 問119

宅地建物取引業者Aが，自ら売主として宅地建物取引業者でない買主Bとの間で締結した売買契約に関する次の記述のうち，宅地建物取引業法の規定によれば，正しいものはいくつあるか。

---

**ア** Aは，Bとの間で建築工事完了後の建物に係る売買契約（代金3,000万円）において，「Aが契約の履行に着手するまでは，Bは，売買代金の1割を支払うことで契約の解除ができる」とする特約を定め，Bから手付金10万円を受領した。この場合，この特約は有効である。

**イ** Aは，Bとの間で建築工事完了前の建物に係る売買契約（代金3,000万円）を締結するに当たり，保険事業者との間において，手付金等について保証保険契約を締結して，手付金300万円を受領し，後日保険証券をBに交付した。

**ウ** Aは，Bとの間で建築工事完了前のマンションに係る売買契約（代金3,000万円）を締結し，その際に手付金150万円を，建築工事完了後，引渡し及び所有権の登記までの間に，中間金150万円を受領したが，合計額が代金の10分の1以下であるので保全措置を講じなかった。

**❶** 一つ
**❷** 二つ
**❸** 三つ
**❹** なし

（本試験 2015 年問 40 出題）

| 正解肢 4 | | 合格者正解率 | 不合格者正解率 |
|---|---|---|---|
| | | **26.8%** | **16.9%** |
| | | 受験者正解率 23.4% | |

☆**ア 誤** 代金の1割を支払うという特約は買主に不利であり無効である。　　　　　　　　　　　　　　　　　　　　　　`ステップ48`

　宅建業者が自ら売主となる取引において，手付金が交付されたとき，相手方が契約の履行に着手するまでは，買主はその手付を放棄して，宅建業者はその倍額を現実に提供して，契約の解除をすることができる（業法39条2項）。したがって，買主Bは手付金10万円の放棄で契約を解除できる。本肢の特約は，代金の1割である300万円を支払わなければ解除できない特約であり，買主に不利な特約として無効となる（業法39条3項）。よって，本肢は誤り。

☆**イ 誤** 保険証券の交付前に手付金を受領することはできない。　`13-4-4`

　宅建業者が自ら売主となる取引において，建物の工事完了前に売買契約を結ぶときは，売買代金の5％又は1,000万円を超える手付金等を受領する前に保全措置を講じなければならない（業法41条1項）。本肢の手付金300万円は代金の5％を超えるので保全措置が必要となる。そして，保証保険契約の締結による保全措置の場合，手付金の受領前に保険証券又はこれに代わるべき書面を，買主に交付しなければならない（業法41条1項2号）。よって，手付金の受領後に保険証券を交付している本肢は誤り。

☆**ウ 誤** 売買契約時に未完成であったため，未完成物件として保全の要否を判断する。　　　　　　　　　　　　　　　　　`ステップ49`

　完成物件に関するものか未完成物件に関するものかの判断は，契約締結時の状態で判断する（解釈・運用の考え方）。本肢のAB間の売買契約は「工事完了前」に締結されているため，保全措置の要否の判断は未完成物件に関するものとして判断される。本肢の場合，売買契約時に手付金150万円を受領し，その後中間金として150万円を受領しようとしているのであるから，合計額である300万円が代金の5％を超えるか否かで判断されることになる。300万円は代金3,000万円の5％を超えるため，中間金である150万円を受領する前に保全措置を講じなければならない（業法41条1項）。よって，保全措置を講じなかったとする本肢は誤り。

　以上より，正しいものは一つもなく，**❹**が本問の正解肢となる。

●第1編 宅建業法

# 自己所有に属しない物件の契約締結の制限

## 問120

宅地建物取引業者Aが自ら売主となって宅地建物の売買契約を締結した場合に関する次の記述のうち，宅地建物取引業法の規定に違反するものはどれか。なお，この問において，AとC以外の者は宅地建物取引業者でないものとする。

❶ Bの所有する宅地について，BとCが売買契約を締結し，所有権の移転登記がなされる前に，CはAに転売し，Aは更にDに転売した。

❷ Aの所有する土地付建物について，Eが賃借していたが，Aは当該土地付建物を停止条件付でFに売却した。

❸ Gの所有する宅地について，AはGと売買契約の予約をし，Aは当該宅地をHに転売した。

❹ Iの所有する宅地について，AはIと停止条件付で取得する売買契約を締結し，その条件が成就する前に当該物件についてJと売買契約を締結した。

(本試験 2005 年問 35 出題)

| 合格者正解率 | 不合格者正解率 |
|---|---|
| **90.6%** | **67.5%** |

正解肢 **4**

受験者正解率 **82.1%**

　宅建業者は，原則として，自ら売主となって自己の所有に属しない物件について売買契約を締結することができない。しかし，宅建業者が現在の所有者と物件を取得する契約（予約を含み，その効力の発生が条件に係るものを除く）を締結しているときは，契約を締結することができる（業法33条の2第1号）。

**❶** **違反しない**　本肢では，ＢＣ間・ＣＡ間で売買契約が結ばれているので，Ａは，Ｄと売買契約を締結することができる。この場合，Ｃへの所有権の移転登記の有無は関係ない。よって，本肢は宅建業法の規定に違反しない。 `ステップ51`

**❷** **違反しない**　本肢の土地付建物はＡ所有であるので，そもそもＡはＦと売買契約を締結することができる。この場合の売買契約は停止条件付でも差し支えない。よって，本肢は宅建業法の規定に違反しない。 `ステップ51`

☆**❸** **違反しない**　本肢では，ＡＧ間で売買の予約がなされているので，Ａは，Ｈと売買契約を締結することができる。よって，本肢は宅建業法の規定に違反しない。 `ステップ51`

☆**❹** **違反する**　所有者との契約が停止条件付きなので違反。 `ステップ51`

　本肢のＡＩ間の売買契約は停止条件付きにすぎず，Ａは，Ｊと売買契約を締結することはできない。よって，本肢は宅建業法の規定に違反し，本問の正解肢となる。

## 担保責任についての特約の制限　重要度 特A

### 問121
宅地建物取引業者A社が，自ら売主として建物の売買契約を締結する際の特約に関する次の記述のうち，宅地建物取引業法の規定に違反するものはどれか。

❶ 当該建物が新築戸建住宅である場合，宅地建物取引業者でない買主Bの売買を代理する宅地建物取引業者C社との間で当該契約締結を行うに際して，Bが当該住宅の契約不適合担保責任を追及するためのその不適合である旨をA社に通知する期間についての特約を定めないこと。

❷ 当該建物が中古建物である場合，宅地建物取引業者である買主Dとの間で，「中古建物であるため，A社は，契約不適合担保責任を負わない」旨の特約を定めること。

❸ 当該建物が中古建物である場合，宅地建物取引業者でない買主Eとの間で，「Eが，契約不適合担保責任を追及するためのその不適合をA社に通知する期間は，売買契約締結の日にかかわらず引渡しの日から2年間とする」旨の特約を定めること。

❹ 当該建物が新築戸建住宅である場合，宅地建物取引業者でない買主Fとの間で，「Fは，A社が契約不適合担保責任を負う期間内であれば，損害賠償の請求をすることはできるが，契約の解除をすることはできない」旨の特約を定めること。

(本試験 2012 年問 39 改題)

☆ **❶ 違反しない** 宅建業者は，自ら売主となる宅地又は建物の売買契約において，その目的物の契約不適合担保責任に関し，民法に規定するものより買主に不利となる特約をしてはならないが（業法40条1項），契約内容に不適合である旨を通知すべき期間について特約を定めないことは，宅建業法に違反しない。よって，本肢は宅建業法の規定に違反しない。

☆ **❷ 違反しない** 宅建業者は，自ら売主となる宅地又は建物の売買契約において，その目的物の契約不適合担保責任に関し，民法に規定するものより買主に不利となる特約をしてはならない（業法40条1項）。しかし，買主が宅建業者の場合は，この規制は適用がない（業法78条2項）。よって，本肢は宅建業法の規定に違反しない。

ステップ46

☆ **❸ 違反しない** 宅建業者は，自ら売主となる宅地又は建物の売買契約において，その目的物の契約不適合担保責任に関し，民法に規定するものより買主に不利となる特約をしてはならないが，例外として，引き渡された目的物が契約内容に不適合である旨の通知をすべき期間について，目的物の引渡しの日から2年以上となる特約をすることができる（業法40条1項）。よって，本肢は宅建業法の規定に違反しない。

ステップ52

☆ **❹ 違反する** 契約の解除をすることはできないとする特約は無効。

ステップ52

宅建業者は，自ら売主となる宅地又は建物の売買契約において，その目的物の契約不適合担保責任に関し，民法に規定するものより買主に不利となる特約をしてはならず，買主に不利な特約は無効となる（業法40条1項，2項）。したがって，契約の解除をすることができないとの特約は買主に不利であり無効である。よって，本肢は宅建業法の規定に違反し，本問の正解肢となる。

244　LEC東京リーガルマインド　2022年版出る順宅建士 ウォーク問過去問題集②宅建業法

●第1編 宅建業法

# 自ら売主制限総合 重要度 特A

**問122** 宅地建物取引業者Aが，自ら売主として，宅地建物取引業者でないBとの間で建物の売買契約を締結する場合における次の記述のうち，民法及び宅地建物取引業法の規定によれば，正しいものはどれか。

❶ Cが建物の所有権を有している場合，AはBとの間で当該建物の売買契約を締結してはならない。ただし，AがCとの間で，すでに当該建物を取得する契約（当該建物を取得する契約の効力の発生に一定の条件が付されている。）を締結している場合は，この限りではない。

❷ Aは，Bとの間における建物の売買契約において，「Bが，契約不適合担保責任を追及するためのその不適合をAに通知する期間は，建物の引渡しの日から1年間とする」旨の特約を付した。この場合，当該特約は無効となり，BがAに対して契約不適合である旨の通知をすべき期間は，当該引渡しの日から2年間となる。

❸ Aは，Bから喫茶店で建物の買受けの申込みを受け，翌日，同じ喫茶店で当該建物の売買契約を締結した際に，その場で契約代金の2割を受領するとともに，残代金は5日後に決済することとした。契約を締結した日の翌日，AはBに当該建物を引き渡したが，引渡日から3日後にBから宅地建物取引業法第37条の2の規定に基づくクーリング・オフによる契約の解除が書面によって通知された。この場合，Aは，契約の解除を拒むことができない。

❹ AB間の建物の売買契約における「宅地建物取引業法第37条の2の規定に基づくクーリング・オフによる契約の解除の際に，AからBに対して損害賠償を請求することができる」旨の特約は有効である。

(本試験 2015年問34改題)

**正解肢 3**

| 合格者正解率 | 不合格者正解率 |
|---|---|
| **88.3**% | **58.0**% |
| 受験者正解率 **77.9**% | |

☆**❶ 誤** 所有者との契約が停止条件付であるので，契約はできない。 ［ステップ51］

宅建業者は，自己の所有に属しない宅地又は建物について，当該宅地又は建物を取得する契約（予約を含み，その効力の発生が条件に係るものを除く。）を締結しているとき，その他宅建業者が当該宅地又は建物を取得できることが明らかな場合などを除き，自ら売主となる売買契約を締結してはならない（業法33条の2第1号）。よって，本肢は誤り。

☆**❷ 誤** 「引渡しから2年間」にはならない。 ［ステップ52］

宅建業者は，自ら売主となる宅地又は建物の売買契約において，その目的物の契約不適合担保責任に関し，民法に規定するものより買主に不利となる特約をしてはならないが，例外として，引き渡された目的物が契約内容に不適合である旨の通知をすべき期間について，目的物の引渡しの日から2年以上となる特約をすることができる（業法40条1項）。本肢の特約は「引渡しの日から1年間」としているので，2年以上ではないため無効となり，民法の「買主が契約不適合を知った時から1年以内に通知」（民法566条）が適用される。よって，本肢は誤り。

☆**❸ 正** 買主が当該宅地又は建物の引渡しを受け，かつ，代金の全部を支払った場合は，クーリング・オフをすることができなくなる（業法37条の2第1項2号）。本肢では，残代金支払日の前日にクーリング・オフによる契約の解除が書面によって通知されているため，Aは契約の解除を拒むことができない。なお，本肢では申込みの撤回等ができる旨の書面による告知について記載はないが，申込時に告知がなされていたとしても，申込日から起算して8日を経過する前に契約解除の書面を発しているため，クーリング・オフできる結論に変わりはない。よって，本肢は正しく，本問の正解肢となる。 ［ステップ47］

☆**❹ 誤** クーリング・オフが行われた業者は，損害賠償又は違約金の請求ができない。 ［ステップ47］

宅建業者が自ら売主となる宅地又は建物の売買契約において，クーリング・オフが行われた場合，宅建業者は，クーリング・オフに伴う損害賠償又は違約金の支払いを請求することができない（業法37条の2第1項）。また，これに反する特約で申込者等に不利なものは無効である（業法37条の2第4項）。よって，本肢は誤り。

246　LEC東京リーガルマインド　2022年版出る順宅建士 ウォーク問過去問題集②宅建業法

●第1編　宅建業法

# 自ら売主制限総合

重要度 A

## 問123

宅地建物取引業者Aが，自ら売主として宅地建物取引業者でない買主Bとの間で宅地の売買契約を締結した場合における次の記述のうち，民法及び宅地建物取引業法の規定並びに判例によれば，正しいものはどれか。

---

❶ 当事者の債務不履行を理由とする契約の解除に伴う損害賠償の予定額を定めていない場合，損害賠償の請求額は売買代金の額を超えてはならない。

❷ 当事者の債務不履行を理由とする契約の解除に伴う損害賠償の予定額を売買代金の2割とし，違約金の額を売買代金の1割とする定めは，これらを合算した額が売買代金の3割を超えていないことから有効である。

❸ Aが，当該売買契約の解除を行う場合は，Bに対して「手付の倍額を現実に提供して，契約を解除する。」という意思表示を書面で行うことのみをもって，契約を解除することができる。

❹ Aは，当該売買契約の締結日にBから手付金を受領し，翌日，Bから内金を受領した。その2日後，AがBに対して，手付の倍額を現実に提供することにより契約解除の申出を行った場合，Bは，契約の履行に着手しているとしてこれを拒むことができる。

(本試験 2010 年問 39 改題)

**正解肢 4**

合格者正解率 **94.0%** 不合格者正解率 **78.0%**

受験者正解率 **88.2%**

出る順宅建士 ②

**❶ 誤** 損害賠償の予定額の定めがなければ，実際の損害額を請求できる。

13-5-2

宅建業者が自ら売主となる宅地又は建物の売買契約において，当事者の債務不履行を理由とする契約の解除に伴う損害賠償額を予定し，又は違約金を定めるときは，これらを合算した額が代金の額の10分の2を超えることとなる定めをしてはならない（業法38条1項）。しかし，これはあらかじめ損害賠償額や違約金の額を定める場合の制限である。その定めがないのであれば，売買代金の額と無関係に，実際の損害額を証明して請求することができる。よって，本肢は誤り。

☆**❷ 誤** 合算して代金の額の2割を超えてはならない。

ステップ50

宅建業者が自ら売主となる宅地又は建物の売買契約において，損害賠償額を予定し，又は違約金を定めるときは，これらを合算した額が代金の額の10分の2を超えることとなる定めをしてはならない（業法38条1項）。そして，これに反する特約は，代金の額の10分の2を超える部分について，無効とされる（業法38条2項）。よって，本肢は誤り。

☆**❸ 誤** 売主が手付解除するには現実の提供が必要。

宅建業者が，自ら売主となる宅地又は建物の売買契約の締結に際して手付を受領したときは，その手付がいかなる性質のものであっても解約手付とされ，これに反する特約で，買主に不利なものは，無効である（業法39条2項，3項）。そして，売主が解約手付に基づく解除を行うには，買主に対して，手付の倍額の金員を現実に提供することを要するとされている（民法557条，判例）。したがって，本肢のように契約解除の意思表示を書面で行うことのみで手付解除をすることはできない。よって，本肢は誤り。

☆**❹ 正** 解約手付による契約の解除は，相手方が履行に着手するまでに行う必要がある（業法39条2項，民法557条，判例）。買主が中間金の支払いを行うなど既に履行に着手している以上，売主は，手付に基づく解除をすることはできない。したがって，Bは，履行に着手しているとして，売主の手付解除を拒むことができる。よって，本肢は正しく，本問の正解肢となる。

ステップ48

●第1編　宅建業法

# 自ら売主制限総合　重要度 特A

## 問124

宅地建物取引業者A社が，自ら売主として宅地建物取引業者でない買主Bとの間で締結した売買契約に関する次の記述のうち，宅地建物取引業法の規定によれば，誤っているものはいくつあるか。

---

**ア** A社は，Bとの間で締結した中古住宅の売買契約において，引渡後2年以内に発見された雨漏り，シロアリの害，建物の構造耐力上主要な部分の契約不適合についてのみ責任を負うとする特約を定めることができる。

**イ** A社は，Bとの間における新築分譲マンションの売買契約（代金3,500万円）の締結に際して，当事者の債務の不履行を理由とする契約の解除に伴う損害賠償の予定額と違約金の合計額を700万円とする特約を定めることができる。

**ウ** A社は，Bとの間における土地付建物の売買契約の締結に当たり，手付金100万円及び中間金200万円を受領する旨の約定を設けた際，相手方が契約の履行に着手するまでは，売主は買主に受領済みの手付金及び中間金の倍額を支払い，また，買主は売主に支払済みの手付金及び中間金を放棄して，契約を解除できる旨の特約を定めた。この特約は有効である。

❶ 一つ
❷ 二つ
❸ 三つ
❹ なし

（本試験 2013 年問 38 改題）

| 合格者正解率 | 不合格者正解率 |
|:---:|:---:|
| **60.2%** | **41.4%** |

受験者正解率 **52.9%**

正解肢 **2**

☆**ア** **誤** 責任の範囲を限定するのは買主に不利な特約だから無効。 ステップ52

宅建業者は，自ら売主となる売買契約において，その目的物の契約不適合担保責任に関し，民法に規定する通知期間についてその目的物の引渡しの日から2年以上となる特約をする場合を除き，民法の規定より買主に不利となる特約をしてはならない（業法40条）。本肢においては，責任の範囲を「雨漏り，シロアリの害，建物の構造耐力上主要な部分」と限定しており，買主に不利な特約であるから無効となる（業法40条2項）。よって，本肢は誤り。

☆**イ** **正** 宅建業者が自ら売主となる場合において，当事者の債務不履行を理由とする損害賠償の額を予定し，又は違約金を定めるときは，これらを合算した額が代金の額の20%を超えることとなる定めをしてはならない（業法38条）。本肢では，代金3,500万円に対し，損害賠償の予定額と違約金の合計額は700万円であるから20%を超えていない。よって，本肢は正しい。 ステップ50

☆**ウ** **誤** 中間金を放棄させるのは買主に不利な特約で無効。 ステップ48

宅建業者が自ら売主となる場合，受領する手付金は相手方が契約の履行に着手するまでは，買主はその手付を放棄して，宅建業者はその倍額を現実に提供して契約の解除をすることができ，それに反する特約で，買主に不利なものは無効となる（業法39条）。本肢で買主は手付金の他，中間金を放棄することまで契約解除の条件と定めているため，買主に不利な特約であり，無効となる。よって，本肢は誤り。

以上より，誤っているものはア，ウの二つであり，**②**が本問の正解肢となる。

●第1編　宅建業法

# 自ら売主制限総合 特A 重要度

## 問125

宅地建物取引業者Aが自ら売主となる売買契約に関する次の記述のうち，宅地建物取引業法（以下この問において「法」という。）の規定によれば，正しいものはどれか。

❶ 宅地建物取引業者でない買主Bが，法第37条の2の規定に基づくクーリング・オフについてAより書面で告げられた日から7日目にクーリング・オフによる契約の解除の書面を発送し，9日目にAに到達した場合は，クーリング・オフによる契約の解除をすることができない。

❷ 宅地建物取引業者でない買主Cとの間で土地付建物の売買契約を締結するに当たって，Cが建物を短期間使用後取り壊す予定である場合には，建物についての契約不適合担保責任を負わない旨の特約を定めることができる。

❸ 宅地建物取引業者Dとの間で締結した建築工事完了前の建物の売買契約において，当事者の債務の不履行を理由とする契約の解除に伴う損害賠償の予定額を代金の額の30％と定めることができる。

❹ 宅地建物取引業者でない買主Eとの間で締結した宅地の売買契約において，当該宅地の引渡しを当該売買契約締結の日の1月後とし，当該宅地の契約不適合担保責任を追及するためのその不適合を売主に通知する期間について，当該売買契約を締結した日から2年間とする特約を定めることができる。

(本試験 2015 年問 39 改題)

正解肢 **3**

| 合格者正解率 | 不合格者正解率 |
|---|---|
| **92.6%** | **68.1%** |
| 受験者正解率 **84.2%** | |

☆❶ **誤** クーリング・オフによる契約解除ができる。 ステップ47

クーリング・オフについて書面で告げられた場合は，告げられた日から起算して8日経過すると，クーリング・オフはできなくなる（業法37条の2第1項1号，規則16条の6）。そしてクーリング・オフの効力はその書面を発した時に生じる（業法37条の2第2項）。したがって，Bは書面で告げられた日から7日目に解除の書面を発送しているため，クーリング・オフによる契約の解除をすることができる。よって，本肢は誤り。

☆❷ **誤** 契約不適合担保責任を負わない旨の特約を定めることはできない。 ステップ52

宅建業者は，自ら売主となる宅地又は建物の売買契約において，その目的物の契約不適合担保責任に関し，民法に規定するものより買主に不利となる特約をしてはならない（業法40条1項）。買主が建物を短期間使用後取り壊す予定である場合でも，変わらない。したがって，建物についての契約不適合担保責任を負わない旨の特約を定めることができない。よって，本肢は誤り。

☆❸ **正** 宅建業者が自ら売主となる宅地の売買契約において，当 ステップ46
事者の債務不履行を理由とする契約の解除に伴う損害賠償額の予 ステップ50
定又は違約金を定めるときは，これらを合算した額が代金の額の10分の2を超えることとなる定めをしてはならない（業法38条1項）。しかし，買主が宅建業者の場合は，この規制は適用がない（業法78条2項）。したがって，代金の額の30％と定めることができる。よって，本肢は正しく，本問の正解肢となる。

☆❹ **誤** 特約を定めることはできない。 ステップ52

宅建業者は，自ら売主となる宅地又は建物の売買契約において，その目的物の契約不適合担保責任に関し，民法に規定するものより買主に不利となる特約をしてはならないが，例外として，買主が目的物の契約不適合である旨を通知すべき期間について目的物の引渡しの日から2年以上となる特約をすることができる（業法40条1項）。本肢の特約は「売買契約を締結した日から2年間」としているので，引渡しから1年11ヵ月ということになり，定めることができない。よって，本肢は誤り。

●第1編 宅建業法

# 自ら売主制限総合

**問126** 宅地建物取引業者A社が，自ら売主として行う宅地（代金3,000万円）の売買に関する次の記述のうち，宅地建物取引業法の規定に違反するものはどれか。

❶ A社は，宅地建物取引業者である買主B社との間で売買契約を締結したが，B社は支払期日までに代金を支払うことができなかった。A社は，B社の債務不履行を理由とする契約解除を行い，契約書の違約金の定めに基づき，B社から1,000万円の違約金を受け取った。

❷ A社は，宅地建物取引業者でない買主Cとの間で，割賦販売の契約を締結したが，Cが賦払金の支払を遅延した。A社は20日の期間を定めて書面にて支払を催告したが，Cがその期間内に賦払金を支払わなかったため，契約を解除した。

❸ A社は，宅地建物取引業者でない買主Dとの間で，割賦販売の契約を締結し，引渡しを終えたが，Dは300万円しか支払わなかったため，宅地の所有権の登記をA社名義のままにしておいた。

❹ A社は，宅地建物取引業者である買主E社との間で，売買契約を締結したが，契約不適合担保責任を追及するために必要な契約不適合である旨の通知をすべき期間について，「契約対象物件である宅地の引渡しの日から1年以内にしなければならない」とする旨の特約を定めていた。

（本試験2011年問39改題）

☆❶ **違反しない** 買主が宅建業者である場合には，自ら売主制限の規定の適用はない（業法 78 条 2 項）。したがって，A 社は，違約金の定めに基づき，B 社から代金の額の 10 分の 2 を超える違約金を受け取ることができる（業法 38 条 1 項参照）。よって，本肢は宅建業法の規定に違反しない。

❷ **違反する** 30 日以上の相当の期間を定めた催告が必要。

宅建業者は，自ら売主となる宅地又は建物の割賦販売の契約について賦払金の支払義務が履行されない場合には，30 日以上の相当の期間を定めてその支払いを書面で催告し，その期間内にその義務が履行されないときでなければ，賦払金の支払いの遅滞を理由として，契約を解除することができない（業法 42 条 1 項）。したがって，20 日の期間しか定めていない催告では，A 社は，C との契約を解除することができない。よって，本肢は宅建業法の規定に違反し，本問の正解肢となる。

❸ **違反しない** 宅建業者は，自ら売主として宅地又は建物の割賦販売を行った場合には，当該割賦販売に係る宅地又は建物を買主に引き渡すまでに，登記を移転しなければならない（業法 43 条 1 項本文）。ただし，代金額の 10 分の 3 を超える額の金銭の支払いを受けていない場合には，代金の額の 10 分の 3 を超える額の金銭の支払いを受けるまでに登記を移転すればよい（業法 43 条 1 項かっこ書）。したがって，A 社は，代金額の 10 分の 1 である 300 万円しか受け取っていないので，D に登記を移転しなくてもよい。よって，本肢は宅建業法の規定に違反しない。

☆❹ **違反しない** 買主が宅建業者である場合には，自ら売主制限の規定の適用はない（業法 78 条 2 項）。したがって，A 社は，E 社との間で，契約不適合である旨の通知期間について，引渡しの日から 1 年とする旨の特約を定めることができる（業法 40 条 1 項参照）。よって，本肢は宅建業法の規定に違反しない。

# 自ら売主制限総合

**問127** 宅地建物取引業者Aが，自ら売主として宅地建物取引業者ではない買主Bとの間で宅地の売買契約を締結する場合における次の記述のうち，宅地建物取引業法の規定によれば，誤っているものはいくつあるか。

---

**ア** Bが契約不適合担保責任を追及するために契約不適合である旨を通知する期間を，売買契約に係る宅地の引渡しの日から3年間とする特約は，無効である。

**イ** Aは，Bに売却予定の宅地の一部に甲市所有の旧道路敷が含まれていることが判明したため，甲市に払下げを申請中である。この場合，Aは，重要事項説明書に払下申請書の写しを添付し，その旨をBに説明すれば，売買契約を締結することができる。

**ウ** 「手付放棄による契約の解除は，契約締結後30日以内に限る」旨の特約を定めた場合，契約締結後30日を経過したときは，Aが契約の履行に着手していなかったとしても，Bは，手付を放棄して契約の解除をすることができない。

❶ 一つ
❷ 二つ
❸ 三つ
❹ なし

(本試験 2014 年問 31 改題)

正解肢 **3**

| 合格者正解率 | 不合格者正解率 |
|---|---|
| **76.0**% | **44.5**% |
| 受験者正解率 **66.4**% | |

☆**ア 誤** 引渡しの日から2年以上とする特約は有効。 ステップ52

　宅建業者は，自ら売主となる宅地又は建物の売買契約において，その目的物の契約不適合担保責任に関し，民法に規定するものより買主に不利となる特約をしてはならないが，例外として，契約不適合である旨の通知期間について目的物の引渡しの日から2年以上となる特約をすることができる（業法40条1項）。したがって，契約不適合である旨の通知期間を物件の引渡しの日から3年間とする特約は有効である。よって，本肢は誤り。

☆**イ 誤** 払下げ申請中には，売買契約を締結できない。 ステップ51

　宅建業者は，自己の所有に属しない宅地又は建物について，当該宅地又は建物を取得する契約（予約を含み停止条件付のものを除く）を締結しているとき，その他宅建業者が当該宅地又は建物を取得できることが明らかな場合などを除き，自ら売主となる売買契約を締結してはならない（業法33条の2第1号）。したがって，甲市に払下げ申請中の旧道路敷も甲市所有であり，Aは，自ら売主となって売買契約をすることができない。よって，本肢は誤り。

☆**ウ 誤** 買主に不利な特約は無効であり，買主は手付解除できる。 ステップ48

　宅建業者が自ら売主となる宅地又は建物の売買契約の締結に際して手付を受領したときは，売主が契約の履行に着手するまでは買主は手付を放棄して契約の解除をすることができ，これに反する特約で買主に不利なものは無効となる（業法39条2項，3項，判例）。契約締結後30日までとする特約は，買主に不利な特約として無効となり，Bは，Aが履行に着手するまで手付放棄による手付解除をすることができる。よって，本肢は誤り。

　以上より，誤っているものはア，イ，ウの三つすべてであり，**❸**が本問の正解肢となる。

●第1編　宅建業法

# 自ら売主制限総合　重要度 特A

## 問128

自らが売主である宅地建物取引業者Aと，宅地建物取引業者でないBとの間での売買契約に関する次の記述のうち，宅地建物取引業法（以下この問において「法」という。）の規定によれば，正しいものはどれか。

---

❶ Aは，Bとの間における建物の売買契約（代金2,000万円）の締結に当たり，手付金として100万円の受領を予定していた。この場合において，損害賠償の予定額を定めるときは，300万円を超えてはならない。

❷ AとBが締結した建物の売買契約において，Bが手付金の放棄による契約の解除ができる期限について，金融機関からBの住宅ローンの承認が得られるまでとする旨の定めをした。この場合において，Aは，自らが契約の履行に着手する前であれば，当該承認が得られた後は，Bの手付金の放棄による契約の解除を拒むことができる。

❸ Aは，喫茶店でBから宅地の買受けの申込みを受けたことから，翌日，前日と同じ喫茶店で当該宅地の売買契約を締結し，代金の全部の支払を受けた。その4日後に，Bから法第37条の2の規定に基づくいわゆるクーリング・オフによる当該契約を解除する旨の書面による通知を受けた場合，Aは，当該宅地をBに引き渡していないときは，代金の全部が支払われたことを理由に当該解除を拒むことはできない。

❹ Aは，Bとの間で宅地の割賦販売の契約（代金3,000万円）を締結し，当該宅地を引き渡した。この場合において，Aは，Bから1,500万円の賦払金の支払を受けるまでに，当該宅地に係る所有権の移転登記をしなければならない。

（本試験2009年問37出題）

## 正解肢 3

| 合格者正解率 | 不合格者正解率 |
|:---:|:---:|
| **90.6%** | **73.0%** |
| 受験者正解率 **85.2%** | |

☆ ❶ **誤　400万円を超えてはならない。**

ステップ50

宅建業者が自ら売主となる売買契約においては，債務不履行を理由とする契約の解除に伴う損害賠償の予定額及び違約金を定めるときは，これらを合算して，代金額の10分の2を超える定めをしてはならない（業法38条1項）。しかし，本肢の手付金はそのいずれでもない（業法39条2項参照）。したがって，代金額の10分の2である400万円を上限として，損害賠償の予定額を定めることができる。よって，本肢は誤り。

☆ ❷ **誤　特約は無効。Aの履行着手前であればBは手付解除可。**

ステップ48

宅建業者が自ら売主となる売買契約の締結に際して手付を受領したときは，売主が契約の履行に着手するまでは買主は手付を放棄して契約の解除をすることができ，これに反する特約で買主に不利なものは無効となる（業法39条2項，3項，判例）。本肢の特約は買主に不利な特約として無効となり，売主Aは，自らが契約の履行に着手する前であれば，Bの手付放棄による契約の解除を拒むことはできない。よって，本肢は誤り。

☆ ❸ **正**　「事務所等」以外の場所で売買契約を締結した買主は，クーリング・オフをすることができる（業法37条の2第1項）。しかし，例外として，①宅建業者からクーリング・オフについて書面で告げられた日から8日を経過したとき（業法37条の2第1項1号，規則16条の6），②物件の引渡しを受け，かつ代金の全部を支払ったとき（業法37条の2第1項2号）は，クーリング・オフをすることができなくなる。本肢の場合，まだ引渡しがなされていないため，クーリング・オフをすることができる。よって，本肢は正しく，本問の正解肢となる。

ステップ47

❹ **誤　900万円を超える額の支払いを受けるまでである。**

13-9-1<br>13-9-2

宅建業者は，自ら売主として割賦販売を行った場合には，引渡しまでに買主に登記を移転しなければならない（業法43条1項本文）。ただし，代金額の10分の3以下の金銭の支払いしか受けていないときは，10分の3を超える額の金銭の支払いを受けるまでに登記を移転すればよい（業法43条1項かっこ書）。本肢では，代金額の10分の3である900万円を超える額の賦払金の支払いを受けるまでに移転登記をしなければならない。よって，本肢は誤り。

258　LEC東京リーガルマインド　2022年版出る順宅建士 ウォーク問過去問題集②宅建業法

●第1編　宅建業法

# 自ら売主制限総合

重要度 特A

## 問129

宅地建物取引業者Aが，自ら売主として，宅地建物取引業者でないBと建物の売買契約を締結する場合に関する次の記述のうち，宅地建物取引業法（以下この問において「法」という。）及び民法の規定によれば，正しいものはどれか。

---

❶ Bが契約の履行に着手するまでにAが売買契約の解除をするには，手付の3倍に当たる額をBに現実に提供しなければならないとの特約を定めることができる。

❷ Aの違約によりBが受け取る違約金を売買代金の額の10分の3とするとの特約を定めることができる。

❸ Bから法第37条の2の規定に基づくいわゆるクーリング・オフによる売買契約の解除があった場合でも，Aが契約の履行に着手していれば，AはBに対して，それに伴う損害賠償を請求することができる。

❹ Bが契約不適合担保責任を追及するための通知期間として，引渡しの日から2年で，かつ，Bが契約不適合を発見した時から30日以内とする特約を定めることができる。

(本試験 2008 年問 40 改題)

正解肢 **1**

| 合格者正解率 | 不合格者正解率 |
|:---:|:---:|
| **93.2**% | **73.6**% |
| 受験者正解率 **85.6**% | |

☆**❶ 正** 宅建業者は，自ら売主となる宅地又は建物の売買契約の締結に際して手付を受領したときは，相手方が契約の履行に着手するまでは，買主はその手付を放棄して，売主は手付の倍額を現実に提供して，契約を解除することができる（業法39条2項，判例）。この規定に反する特約で，買主に不利なものは無効であるが（業法39条3項），本肢の特約は，買主にとって有利な特約であり有効である。よって，本肢は正しく，本問の正解肢となる。

**ステップ48**

☆**❷ 誤** 業法の規定に反する特約なので定められない。

宅建業者が自ら売主となる宅地又は建物の売買契約において，当事者の債務の不履行を理由とする契約の解除に伴う損害賠償の額を予定し，又は違約金を定めるときは，これらを合算した額が代金の額の10分の2を超えることとなる定めをしてはならない（業法38条1項）。よって，本肢は誤り。

**ステップ50**

☆**❸ 誤** 損害賠償の請求はできない。

宅建業者が自ら売主となる宅地又は建物の売買契約において，クーリング・オフがなされた場合，宅建業者は，速やかに申込者に対して，申込みの際に受領した手付金その他の金銭を返還しなければならず，申込みの撤回に伴う損害賠償又は違約金の支払いを請求することはできない（業法37条の2第1項，3項）。よって，本肢は誤り。

**ステップ47**

☆**❹ 誤** 「発見した時から30日以内」とする特約不可。

宅建業者が自ら売主となる場合において，契約不適合担保責任については，原則として，民法の規定よりも買主に不利となる特約をしてはならず，買主に不利な特約は無効となる（業法40条1項，2項）。しかし，例外として，契約不適合である旨の通知をすべき期間は，引渡しの日から2年以上とする特約は許される（業法40条1項）。したがって，本肢特約の「契約不適合である旨の通知期間を建物の引渡しの日から2年間」とするという部分は有効である。しかし，「買主が契約不適合を発見した時から30日以内とする」という部分は，買主に不利であり無効となる。よって，本肢は誤り。

**ステップ52**

●第1編 宅建業法

# 自ら売主制限総合

**問130**　宅地建物取引業者Aが，自ら売主として，宅地建物取引業者ではないBとの間で締結する建築工事完了前のマンション（代金3,000万円）の売買契約に関する次の記述のうち，宅地建物取引業法（以下この問において「法」という。）の規定によれば，正しいものはどれか。

❶ Aが手付金として200万円を受領しようとする場合，Aは，Bに対して書面で法第41条に定める手付金等の保全措置を講じないことを告げれば，当該手付金について保全措置を講じる必要はない。

❷ Aが手付金を受領している場合，Bが契約の履行に着手する前であっても，Aは，契約を解除することについて正当な理由がなければ，手付金の倍額を現実に提供して契約を解除することができない。

❸ Aが150万円を手付金として受領し，さらに建築工事完了前に中間金として50万円を受領しようとする場合，Aは，手付金と中間金の合計額200万円について法第41条に定める手付金等の保全措置を講じれば，当該中間金を受領することができる。

❹ Aが150万円を手付金として受領し，さらに建築工事完了前に中間金として500万円を受領しようとする場合，Aは，手付金と中間金の合計額650万円について法第41条に定める手付金等の保全措置を講じたとしても，当該中間金を受領することができない。

（本試験2019年問37改題）

正解肢 **3**

| 合格者正解率 | 不合格者正解率 |
|---|---|
| **91.8**% | **71.9**% |

受験者正解率 **85.7**%

☆❶ **誤 手付金等の保全措置を講じなければならない。** ステップ49

宅建業者は，工事の完了前において行う売買で自ら売主となるものに関して手付金等の保全措置を講じた後でなければ，手付金等を受領してはならない。ただし，宅建業者が受領しようとする手付金等の額が代金の100分の5以下であり，かつ，1000万円以下であるときは，手付金等の保全措置を講じなくても，手付金等を受領することができる（業法41条1項，施行令3条の3）。手付金200万円は，代金の100分の5を超える金額であり，手付金を受領するためには，手付金等の保全措置を講じることが必要である。よって，本肢は誤り。

❷ **誤 手付による解除をする場合，正当な理由は不要である。** ステップ48

宅建業者が自ら売主となる宅地又は建物の売買契約の締結に際して手付を受領したときは，解約手付とみなされ，その相手方が契約の履行に着手するまでは，買主はその手付を放棄して，売主はその倍額を現実に提供して，契約の解除をすることができる（業法39条2項，判例）。したがって，Bが契約の履行に着手する前であれば，Aは，手付金の倍額を現実に提供して契約を解除することができる。契約を解除することについて正当な理由の有無を問わない。よって，本肢は誤り。

☆❸ **正 手付金等の保全措置が必要となる手付金等の額は，既に** ステップ49
受領した手付金等があるときは，その額を加えた額となる（業法41条1項かっこ書）。中間金を受領する場合の手付金等の額は，手付金150万円と中間金50万円の合計金額である200万円となる。この合計金額は代金の100分の5を超える金額となるので，中間金を受領する前に200万円について保全措置を講じる必要がある（業法41条1項）。よって，本肢は正しく，本問の正解肢となる。

☆❹ **誤 保全措置を講じているので，中間金を受領できる。** ステップ49

手付金等の保全措置が必要となる手付金等の額は，既に受領した手付金等があるときは，その額を加えた額となる（業法41条1項かっこ書）。手付金と中間金の合計額650万円は，代金の100分の5を超える金額となるので，中間金を受領する前に650万円について保全措置を講じる必要がある（業法41条1項）。本肢においては，650万円について保全措置を講じているので，中間金500万円を受領することができる。よって，本肢は誤り。

262　　LEC東京リーガルマインド　2022年版出る順宅建士 ウォーク問過去問題集②宅建業法

●第1編 宅建業法

# 住宅瑕疵担保履行法 重要度 特A

## 問131

特定住宅瑕疵担保責任の履行の確保等に関する法律に基づく住宅販売瑕疵担保保証金の供託又は住宅販売瑕疵担保責任保険契約の締結に関する次の記述のうち，正しいものはどれか。

❶ 宅地建物取引業者は，自ら売主として宅地建物取引業者である買主との間で新築住宅の売買契約を締結し，その住宅を引き渡す場合，住宅販売瑕疵担保保証金の供託又は住宅販売瑕疵担保責任保険契約の締結を行う義務を負う。

❷ 自ら売主として新築住宅を販売する宅地建物取引業者は，住宅販売瑕疵担保保証金の供託をする場合，宅地建物取引業者でない買主へのその住宅の引渡しまでに，買主に対し，保証金を供託している供託所の所在地等について記載した書面を交付し又は買主の承諾を得て電磁的方法による提供をして説明しなければならない。

❸ 自ら売主として新築住宅を宅地建物取引業者でない買主に引き渡した宅地建物取引業者は，基準日に係る住宅販売瑕疵担保保証金の供託及び住宅販売瑕疵担保責任保険契約の締結の状況について届出をしなければ，当該基準日以後，新たに自ら売主となる新築住宅の売買契約を締結することができない。

❹ 住宅販売瑕疵担保責任保険契約を締結している宅地建物取引業者は，当該保険に係る新築住宅に，構造耐力上主要な部分及び雨水の浸入を防止する部分の瑕疵（構造耐力又は雨水の浸入に影響のないものを除く。）がある場合に，特定住宅販売瑕疵担保責任の履行によって生じた損害について保険金を請求することができる。

(本試験 2015 年問 45 改題)

※住宅瑕疵担保履行法の問題（問 131 〜 134，問 180）においては，種類又は品質に関し契約の内容に適合しない状態を「瑕疵」としています。

正解チェック欄

**正解肢 4**

| 合格者正解率 | 不合格者正解率 |
|:---:|:---:|
| **81.3%** | **49.9%** |

受験者正解率 **70.5%**

☆❶ **誤** 買主が宅建業者のときは資力確保措置は不要である。 　ステップ53

宅建業者が住宅瑕疵担保保証金供託又は住宅瑕疵担保責任保険契約締結（資力確保措置）の義務を負うのは，自ら売主として新築住宅を宅建業者でない買主に販売する場合である（住宅瑕疵担保履行法2条7項2号ロ，11条1項，2項）。宅建業者が買主である場合には，資力確保措置を執る必要はない。よって，本肢は誤り。

☆❷ **誤** 供託所の所在地等を記載した書面を売買契約締結時までに交付して説明する必要がある。 　ステップ53

宅建業者が自ら売主として宅建業者でない買主に対して新築住宅を売買するとき，保証金を供託している場合は，供託所の場所等を記載した書面を，売買契約を締結するまでに交付しなければならない（住宅瑕疵担保履行法15条1項）。また，売主は，書面の交付に代えて，買主の承諾を得て，当該書面に記載すべき事項を電磁的方法により提供することができる。この場合において，当該宅建業者は，当該書面を交付したものとみなす（住宅瑕疵担保履行法15条2項）。引渡しまでに交付又は提供して説明すればよいわけではない。よって，本肢は誤り。

☆❸ **誤** 新たな売買契約締結が禁止されるのは，基準日の「翌日から起算して50日を経過した日」以後である。 　ステップ53

新築住宅を引き渡した宅建業者は，基準日に係る資力確保措置の状況の届出をしなければ，当該基準日の「翌日から起算して50日を経過した日」以後においては，新たに自ら売主となる新築住宅の売買契約を締結してはならない（住宅瑕疵担保履行法13条）。基準日以後ではない。よって，本肢は誤り。

☆❹ **正** 住宅販売瑕疵担保責任保険契約を締結している宅建業者は，当該特定住宅販売瑕疵担保責任（住宅品確法95条1項）を履行したときに，その履行によって生じた損害を填補するため，保険金を請求できる（住宅瑕疵担保履行法2条7項2号イ）。よって，本肢は正しく，本問の正解肢となる。 　13-10-6

●第1編　宅建業法

# 住宅瑕疵担保履行法

**問132** 特定住宅瑕疵担保責任の履行の確保等に関する法律に基づく住宅販売瑕疵担保保証金の供託又は住宅販売瑕疵担保責任保険契約の締結に関する次の記述のうち，誤っているものはどれか。

❶ 宅地建物取引業者は，自ら売主として新築住宅を販売する場合だけでなく，新築住宅の売買の媒介をする場合においても，住宅販売瑕疵担保保証金の供託又は住宅販売瑕疵担保責任保険契約の締結を行う義務を負う。

❷ 自ら売主として新築住宅を販売する宅地建物取引業者は，住宅販売瑕疵担保保証金の供託をしている場合，当該住宅の売買契約を締結するまでに，当該住宅の宅地建物取引業者ではない買主に対し，供託所の所在地等について，それらの事項を記載した書面を交付し又は買主の承諾を得て電磁的方法による提供をして説明しなければならない。

❸ 自ら売主として新築住宅を宅地建物取引業者ではない買主に引き渡した宅地建物取引業者は，基準日ごとに基準日から3週間以内に，当該基準日に係る住宅販売瑕疵担保保証金の供託及び住宅販売瑕疵担保責任保険契約の締結の状況について，宅地建物取引業の免許を受けた国土交通大臣又は都道府県知事に届け出なければならない。

❹ 住宅販売瑕疵担保責任保険契約を締結している宅地建物取引業者は，当該保険に係る新築住宅に，構造耐力上主要な部分又は雨水の浸入を防止する部分の瑕疵（構造耐力又は雨水の浸入に影響のないものを除く。）がある場合に，特定住宅販売瑕疵担保責任の履行によって生じた損害について保険金を請求することができる。

（本試験 2019 年問 45 出題）

| 合格者正解率 | 不合格者正解率 |
|:---:|:---:|
| **96.3**% | **65.2**% |
| 受験者正解率 **86.8**% | |

**正解肢 1**

☆❶ **誤** 資力確保が義務付けられているのは，新築住宅の売主となる宅建業者である。 〈ステップ53〉

　住宅瑕疵担保履行法において，資力確保が義務付けられている者は，買主が宅建業者でない場合の新築住宅の売主である宅建業者である(住宅瑕疵担保履行法2条7項2号かっこ書)。したがって，新築住宅の売買の媒介をする場合には，住宅販売瑕疵担保保証金の供託又は住宅販売瑕疵担保責任保険契約の締結を行う義務はない。よって，本肢は誤りであり，本問の正解肢となる。

☆❷ **正** 宅建業者は，自ら売主となる新築住宅の買主に対し，売買契約を締結するまでに，住宅販売瑕疵担保保証金の供託をしている供託所の所在地等について，書面を交付し又は買主の承諾を得て電磁的方法による提供をして説明しなければならない(住宅販売瑕疵担保履行法15条，規則21条)。よって，本肢は正しい。 〈ステップ53〉

☆❸ **正** 新築住宅を引き渡した宅建業者は，基準日ごとに，当該基準日に係る保証金の供託及び住宅販売瑕疵担保責任保険契約の締結の状況について，基準日から3週間以内に免許権者に届け出なければならない(住宅販売瑕疵担保履行法12条1項，規則16条1項)。よって，本肢は正しい。 〈ステップ53〉

❹ **正** 住宅販売瑕疵担保責任保険契約を締結している宅建業者は，当該特定住宅販売瑕疵担保責任(住宅品確法95条1項)を履行したときに，その履行によって生じた損害を填補するため，保険金を請求できる(住宅瑕疵担保履行法2条7項2号イ)。よって，本肢は正しい。 〈13-10〉

266　LEC東京リーガルマインド　2022年版出る順宅建士 ウォーク問過去問題集②宅建業法

●第1編 宅建業法

# 住宅瑕疵担保履行法

**問133** 宅地建物取引業者A（甲県知事免許）が，自ら売主として宅地建物取引業者ではない買主Bに新築住宅を販売する場合における次の記述のうち，特定住宅瑕疵担保責任の履行の確保等に関する法律の規定によれば，正しいものはどれか。

---

❶ Aが媒介を依頼した宅地建物取引業者又はBが住宅販売瑕疵担保責任保険契約の締結をしていれば，Aは住宅販売瑕疵担保保証金の供託又は住宅販売瑕疵担保責任保険契約の締結を行う必要はない。

❷ Aが住宅販売瑕疵担保保証金の供託をし，その額が，基準日において，販売新築住宅の合計戸数を基礎として算定する基準額を超えることとなった場合，甲県知事の承認を受けた上で，その超過額を取り戻すことができる。

❸ 新築住宅をBに引き渡したAは，基準日ごとに基準日から50日以内に，当該基準日に係る住宅販売瑕疵担保保証金の供託及び住宅販売瑕疵担保責任保険契約の締結の状況について，甲県知事に届け出なければならない。

❹ Bが宅地建物取引業者である場合であっても，Aは，Bに引き渡した新築住宅について，住宅販売瑕疵担保保証金の供託又は住宅販売瑕疵担保責任保険契約の締結を行う義務を負う。

（本試験 2020年10月問45出題）

| 正解チェック欄 | / | / | / |
|---|---|---|---|

| 合格者正解率 | 不合格者正解率 |
|---|---|
| **91.1**% | **70.9**% |
| 受験者正解率 **82.8**% | |

**正解肢 2**

☆❶ **誤** 売主である宅建業者が資力確保措置を行わなければならない。　　　　　　　　　　　　　　　　　　　　　　　　　　[ステップ53]

　住宅販売瑕疵担保保証金の供託又は住宅販売瑕疵担保責任保険契約の締結による資力確保措置を講ずる義務を負うのは，売主である宅建業者である（住宅瑕疵担保履行法11条1項，2項）。売主から依頼を受けた媒介業者又は買主が住宅販売瑕疵担保責任保険契約の締結をしていても，売主が住宅瑕疵担保履行法による資力確保措置を講ずる義務を負ったことにはならない。よって，本肢は誤り。

❷ **正** 宅建業者で住宅販売瑕疵担保保証金の供託をしているものは，基準日において当該住宅販売瑕疵担保保証金の額が当該基準日に係る基準額を超えることとなったときは，免許権者である国土交通大臣又は都道府県知事の承認を受けて，その超過額を取り戻すことができる（住宅瑕疵担保履行法16条，9条1項，2項）。宅建業者Aは甲県知事免許を受けているので，甲県知事の承認を受けて，その超過額を取り戻すことができる。よって，本肢は正しく，本問の正解肢となる。　　　　　　　　　　　　　　[13-10-5]

☆❸ **誤** 基準日ごとに基準日から3週間以内である。　　　　[ステップ53]

　新築住宅を引き渡した宅建業者は，基準日ごとに，当該基準日に係る住宅販売瑕疵担保保証金の供託及び住宅販売瑕疵担保責任保険契約の締結の状況について，基準日から3週間以内に，免許を受けた国土交通大臣又は都道府県知事に届け出なければならない（住宅瑕疵担保履行法12条1項，規則16条1項）。届出期間は，基準日ごとに基準日から50日以内ではない。よって，本肢は誤り。

☆❹ **誤** 買主が宅建業者である場合，資力確保措置の義務を負わない。　　　　　　　　　　　　　　　　　　　　　　　　　　　[ステップ53]

　買主が宅建業者である場合，売主である宅建業者は，住宅販売瑕疵担保保証金の供託又は住宅販売瑕疵担保責任保険契約の締結による資力確保措置を講ずる義務を負わない（住宅瑕疵担保履行法2条7項2号ロかっこ書）。買主Bは，宅建業者である。よって，本肢は誤り。

268　　LEC東京リーガルマインド　2022年版出る順宅建士 ウォーク問過去問題集②宅建業法

●第1編 宅建業法

# 住宅瑕疵担保履行法

**問134** 特定住宅瑕疵担保責任の履行の確保等に関する法律に基づく住宅販売瑕疵担保保証金の供託又は住宅販売瑕疵担保責任保険契約の締結に関する次の記述のうち、正しいものはどれか。

---

❶ 自ら売主として新築住宅を宅地建物取引業者でない買主に引き渡した宅地建物取引業者は、基準日に係る住宅販売瑕疵担保保証金の供託及び住宅販売瑕疵担保責任保険契約の締結の状況について届出をしなければ、当該基準日から起算して50日を経過した日以後、新たに自ら売主となる新築住宅の売買契約を締結してはならない。

❷ 宅地建物取引業者は、自ら売主として新築住宅を販売する場合だけでなく、新築住宅の売買の媒介をする場合においても、住宅販売瑕疵担保保証金の供託又は住宅販売瑕疵担保責任保険契約の締結を行う義務を負う。

❸ 住宅販売瑕疵担保責任保険契約は、新築住宅の買主が保険料を支払うことを約し、住宅瑕疵担保責任保険法人と締結する保険契約である。

❹ 自ら売主として新築住宅を販売する宅地建物取引業者は、住宅販売瑕疵担保保証金の供託をする場合、当該新築住宅の売買契約を締結するまでに、当該新築住宅の買主に対し、当該供託をしている供託所の所在地、供託所の表示等について記載した書面を交付し又は買主の承諾を得て電磁的方法による提供をして説明しなければならない。

(本試験 2014 年問 45 改題)

**正解肢 4**

合格者正解率 **52.1%** | 不合格者正解率 **43.2%**
受験者正解率 **49.3%**

☆❶ **誤** 新たな売買契約締結が禁止されるのは，基準日の「翌日」から起算して50日を経過した日以後である。 [ステップ53]

　新築住宅を引き渡した宅建業者は，基準日に係る資力確保措置の状況の届出をしなければ，当該基準日の「翌日」から起算して50日を経過した日以後においては，新たに自ら売主となる新築住宅の売買契約を締結してはならない（住宅瑕疵担保履行法13条）。基準日から50日ではない。よって，本肢は誤り。

☆❷ **誤** 媒介業者に資力確保の義務はない。 [ステップ53]

　宅建業者は，各基準日において，当該基準日前10年間に自ら売主となる売買契約に基づき買主に引き渡した新築住宅について，当該買主に対する特定住宅販売瑕疵担保責任の履行を確保するため，住宅販売瑕疵担保保証金の供託，又は住宅販売瑕疵担保責任保険契約の資力確保措置を講ずる義務負う（住宅瑕疵担保履行法11条1項，2項）。しかし，媒介業者には資力確保措置を講ずる義務はない。よって，本肢は誤り。

❸ **誤** 売主である宅建業者が保険料を支払う契約である。 [13-10-6]

　住宅瑕疵担保責任保険契約は，新築住宅を自ら売主として販売する宅建業者が住宅瑕疵担保責任保険法人と締結する保険契約であり，宅建業者が保険料を支払うことを約するものである（住宅瑕疵担保履行法11条2項かっこ書，2条7項1号）。新築住宅の買主が保険料を支払うわけではない。よって，本肢は誤り。

☆❹ **正** 宅建業者は，自ら売主となる新築住宅の買主に対し，当該新築住宅の売買契約を締結するまでに，その住宅販売瑕疵担保保証金の供託をしている供託所の所在地等について，これらの事項を記載した書面を交付し又は買主の承諾を得て電磁的方法による提供をして説明しなければならない（住宅瑕疵担保履行法15条，規則21条）。よって，本肢は正しく，本問の正解肢となる。 [ステップ53]

270　LEC東京リーガルマインド　2022年版出る順宅建士 ウォーク問過去問題集②宅建業法

●第1編 宅建業法

# 業務上の規制総合 特A

## 問135

宅地建物取引業者A社が行う業務に関する次の記述のうち，宅地建物取引業法（以下この問において「法」という。）の規定に違反しないものはどれか。なお，この問において「37条書面」とは，法第37条の規定により交付すべき書面をいうものとする。

❶ A社は，宅地の売買の媒介に際して，売買契約締結の直前に，当該宅地の一部に私道に関する負担があることに気付いた。既に買主（宅地建物取引業者ではないものとする）に重要事項説明を行った後だったので，A社は，私道の負担に関する追加の重要事項説明は行わず，37条書面にその旨記載し，売主及び買主の双方に交付した。

❷ A社は，営業保証金を供託している供託所及びその所在地を説明しないままに，自らが所有する宅地の売買契約が成立したので，買主（宅地建物取引業者ではないものとする）に対し，その供託所等を37条書面に記載の上，説明した。

❸ A社は，媒介により建物の貸借の契約を成立させ，37条書面を借主に交付するに当たり，37条書面に記名押印をした宅地建物取引士が不在であったことから，宅地建物取引士ではない従業員に37条書面を交付させた。

❹ A社は，宅地建物取引業者間での宅地の売買の媒介に際し，当該売買契約に契約不適合担保責任に関する特約はあったが，宅地建物取引業者間の取引であったため，当該特約の内容について37条書面への記載を省略した。

（本試験 2013年問36 改題）

| 正解チェック欄 | / | / | / |

**正解肢 3**

| 合格者正解率 | 不合格者正解率 |
|---|---|
| **96.6**% | **77.3**% |

受験者正解率 **89.1**%

☆❶ **違反する** 重要事項説明が必要である。　　　　　ステップ41

　　私道の負担に関する事項は，37条書面の記載事項ではなく，重
要事項説明の対象である（業法35条1項3号）。よって，本肢
は宅建業法に違反する。

☆❷ **違反する** 契約締結後では違反となる。　　　　　ステップ43

　　供託所等に関する説明は，契約締結前にしなければならず（業
法35条の2），契約締結後ではない。よって，本肢は宅建業法
に違反する。

☆❸ **違反しない** 37条書面への記名押印は，宅地建物取引士を　　11-2
してさせなければならないが（業法37条3項），当該書面の交
付は宅地建物取引士が行う必要はなく，他の従業者が行ってもよ
い。よって，本肢は宅建業法に違反せず，本問の正解肢となる。

☆❹ **違反する** 業者間取引であっても省略できない。　　　ステップ42

　　宅建業者は，契約不適合担保責任に関して特約がある場合，37
条書面に当該内容を記載しなければならない（業法37条1項11
号）。これは，宅建業者間の取引でも同様である（業法78条2
項参照）。よって，本肢は宅建業法に違反する。

272　LEC東京リーガルマインド　2022年版出る順宅建士 ウォーク問過去問題集②宅建業法

●第1編 宅建業法

# 業務上の規制総合

重要度 A

## 問 136

宅地建物取引業者Aの業務に関する次の記述のうち、宅地建物取引業法（以下この問において「法」という。）の規定に違反しないものはどれか。

❶ Aは、マンションの一室の賃貸借を媒介するに当たり、建物の区分所有等に関する法律第2条第3項に規定する専有部分の用途について、管理規約で「ペット飼育禁止」の制限があったが、借主（宅地建物取引業者ではないものとする）に対し、そのことに関して法第35条の重要事項の説明を行わなかった。

❷ Aは、自ら売主となり、土地付建物の売買契約を締結したが、買主（宅地建物取引業者ではないものとする）Bが当該建物の隣に住んでいるので、都市ガスが供給されることを知っているとして、Bに対し、ガスの供給に関して法第35条の重要事項の説明を行わなかった。

❸ Aは、オフィスビルの所有者Cから賃貸借の媒介を依頼されたが、過去数次にわたってCの物件について賃貸借の媒介をしていたことから、当該依頼に係る媒介契約を締結したとき、Cに対し、書面の作成及び交付を行わなかった。

❹ Aは、売主Dと買主E（宅地建物取引業者ではないものとする）との間における中古マンションの売買を媒介するに当たり、管理規約に定めのある修繕積立金をDが滞納していたが、Eに対し、そのことに関して法第35条の重要事項の説明を行わなかった。

（本試験 2003 年問 45 改題）

正解肢 **3**

| 合格者正解率 | 不合格者正解率 |
|---|---|
| **59.6%** | **30.4%** |
| 受験者正解率 **44.3%** | |

☆❶ **違反する** 制限がある場合は，貸借でも説明必要。　　ステップ41

　区分所有建物の専有部分の用途その他の利用の制限に関する規約の定め（その案を含む）があるときは，その内容を，重要事項として説明しなければならない（業法35条1項6号，規則16条の2第3号）。そして，当該規約の定めには，ペット飼育の禁止又は制限に関するものも含まれる（解釈・運用の考え方）。したがって，Aは，管理規約で「ペット飼育禁止」の制限があることについて説明する必要がある。よって，本肢は宅建業法の規定に違反する。

☆❷ **違反する** ガスの供給については説明必要。　　ステップ41

　飲用水，電気及びガスの供給ならびに排水のための施設の整備の状況については，重要事項として説明しなければならない（業法35条1項4号）。したがって，Aは，ガスの供給に関して説明をする必要がある。よって，本肢は宅建業法の規定に違反する。

☆❸ **違反しない** 宅建業者は，宅地又は建物の売買又は交換の媒　　ステップ36

介契約を締結したときは，遅滞なく，一定事項を記載した書面を作成して記名押印し，依頼者に交付しなければならない（業法34条の2第1項）。しかし，貸借の媒介契約の場合には，書面を作成して，依頼者に交付する必要はない。よって，本肢は宅建業法の規定に違反せず，本問の正解肢となる。

☆❹ **違反する** 修繕積立金の滞納についても説明必要。　　ステップ41

　区分所有建物の売買・交換契約においては，当該一棟の建物の計画的な維持修繕のための費用の積立てを行う旨の規約の定めがあるときは，その内容及び既に積立てられている額について，重要事項として説明する必要がある（業法35条1項6号，規則16条の2第6号）。そして，当該区分所有建物に関し修繕積立金についての滞納があるときは，その額を告げることとする（解釈・運用の考え方）。したがって，Aは，管理規約に定めのある修繕積立金をDが滞納していることを説明する必要がある。よって，本肢は宅建業法の規定に違反する。

274　　LEC東京リーガルマインド　2022年版出る順宅建士 ウォーク問過去問題集②宅建業法

● 第1編 宅建業法

# 業務上の規制総合

重要度 A

## 問 137

宅地建物取引業者が，その業務に関して行う次の行為のうち，宅地建物取引法の規定に違反するものはいくつあるか。

**ア** 都市計画法による市街化調整区域内の土地について，「近々，市街化区域と市街化調整区域との区分（区域区分）を定めることが都道府県の義務でなくなる。」と記載し，当該土地について，すぐにでも市街化区域に変更されるがごとく表示して広告すること

**イ** 定期建物賃貸借を媒介する場合に，宅地建物取引業法第35条に規定する重要事項の説明において，期間の定めがない旨の説明を行うこと

**ウ** 建築に関する工事の完了前において，建築基準法第6条第1項の確認を受ける必要のある建物について，その確認の申請後，確認を受ける前に，当該確認を受けることができるのは確実である旨表示して，当該建物の分譲の広告をすること

**エ** 競売開始決定がなされた自己の所有に属しない宅地について，裁判所による競売の公告がなされた後，入札前に，自ら売主として宅地建物取引業者でない者と当該宅地の売買契約を締結すること

❶ 一つ
❷ 二つ
❸ 三つ
❹ 四つ

(本試験 2001 年問 34 改題)

## 正解肢 4

合格者正解率 **69.2%** | 不合格者正解率 **40.3%**
受験者正解率 **52.5%**

☆**ア 違反する** 宅建業者は，その業務に関して広告するときは，当該広告に係る宅地又は建物の現在もしくは将来の利用の制限などに関して著しく事実に相違する表示をし，又は実際のものより著しく優良であり，もしくは有利であると人を誤認させるような表示をしてはならない（業法32条）。本肢の広告は，著しく人を誤認させるような表示である。よって，本肢は宅建業法の規定に違反する。

☆**イ 違反する** 宅建業者は，定期建物賃貸借の媒介をする場合は，重要事項の説明において，定期建物賃貸借である旨説明しなければならない（業法35条1項14号，規則16条の4の3第9号）。定期建物賃貸借は，期間の定めのある契約であるにもかかわらず，期間の定めのない旨の説明を行うことは，事実に反する説明を行うことになる。よって，本肢は宅建業法の規定に違反する。

☆**ウ 違反する** 宅建業者は，宅地の造成又は建物の建築に関する工事の完了前においては，当該工事に関し必要とされる開発許可，建築確認等があった後でなければ，当該工事に係る宅地又は建物の売買その他の業務に関する広告をしてはならない（業法33条）。したがって，建築確認を受ける前に，当該建物の分譲の広告をしてはならない。よって，本肢は宅建業法の規定に違反する。

☆**エ 違反する** 宅建業者は，自己の所有に属しない宅地又は建物について，当該宅地又は建物を取得する契約（予約を含み停止条件付のものを除く）を締結しているとき等を除き，自ら売主となる売買契約を締結してはならない（業法33条の2）。裁判所による競売の公告がなされたからといって，当該宅地を取得する契約をしたわけではない。よって，本肢は宅建業法の規定に違反する。

以上より，宅建業法に違反するものはア，イ，ウ，エの四つすべてであり，**❹**が本問の正解肢となる。

●第1編 宅建業法

# 業務上の規制総合

重要度 特A

## 問138

宅地建物取引業者Aの業務に関する次の記述のうち、宅地建物取引業法の規定によれば、正しいものはどれか。

❶ Aは、実在しない宅地について広告又は虚偽の表示を行ってはならないが、実在する宅地については、実際に販売する意思がなくても、当該宅地の広告の表示に誤りがなければ、その広告を行うことができる。

❷ Aは、新築分譲マンションを建築工事の完了前に売却する場合、建築基準法第6条第1項の確認を受ける前において、当該マンションの売買の広告及び売買契約の締結のいずれもすることはできない。

❸ 都市計画法第29条第1項の許可を必要とする宅地について、Bが開発行為を行い貸主として貸借をしようとする場合、Aは、Bがその許可を受ける前であっても、Bの依頼により当該宅地の貸借の広告をすることができるが、当該宅地の貸借の媒介をすることはできない。

❹ Aは、都市計画法第29条第1項の許可を必要とする宅地について開発行為を行いCに売却する場合、Cが宅地建物取引業者であれば、その許可を受ける前であっても当該宅地の売買の予約を締結することができる。

(本試験2007年問38出題)

| 合格者正解率 | 不合格者正解率 |
|---|---|
| **95.9**% | **77.4**% |
| 受験者正解率 **88.2**% | |

正解肢 **2**

☆❶ **誤** 販売する意思がない物件の広告不可。 『ステップ38』

　実在しない宅地や，実在しても実際に取引する意思がない宅地について広告することは，「おとり広告」に該当し，誇大広告等の禁止の対象となる（業法32条）。実在する宅地についての広告の表示に誤りがなくても同様である。したがって，Aは，本肢の広告をすることはできない。よって，本肢は誤り。

☆❷ **正** 宅建業者は，宅地の造成又は建物の建築に関する工事の完了前においては，当該工事に関し必要とされる許可・確認等があった後でなければ，当該工事に係る宅地建物の広告をしてはならず（業法33条），売買・交換の契約を締結してはならない（業法36条）。したがって，Aは，建築確認を受ける前は，広告はもとより，売買契約を締結することもできない。よって，本肢は正しく，本問の正解肢となる。 『ステップ39』『ステップ40』

☆❸ **誤** 逆である。貸借の広告はできないが，媒介はできる。 『ステップ39』『ステップ40』

　宅建業者は，宅地の造成又は建物の建築に関する工事の完了前においては，当該工事に関し必要とされる許可・確認等があった後でなければ，当該工事に係る宅地建物の広告をしてはならず（業法33条），売買・交換の契約を締結してはならない（業法36条）。したがって，Aは，当該宅地の貸借の広告はできないが，貸借の媒介はすることができる。よって，本肢は誤り。

☆❹ **誤** 宅建業者間であっても開発許可前に予約できない。 『ステップ40』『ステップ46』

　宅建業者は，宅地の造成又は建物の建築に関する工事の完了前においては，当該工事に関し必要とされる許可・確認等があった後でなければ，当該工事に係る宅地建物につき，売買・交換の契約（予約を含む）を締結してはならない（業法36条）。よって，本肢は誤り。

278　LEC東京リーガルマインド　2022年版出る順宅建士 ウォーク問過去問題集②宅建業法

●第1編 宅建業法

# 業務上の規制総合

重要度 A

## 問139

宅地建物取引業法に関する次の記述のうち、正しいものはいくつあるか。なお、取引の相手方は宅地建物取引業者ではないものとする。

**ア** 宅地建物取引業者は、自己の所有に属しない宅地又は建物についての自ら売主となる売買契約を締結してはならないが、当該売買契約の予約を行うことはできる。

**イ** 宅地建物取引業者は、自ら売主となる宅地又は建物の売買契約において、その目的物の契約不適合を担保すべき責任に関し、取引の相手方が同意した場合に限り、目的物が契約不適合である旨の通知をすべき期間を当該宅地又は建物の引渡しの日から1年とする特約を有効に定めることができる。

**ウ** 宅地建物取引業者は、いかなる理由があっても、その業務上取り扱ったことについて知り得た秘密を他に漏らしてはならない。

**エ** 宅地建物取引業者は、宅地建物取引業に係る契約の締結の勧誘をするに際し、その相手方に対し、利益を生ずることが確実であると誤解させるべき断定的判断を提供する行為をしてはならない。

❶ 一つ
❷ 二つ
❸ 三つ
❹ なし

(本試験 2019 年問 27 改題)

正解肢 **1**

| 合格者正解率 | 不合格者正解率 |
|---|---|
| **71.6**% | **38.1**% |
| 受験者正解率 **61.3**% | |

**ア 誤** 宅建業者は他人物売買の予約もしてはならない。 ステップ51

　宅建業者は，自己の所有に属しない宅地又は建物について，自ら売主となる売買契約（予約を含む。）を締結してはならない（業法33条の2）。したがって，当該売買契約の予約も行うことはできない。よって，本肢は誤り。

**☆イ 誤** 責任追及期間が引渡しの日から2年以上なければ無効の特約となる。 ステップ52

　契約不適合担保責任に関し，契約不適合である旨の通知期間を目的物の引渡しの日から2年以上となる特約をすることはできる（業法40条1項）。この規定に反する特約は無効となる（業法40条2項）。したがって，取引の相手方が同意しても，契約不適合である旨の通知期間を宅地又は建物の引渡しの日から1年とする特約は無効となる。よって，本肢は誤り。

**☆ウ 誤** 正当な理由があれば守秘義務違反とならない。 ステップ44

　宅建業者は，正当な理由がある場合でなければ，その業務上取り扱ったことについて知り得た秘密を他に漏らしてはならない（業法45条）。したがって，正当な理由がある場合は，業務上取り扱ったことについて知り得た秘密を他に漏らしても守秘義務に違反しない。よって，本肢は誤り。

**☆エ 正** 宅建業者等は，宅建業に係る契約の締結の勧誘をするに際し，宅建業者の相手方等に対し，利益を生ずることが確実であると誤解させるべき断定的判断を提供する行為をしてはならない（業法47条の2第1項）。よって，本肢は正しい。 ステップ45

　以上より，正しいものはエの一つであり，**❶**が本問の正解肢となる。

●第1編 宅建業法

# 業務上の規制総合

## 問140

宅地建物取引業者Aが行う建物の売買又は売買の媒介に関する次の記述のうち、宅地建物取引業法の規定に違反しないものはどれか。

❶ Aは、建物の売買の媒介に際し、買主に対して手付の貸付けを行う旨を告げて契約の締結を勧誘したが、売買契約は成立しなかった。

❷ 建物の売買の媒介に際し、買主から売買契約の申込みを撤回する旨の申出があったが、Aは、申込みの際に受領した預り金を既に売主に交付していたため、買主に返還しなかった。

❸ Aは、自ら売主となる建物（代金5,000万円）の売買に際し、あらかじめ買主の承諾を得た上で、代金の30％に当たる1,500万円の手付金を受領した。

❹ Aは、自ら売主として行う中古建物の売買に際し、当該建物の契約不適合担保責任について、買主が契約不適合である旨の通知をすべき期間を引渡しの日から2年間とする特約をした。

(本試験2009年問40改題)

| 合格者正解率 | 不合格者正解率 |
|:---:|:---:|
| **98.6%** | **89.2%** |

受験者正解率 **95.7%**

正解肢 **4**

☆**❶** **違反する**　手付の貸付けによって契約締結を勧誘してはならない。 ｜ステップ45

　宅建業者は，その業務に関して，手付について貸付けその他信用の供与をすることにより，契約の締結を誘引する行為をしてはならない（業法47条3号）。誘引するだけで宅建業法違反となり，契約が成立したかどうかは関係ない。よって，本肢は宅建業法の規定に違反する。

☆**❷** **違反する**　申込み撤回の場合，預り金は買主に返還しなければならない。 ｜ステップ45

　宅建業者は，相手方等が契約の申込みの撤回を行うに際し，既に受領した預り金を返還することを拒んではならない（業法47条の2第3項，規則16条の12第2号）。よって，本肢は宅建業法の規定に違反する。

☆**❸** **違反する**　代金の10分の2を超える額の手付金は受領できない。 ｜ステップ48

　宅建業者が自ら売主となる場合，原則として，代金の額の10分の2を超える額の手付を受領することはできない（業法39条1項）。買主の承諾を得ていたとしても同様である。よって，本肢は宅建業法の規定に違反する。

☆**❹** **違反しない**　宅建業者が自ら売主となる場合において，契約不適合担保責任については，民法の規定よりも買主に不利となる特約をしてはならないが，契約不適合である旨の通知期間を引渡しから2年以上とする特約は，例外的に認められる（業法40条1項）。よって，本肢は宅建業法の規定に違反せず，本問の正解肢となる。 ｜ステップ52

282　LEC東京リーガルマインド　2022年版出る順宅建士 ウォーク問過去問題集②宅建業法

● 第1編 宅建業法

# 業務上の規制総合

## 問141

宅地建物取引業者Ａ社による投資用マンションの販売の勧誘に関する次の記述のうち、宅地建物取引業法の規定に違反するものはいくつあるか。

**ア** Ａ社の従業員は、勧誘に先立ってＡ社の商号及び自らの氏名を告げてから勧誘を行ったが、勧誘の目的が投資用マンションの売買契約の締結である旨を告げなかった。

**イ** Ａ社の従業員は、「将来、南側に5階建て以上の建物が建つ予定は全くない。」と告げ、将来の環境について誤解させるべき断定的判断を提供したが、当該従業員には故意に誤解させるつもりはなかった。

**ウ** Ａ社の従業員は、勧誘の相手方が金銭的に不安であることを述べたため、売買代金を引き下げ、契約の締結を誘引した。

**エ** Ａ社の従業員は、勧誘の相手方から、「午後3時に訪問されるのは迷惑である。」と事前に聞いていたが、深夜でなければ迷惑にはならないだろうと判断し、午後3時に当該相手方を訪問して勧誘を行った。

❶ 一つ
❷ 二つ
❸ 三つ
❹ 四つ

(本試験 2012 年問 41 出題)

| 正解肢 **3** | 合格者正解率 **78.4**% | 不合格者正解率 **53.3**% |
| --- | --- | --- |
| | 受験者正解率 **69.7**% | |

**ア 違反する** 勧誘の目的を告げなければならない。　12-3-7

　宅建業者の従業員は，宅建業に係る契約の締結の勧誘をするに際し，宅建業者の相手方などに対し，当該勧誘に先立って宅建業者の商号又は名称及び当該勧誘を行う者の氏名ならびに当該契約の締結について勧誘をする目的である旨を告げなければならない（業法47条の2第3項，規則16条の12第1号ハ）。よって，本肢は宅建業法の規定に違反する。

☆**イ 違反する** 過失であっても，断定的判断を提供してはならない。　ステップ45

　宅建業者は，宅建業に係る契約の締結の勧誘をするに際し，宅建業者の相手方などに対し，当該契約の目的物である宅地又は建物の将来の環境又は交通その他の利便について誤解させるべき断定的判断を提供してはならない（業法47条の2第3項，規則16条の12第1号イ）。本肢の説明は，将来の環境について誤解をさせるべき断定的判断の提供にあたる。よって，本肢は宅建業法の規定に違反する。

☆**ウ 違反しない** 宅建業者は，手付について貸付その他信用の供与をすることにより，契約の締結を誘引してはならない（業法47条3号）。手付についての信用の供与とは，契約締結の際，手付けについて金銭等の有価物の現実の交付を後日に期することをいい，売買代金の引き下げは，これに当たらない。よって，本肢は宅建業法の規定に違反しない。　ステップ45

☆**エ 違反する** 迷惑を覚えさせるような時間に訪問してはならない。　12-3-7

　宅建業者は，宅建業に係る契約の締結の勧誘をするに際し，宅建業者の相手方などに対し，迷惑を覚えさせるような時間に電話し，又は訪問してはならない（業法47条の2第3項，規則16条の12第1号ホ）。よって，本肢は宅建業法の規定に違反する。

　以上より，宅建業法の規定に違反するのはア，イ，エの三つであり，**❸**が本問の正解肢となる。

●第1編　宅建業法

# 業務上の規制総合

重要度 A

**問142**

宅地建物取引業者A社が，自ら売主として宅地建物取引業者でない買主Bと宅地の売買について交渉を行う場合における次の記述のうち，宅地建物取引業法（以下この問において「法」という。）の規定に違反しないものはどれか。なお，この問において，「重要事項説明」とは，法第35条の規定に基づく重要事項の説明を，「37条書面」とは，法第37条の規定により交付すべき書面をいうものとする。

---

❶ Bは，買受けの申込みを行い，既に申込証拠金を払い込んでいたが，申込みを撤回することとした。A社は，既にBに重要事項説明を行っていたため，受領済みの申込証拠金については，解約手数料に充当するとして返還しないこととしたが，申込みの撤回には応じた。

❷ Bは，事業用地として当該宅地を購入する資金を金融機関から早急に調達する必要があったため，重要事項説明に先立って37条書面の交付を行うようA社に依頼した。これを受け，A社は，重要事項説明に先立って契約を締結し，37条書面を交付した。

❸ Bは，当該宅地を購入するに当たり，A社のあっせんを受けて金融機関から融資を受けることとした。この際，A社は，重要事項説明において当該あっせんが不調に終わるなどして融資が受けられなくなった場合の措置について説明をし，37条書面へも当該措置について記載することとしたが，融資額や返済方法等のあっせんの内容については，37条書面に記載するので，重要事項説明に係る書面への記載は省略することとした。

❹ Bは，契約するかどうかの重要な判断要素の1つとして，当該宅地周辺の将来における交通整備の見通し等についてA社に確認した。A社は，将来の交通整備について新聞記事を示しながら，「確定はしていないが，当該宅地から徒歩2分のところにバスが運行するという報道がある」旨を説明した。

（本試験 2012 年問 32 出題）

**正解肢 4**

| 合格者正解率 | 不合格者正解率 |
|---|---|
| **44.5**% | **30.2**% |
| 受験者正解率 **39.5**% | |

☆❶ **違反する** 申込みの撤回の際，預り金の返還を拒んではならない。 ［ステップ45］

宅建業者は，相手方が申込みの撤回を行う際に，既に受領した預り金を返還することを拒んではならない（業法47条の2第3項，規則16条の12第2号）。重要事項の説明を終えているという理由で申込証拠金等の預り金を解約手数料に充当することは，預り金の返還を拒むことに該当する。よって，本肢は宅建業法の規定に違反する。

☆❷ **違反する** 重要事項の説明は契約が成立する前に行わなければならない。 ［ステップ41］

宅建業者は，契約が成立するまでの間に，重要事項を説明し，これを記載した書面を交付しなければならない（業法35条1項）。早急に資金を調達するという必要に迫られていても，重要事項を説明する前に契約を締結することは認められていない。よって，本肢は宅建業法の規定に違反する。

☆❸ **違反する** 金銭の貸借のあっせんは重要事項の説明に係る書面の記載事項。 ［ステップ42］

代金等に関する金銭の貸借をあっせんすることとした場合，あっせんの内容と当該あっせんが不成立のときの措置を，重要事項として説明し，重要事項説明に係る書面に記載しなければならない（業法35条1項12号）。そして，契約成立後，37条書面において，当該あっせんが不成立の場合の措置を記載しなければならない（業法37条1項9号）。重要事項説明に係る書面にはあっせんの内容と不成立のときの措置を記載することが義務付けられているのに対し，37条書面では不成立のときの措置だけを記載すれば足りることとされている。よって，本肢は宅建業法の規定に違反する。

❹ **違反しない** 契約の目的物である宅地又は建物の将来の環境又は交通その他の利便について誤解させるべき断定的判断を提供することは禁止されている（業法47条の2第3項，規則16条の12第1号イ）。交通の整備の見通しについて「確定はしていないが，…報道がある」と報道内容を説明する程度では断定的判断を提供したとはいえない。よって，本肢は宅建業法の規定に違反せず，本問の正解肢となる。 ［ステップ45］

●第1編　宅建業法

# 業務上の規制総合

重要度 A

**問143**

宅地建物取引業者でないAが，A所有のマンションをBの媒介によりCに売却し，その後CがDに転売した場合の特約に関する次の記述のうち，宅地建物取引業法の規定によれば，正しいものはどれか。なお，B，C及びDは，宅地建物取引業者であるものとする。

❶ AB間において専任媒介契約を締結した場合において，「有効期間は1年とする」旨の特約は無効であり，有効期間の定めのない契約とみなされる。

❷ AC間及びCD間のそれぞれの売買契約において，「買主が契約不適合担保責任を追及するためのその不適合を売主に通知すべき期間をマンション引渡しの日から1年とする」旨の特約をしても，その特約は，CD間では有効であるが，AC間では無効である。

❸ AC間及びCD間のそれぞれの売買契約において，「違約金の額を代金の額の3割とする」旨の特約をしても，その特約は，それぞれ代金の額の2割を超える部分については無効である。

❹ AC間及びCD間のそれぞれの売買契約において，「契約締結日から5日間に限り損害賠償又は違約金の支払いをすることなく契約を解除することができる」旨の特約をしても，宅地建物取引業法に違反しない。

(本試験 1996 年問 48 出題)

| 正解 チェック 欄 | / | / | / |

正解肢 **4**

| 合格者正解率 | 不合格者正解率 |
|---|---|
| ― | ― |

受験者正解率 　―

☆**❶** 誤　有効期間は３カ月となる。 ステップ35

　　売買の専任媒介契約の有効期間は３カ月を超えることができ
ず，これより長い期間を定めた場合には，有効期間は３カ月とな
る（業法34条の２第３項）。よって，本肢は誤り。

☆**❷** 誤　ＣＤ間でもＡＣ間でも有効。 ステップ46

　　ＡＣ間の売買契約は売主Ａが宅建業者ではなく，ＣＤ間の売買契
約は宅建業者間取引であるため，いずれの売買契約にも自ら売主制
限は適用されない（業法78条２項）。したがって，契約内容に不
適合である旨の通知をすべき期間を引渡しの日から１年とする特約
は，民法の規定（民法566条）よりも買主に不利な特約ではあるが，
いずれの売買契約においても有効である（業法40条）。よって，
本肢は誤り。

☆**❸** 誤　ＣＤ間でもＡＣ間でも有効。 ステップ46

　　ＡＣ間の売買契約は売主Ａが宅建業者ではなく，ＣＤ間の売買
契約は宅建業者間取引であるため，いずれの売買契約にも自ら売
主制限は適用されない（業法78条２項）。したがって，いずれ
の売買契約においても，違約金の額が代金の額の10分の２を超
える特約は有効である（業法38条）。よって，本肢は誤り。

☆**❹** 正　ＡＣ間の売買契約は売主Ａが宅建業者ではなく，ＣＤ間 ステップ46
の売買契約は宅建業者間取引であるため，いずれの売買契約にも
クーリング・オフ等の自ら売主制限は適用されない（業法78条
２項）。したがって，それぞれの売買契約において，解除につい
て本肢のような特約をしても，宅建業法に違反しない（業法37
条の２）。よって，本肢は正しく，本問の正解肢となる。

**POINT**

　　自ら売主規制の対象となるのは，売主が宅建業者で，買主が宅
建業者以外の場合に限られる。本問のような問題は必ず図を描い
て解こう。

●第1編 宅建業法

# 業務上の規制総合

重要度 特A

## 問144

宅地建物取引業法（以下この問において「法」という。）に関する次の記述のうち，誤っているものはどれか。

❶ 宅地建物取引業者でない売主と宅地建物取引業者である買主が，媒介業者を介さず宅地の売買契約を締結する場合，法第35条の規定に基づく重要事項の説明義務を負うのは買主の宅地建物取引業者である。

❷ 建物の管理が管理会社に委託されている当該建物の賃貸借契約の媒介をする宅地建物取引業者は，当該建物が区分所有建物であるか否かにかかわらず，その管理会社の商号又は名称及びその主たる事務所の所在地を，宅地建物取引業者ではない借主に説明しなければならない。

❸ 区分所有建物の売買において，売主及び買主が宅地建物取引業者である場合，当該売主は当該買主に対し，当該一棟の建物に係る計画的な維持修繕のための修繕積立金積立総額及び売買の対象となる専有部分に係る修繕積立金額及び滞納があることについての説明はしなくてもよい。

❹ 区分所有建物の売買において，売主及び買主が宅地建物取引業者である場合，当該売主は当該買主に対し，法第35条の2に規定する供託所等の説明をする必要はない。

（本試験 2013 年問 29 改題）

正解肢 1

合格者正解率 **83.9%** 　不合格者正解率 **73.8%**
受験者正解率 **80.0%**

☆❶ **誤** 売主に対して重要事項説明は不要。　　　　　　　　　　　ステップ41

　宅建業者は，宅建業者の相手方等に対して，その者が取得し，又は借りようとしている宅地又は建物に関して法第35条の規定に基づく重要事項を説明しなければならない。したがって，買主である宅建業者が売主に対して重要事項の説明をする必要はない。よって，本肢は誤りであり，本問の正解肢となる。

☆❷ **正** 建物の管理が管理会社に委託されている当該建物の賃貸借契約の媒介をする宅建業者は，当該建物が区分所有建物であるか否かにかかわらず，その管理会社の商号又は名称及びその主たる事務所の所在地を，借主に説明しなければならない（業法35条1項6号，14号，規則16条の2第8号，規則16条の4の3第12号）。よって，本肢は正しい。　　　　　　　　　　　10-3

☆❸ **正** 買主が宅建業者である場合，重要事項の説明は不要である（業法35条6項）。よって本肢は正しい。　　　　　　　　　ステップ41

☆❹ **正** 法35条の2に規定する供託所の説明は，買主が宅建業者である場合には，省略することができる（業法35条の2）。よって本肢は正しい。　　　　　　　　　　　　　　　　　　　　　　ステップ43

● 第1編 宅建業法

# 報酬額の制限

重要度 特A

**問145**

宅地建物取引業者A（消費税課税事業者）が売主B（消費税課税事業者）からB所有の土地付建物の媒介の依頼を受け，買主Cとの間で売買契約を成立させた場合，AがBから受領できる報酬の上限額は，次のうちどれか。なお，土地付建物の代金は6,600万円（うち，土地代金は4,400万円）で，消費税額及び地方消費税額を含むものとする。

❶ 1,980,000円
❷ 2,046,000円
❸ 2,178,000円
❹ 2,244,000円

（本試験 2009年問41 改題）

| 正解肢 3 | 合格者正解率 | 不合格者正解率 |
|---|---|---|
| | **65.5**% | **36.7**% |
| | 受験者正解率 **56.7**% | |

代金に消費税及び地方消費税が含まれているときは，これを含まない価格を報酬額の算定の基礎とする（業法46条，報酬告示第2）。ただし，土地の代金には課税されないため，本問の場合，建物の代金のみから消費税及び地方消費税を除けばよく，(2,200万円÷1.1)＋4,400万円＝6,400万円が基礎となる。そして，Aは消費税の課税事業者であることから，報酬額の上限は，(6,400万円×3％＋6万円)×1.1＝217万8,000円となる。よって，❸が本問の正解肢となる。

●第1編　宅建業法

# 報酬額の制限

重要度 A

**問146**

宅地建物取引業者A（消費税課税事業者）は貸主Bから建物の貸借の媒介の依頼を受け，宅地建物取引業者C（消費税課税事業者）は借主Dから建物の貸借の媒介の依頼を受け，BとDの間での賃貸借契約を成立させた。この場合における次の記述のうち，宅地建物取引業法（以下この問において「法」という。）の規定によれば，正しいものはどれか。なお，1か月分の借賃は9万円（消費税等相当額を含まない。）である。

❶ 建物を店舗として貸借する場合，当該賃貸借契約において200万円の権利金（権利設定の対価として支払われる金銭であって返還されないものをいい，消費税等相当額を含まない。）の授受があるときは，A及びCが受領できる報酬の限度額の合計は220,000円である。

❷ AがBから49,500円の報酬を受領し，CがDから49,500円の報酬を受領した場合，AはBの依頼によって行った広告の料金に相当する額を別途受領することができない。

❸ Cは，Dから報酬をその限度額まで受領できるほかに，法第35条の規定に基づく重要事項の説明を行った対価として，報酬を受領することができる。

❹ 建物を居住用として貸借する場合，当該賃貸借契約において100万円の保証金（Dの退去時にDに全額返還されるものとする。）の授受があるときは，A及びCが受領できる報酬の限度額の合計は110,000円である。

（本試験2017年問26改題）

☆❶ **正** 居住用建物以外の建物の貸借で権利金の授受があるものの媒介の場合、1ヵ月分の借賃と、権利金の額を売買代金の額とみなして算出した額とを比較して、高いほうが限度額となる（報酬告示第6）。したがって、Aは貸主から、Cは借主からそれぞれ、権利金から算出される額（200万円×5％）×1.1＝11万円を限度として報酬を受け取ることができる。したがって、その合計額である22万円がA及びCの受領できる報酬の限度額となる。よって、本肢は正しく、本問の正解肢となる。 ステップ57

☆❷ **誤** 依頼者からの依頼があれば、報酬とは別に広告料金を請求することができる。 ステップ58

宅建業者は、依頼者に報酬とは別に広告料金を請求することはできない。ただし、依頼者の依頼によって行う広告料金については、報酬とは別に受領することができる（業法46条1項、2項、報酬告示第9）。よって、本肢は誤り。

☆❸ **誤** 報酬とは別に、重要事項説明を行った対価を受領することはできない。 ステップ58

宅建業者は、依頼者の依頼によって行う広告料金以外は報酬とは別に請求することはできない（業法46条1項、2項、報酬告示第9）。また、依頼者の特別の依頼によって支出する特別の費用に相当する額の金銭で事前に依頼者の承諾のあるものについても報酬とは別に受領することができると考えられているが、重要事項説明書等の書面の作成費用はそれに該当しない。よって、本肢は誤り。

☆❹ **誤** 居住用建物の場合、権利金による算出はできない。また、退去時に返還される金銭（保証金等）の額を基にした算出はできない。 ステップ57

宅地又は建物（居住用建物を除く。）の貸借で権利金の授受があるものの媒介の場合、1ヵ月分の借賃と、権利金の額を売買代金の額とみなして算出した額とを比較して、高いほうが限度額となる（報酬告示第6）。しかし、居住用建物の場合、その方法によることはできない。また、本肢の場合は授受されている金銭が、保証金（退去時に全額借主に返還するもの）であり、権利金の授受がある場合の方法によることはできない。したがって、本肢の場合、A及びCが受領できる限度額の合計は、1ヵ月分の借賃に消費税等の額を加えた9万9,000円となる。よって、本肢は誤り。

●第1編　宅建業法

# 報酬額の制限

重要度 特A

**問147**

宅地建物取引業者A（消費税課税事業者）は、Bが所有する建物について、B及びCから媒介の依頼を受け、Bを貸主、Cを借主とし、1か月分の借賃を10万円（消費税等相当額を含まない。）、CからBに支払われる権利金（権利設定の対価として支払われる金銭であって返還されないものであり、消費税等相当額を含まない。）を150万円とする定期建物賃貸借契約を成立させた。この場合における次の記述のうち、宅地建物取引業法の規定によれば、正しいものはどれか。

❶ 建物が店舗用である場合、Aは、B及びCの承諾を得たときは、B及びCの双方からそれぞれ11万円の報酬を受けることができる。

❷ 建物が居住用である場合、Aが受け取ることができる報酬の額は、CからBに支払われる権利金の額を売買に係る代金の額とみなして算出される16万5,000円が上限となる。

❸ 建物が店舗用である場合、Aは、Bからの依頼に基づくことなく広告をした場合でも、その広告が賃貸借契約の成立に寄与したときは、報酬とは別に、その広告料金に相当する額をBに請求することができる。

❹ 定期建物賃貸借契約の契約期間が終了した直後にAが依頼を受けてBC間の定期建物賃貸借契約の再契約を成立させた場合、Aが受け取る報酬については、宅地建物取引業法の規定が適用される。

（本試験 2018 年問 30 改題）

| 合格者正解率 | 不合格者正解率 |
|---|---|
| **89.0%** | **69.5%** |

受験者正解率 **80.4%**

**正解肢 4**

☆**❶** **誤** **双方から11万円を受領することはできない。** ステップ57

居住用建物以外の賃貸借で，権利金等の授受がある場合には，権利金等の額を売買代金とみなして報酬計算した額と1カ月分の借賃とを比較して，高いほうが報酬限度額となる（業法46条，報酬告示第4，第6）。本肢の場合，権利金を基準とすると（150万円×5％）7万5,000円をB及びCから受領でき，合計は15万円となる。これは借賃1カ月分の10万円よりも高い。しかし，この7万5,000円に消費税を上乗せしても7万5,000円×1.1＝8万2,500円となるので，B及びCから11万円の報酬を受けることはできない。よって，本肢は誤り。なお，本肢の11万円は，借賃に消費税を上乗せした額であるが，借賃を基準とする報酬を当事者双方から受領することはできない。

☆**❷** **誤** **居住用建物の場合，権利金を基準とできない。** ステップ57

居住用建物の場合，そもそも権利金を基準として報酬額を算出することはできない（報酬告示第6）。よって，本肢は誤り。

☆**❸** **誤** **依頼者の依頼がなければ，広告料金を請求できない。** ステップ58

宅建業者は，依頼者の依頼がなければ，報酬とは別に広告料金を請求することはできない（業法46条，報酬告示第9）。寄与の有無は影響しない。よって，本肢は誤り。

☆**❹** **正** 定期建物賃貸借の再契約に関して宅建業者が受けることのできる報酬についても，新規の契約と同様に宅建業法及び告示の規定が適用される（業法46条，報酬告示第4，解釈・運用の考え方）。よって，本肢は正しく，本問の正解肢となる。

●第1編 宅建業法

# 報酬額の制限

**重要度 A**

## 問 148

宅地建物取引業者A及びB（ともに消費税課税事業者）が受領した報酬に関する次の記述のうち、宅地建物取引業法の規定に違反するものの組合せはどれか。なお、この問において「消費税等相当額」とは、消費税額及び地方消費税額に相当する金額をいうものとする。

**ア** 土地付新築住宅（代金3,000万円。消費税等相当額を含まない。）の売買について、Aは売主から代理を、Bは買主から媒介を依頼され、Aは売主から211万2,000円を、Bは買主から105万6,000円を報酬として受領した。

**イ** Aは、店舗用建物について、貸主と借主双方から媒介を依頼され、借賃1か月分20万円(消費税等相当額を含まない。)、権利金500万円（権利設定の対価として支払われる金銭であって返還されないもので、消費税等相当額を含まない。）の賃貸借契約を成立させ、貸主と借主からそれぞれ22万5,000円を報酬として受領した。

**ウ** 居住用建物（借賃1か月分10万円）について、Aは貸主から媒介を依頼され、Bは借主から媒介を依頼され、Aは貸主から8万円、Bは借主から5万5,000円を報酬として受領した。なお、Aは、媒介の依頼を受けるに当たって、報酬が借賃の0.55か月分を超えることについて貸主から承諾を得ていた。

❶ ア、イ
❷ イ、ウ
❸ ア、ウ
❹ ア、イ、ウ

(本試験 2015年問33改題)

正解肢 **3**

| 合格者正解率 | 不合格者正解率 |
|---|---|
| **63.8**% | **35.2**% |

受験者正解率 **54.0**%

☆**ア 違反する** 複数業者の場合も業者1人分の報酬が限度となる。

ステップ54
ステップ55

　売買の媒介を行ったBが受領できる報酬の限度額は，(3,000万円×3％＋6万円)×1.1＝105万6,000円となる(報酬告示第2)。また，売買の代理を行ったAが受領できる報酬の限度額は，105万6,000円×2＝211万2,000円となる(報酬告示第3)。そして，複数の宅建業者が関与する場合，宅建業者全員の受領する報酬総額は，1人の宅建業者に依頼した場合の報酬限度額内でなければならない。本件では，AとBは合計316万8,000円の報酬を受領しているが，これは報酬総額の限度額である211万2,000円を超過している。よって，本肢は宅建業法の規定に違反する。

☆**イ 違反しない** 店舗用建物の貸借で権利金の授受があるものの媒介の場合，1ヵ月分の借賃と，権利金の額を売買代金の額とみなして算出した額とを比較して，高いほうが限度額となる(報酬告示第6)。したがって，Aは，貸主と借主それぞれから，権利金から算出される額(500万円×3％＋6万円)×1.1＝23万1,000円を限度として報酬を受け取ることができる。よって，本肢は宅建業法の規定に違反しない。

ステップ57

☆**ウ 違反する** 複数業者の場合も業者1人分の報酬が限度となる。

ステップ55
ステップ57

　居住用建物の貸借の媒介を行う場合，依頼者の双方から受領できる報酬額の合計は，借賃1ヵ月分が限度となる(報酬告示第4)。また，複数の宅建業者が関与する場合，宅建業者全員の受領する報酬総額は，1人の宅建業者に依頼した場合の報酬限度額内でなければならない。本件では，AとBは合計13万5,000円の報酬を受領しているが，これは報酬総額の限度額10万円×1.1＝11万円を超過している。よって，本肢は宅建業法の規定に違反する。

　以上より，宅建業法の規定に違反するものはア，ウであり，**❸**が本問の正解肢となる。

●第1編　宅建業法

# 報酬額の制限

**問149**　宅地建物取引業者A及び宅地建物取引業者B（ともに消費税課税事業者）が受領する報酬に関する次の記述のうち、宅地建物取引業法の規定によれば、正しいものはどれか。なお、借賃には消費税等相当額を含まないものとする。

❶　Aは売主から代理の依頼を、Bは買主から媒介の依頼を、それぞれ受けて、代金5,000万円の宅地の売買契約を成立させた場合、Aは売主から343万2,000円、Bは買主から171万6,000円、合計で514万8,000円の報酬を受けることができる。

❷　Aが単独で行う居住用建物の貸借の媒介に関して、Aが依頼者の一方から受けることができる報酬の上限額は、当該媒介の依頼者から報酬請求時までに承諾を得ている場合には、借賃の1.1か月分である。

❸　Aが単独で貸主と借主の双方から店舗用建物の貸借の媒介の依頼を受け、1か月の借賃25万円、権利金330万円（権利設定の対価として支払われるもので、返還されないものをいい、消費税等相当額を含む。）の賃貸借契約を成立させた場合、Aが依頼者の一方から受けることができる報酬の上限額は、30万8,000円である。

❹　Aが単独で行う事務所用建物の貸借の媒介に関し、Aが受ける報酬の合計額が借賃の1.1か月分以内であれば、Aは依頼者の双方からどのような割合で報酬を受けてもよく、また、依頼者の一方のみから報酬を受けることもできる。

（本試験2020年10月問30出題）

正解肢 **4**

| | 合格者正解率 | 不合格者正解率 |
|---|---|---|
| | **76.2**% | **61.5**% |
| 受験者正解率 | **70.1**% | |

☆**❶ 誤** 合計では343万2,000円が報酬額の上限となる。

売買の媒介・代理において複数の宅建業者が受領できる報酬の合計額は，売買の媒介に関する報酬の額の2倍を超えてはならない（業法46条1項，2項，報酬告示第2，3）。A及びBが受領できる合計報酬額は，（5,000万円×3％＋6万円）×2×1.1＝343万2,000円を超えてはならない。よって，本肢は誤り。

ステップ54
ステップ55
ステップ56

☆**❷ 誤** 媒介の依頼を受けるに当たって依頼者の承諾を得ている場合である。

居住の用に供する建物の賃貸借の媒介に関して依頼者の一方から受けることのできる報酬の額は，当該媒介の依頼を受けるに当たって当該依頼者の承諾を得ている場合を除き，借賃の1カ月分の2分の1に相当する金額以内（消費税等を除く。）とする。当該媒介の依頼を受けるに当たって当該依頼者の承諾を得ている場合は，借賃の1カ月分の1.1倍（消費税等を含む。）に相当する金額以内となる（業法46条1項，2項，報酬告示第4）。当該媒介の依頼者から報酬請求時までに承諾を得ている場合ではない。よって，本肢は誤り。

ステップ57

☆**❸ 誤** 報酬の上限額は27万5,000円である。

宅地又は建物（居住の用に供する建物を除く。）の賃貸借で権利金の授受がある場合は，当該権利金の額（当該貸借に係る消費税等相当額を含まないものとする。）を売買に係る代金の額とみなして報酬の計算をすることもできる（業法46条1項，2項，報酬告示第6）。本肢において，消費税等を除いた権利金の額は300万円であるから，（300万円×4％＋2万円）×1.1＝15万4,000円が権利金による報酬の上限額となる。この金額と1カ月分の借賃と比べて多い方の金額が，Aが依頼者の一方から受けることができる報酬の上限額となる。1カ月分の借賃は25万円であるから，27万5,000円（消費税等を含む。）が，Aが依頼者の一方から受けることができる報酬の上限額となる。よって，本肢は誤り。

ステップ57
ステップ54

☆**❹ 正** 宅建業者が宅地又は建物の貸借の媒介に関して依頼者の双方から受けることのできる報酬の額は，当該宅地又は建物の借賃の1カ月分の1.1倍に相当する金額以内とする（業法46条1項，2項，報酬告示第4）。Aが受ける報酬の合計額がこの金額以内であれば，Aは依頼者の双方からどのような割合で報酬を受けてもよく，また，依頼者の一方のみから報酬を受けることもできる。よって，本肢は正しく，本問の正解肢となる。

ステップ57

300　LEC東京リーガルマインド　2022年版出る順宅建士 ウォーク問過去問題集②宅建業法

●第1編 宅建業法

# 監督・罰則

## 問150

宅地建物取引業法（以下この問において「法」という。）の規定に基づく監督処分及び罰則に関する次の記述のうち，正しいものはいくつあるか。

**ア** 宅地建物取引業者A（国土交通大臣免許）が甲県内における業務に関し，法第37条に規定する書面を交付していなかったことを理由に，甲県知事がAに対して業務停止処分をしようとするときは，あらかじめ，内閣総理大臣に協議しなければならない。

**イ** 乙県知事は，宅地建物取引業者B（乙県知事免許）に対して指示処分をしようとするときは，聴聞を行わなければならず，聴聞の期日における審理は，公開により行わなければならない。

**ウ** 丙県知事は，宅地建物取引業者C（丙県知事免許）が免許を受けてから1年以内に事業を開始しないときは，免許を取り消さなければならない。

**エ** 宅地建物取引業者D（丁県知事免許）は，法第72条第1項の規定に基づき，丁県知事から業務について必要な報告を求められたが，これを怠った。この場合，Dは50万円以下の罰金に処せられることがある。

**❶** 一つ
**❷** 二つ
**❸** 三つ
**❹** 四つ

（本試験 2019 年問 29 出題）

正解肢 **3**

| 合格者正解率 | 不合格者正解率 |
|---|---|
| **44.6%** | **27.3%** |
| 受験者正解率 **39.2%** | |

**ア 誤** 内閣総理大臣に協議する必要はない。

国土交通大臣は，その免許を受けた宅建業者が37条等の規定に違反した場合において，指示処分，業務停止処分又は免許取消処分をしようとするときは，あらかじめ，内閣総理大臣に協議しなければならない（業法71条の2第1項）。しかし，免許権者が国土交通大臣であっても，業務地の都道府県知事が指示処分又は業務停止処分をする場合は，あらかじめ，内閣総理大臣に協議する必要はない。よって，本肢は誤り。

☆**イ 正** 国土交通大臣又は都道府県知事は，指示処分又は業務停止処分をしようとするときは，行政手続法13条1項の規定による意見陳述のための手続の区分にかかわらず，聴聞を行わなければならない（業法69条1項）。また，聴聞の期日における審理は，公開により行わなければならない（業法69条2項，16条の15第5項）。よって，本肢は正しい。

☆**ウ 正** 国土交通大臣又は都道府県知事は，その免許を受けた宅建業者が免許を受けてから1年以内に事業を開始せず，又は引き続いて1年以上事業を休止したときは，当該免許を取り消さなければならない（業法66条1項6号）。よって，本肢は正しい。

**エ 正** 国土交通大臣は，宅建業を営むすべての者に対して，都道府県知事は，当該都道府県の区域内で宅建業を営む者に対して，宅建業の適正な運営を確保するため必要があると認めるときは，その業務について必要な報告を求め，又はその職員に事務所その他その業務を行う場所に立ち入り，帳簿，書類その他業務に関係のある物件を検査させることができる（業法72条1項）。この規定による報告をしない者は，50万円以下の罰金に処せられる（業法83条1項5号）。よって，本肢は正しい。

以上より，正しいものはイ，ウ，エの三つであり，**❸**が本問の正解肢となる。

●第1編　宅建業法

# 監督・罰則

重要度 特A

## 問151

宅地建物取引業者A（甲県知事免許）に対する監督処分に関する次の記述のうち、宅地建物取引業法（以下この問において「法」という。）の規定によれば、正しいものはどれか。

❶ Aは、自らが売主となった分譲マンションの売買において、法第35条に規定する重要事項の説明を行わなかった。この場合、Aは、甲県知事から業務停止を命じられることがある。

❷ Aは、乙県内で宅地建物取引業に関する業務において、著しく不当な行為を行った。この場合、乙県知事は、Aに対し、業務停止を命ずることはできない。

❸ Aは、甲県知事から指示処分を受けたが、その指示処分に従わなかった。この場合、甲県知事は、Aに対し、1年を超える期間を定めて、業務停止を命ずることができる。

❹ Aは、自ら所有している物件について、直接賃借人Bと賃貸借契約を締結するに当たり、法第35条に規定する重要事項の説明を行わなかった。この場合、Aは、甲県知事から業務停止を命じられることがある。

(本試験 2016年問26出題)

☆❶ **正** 宅建業者が重要事項の説明をしない場合，免許権者である国土交通大臣又は都道府県知事は，宅建業者に対して業務停止処分をすることができる（業法65条2項2号，35条1項）。したがって，重要事項の説明をしていないAは，業務停止処分を受けることがある。よって，本肢は正しく，本問の正解肢となる。

☆❷ **誤** 免許権者でない知事は指示処分，業務停止処分ができる。

都道府県知事は，管轄する都道府県内の区域において，宅建業者が宅建業に関し不正又は著しく不当な行為をしたとき，当該宅建業者の免許権者でない場合であっても，指示処分及び業務停止処分をすることができる（業法65条3項，4項，2項5号参照）。よって，本肢は誤り。なお，免許取消処分をすることはできない。

☆❸ **誤** 業務停止処分は1年以内の期間を定めて命じられる。

宅建業者が都道府県知事の指示処分に違反した場合，免許権者は業務停止処分をすることができる（業法65条2項3号）。もっとも，業務停止処分は1年以内の期間を定めて命ぜられる（業法65条2項柱書）。よって，本肢は誤り。

☆❹ **誤** 自ら貸借は宅建業に当たらない。

自ら貸借することは宅建業にあたらないため，宅建業法の適用がない（業法2条2号）。したがって，宅建業者AとBとの賃貸借契約には宅建業法の適用がなく，AはBに重要事項の説明をしなくても宅建業法35条1項に違反することはないので，業務停止処分を受けることもない（業法65条2項2号参照）。よって，本肢は誤り。

●第1編　宅建業法

# 監督・罰則

重要度 特A

## 問152

甲県知事の宅地建物取引士資格登録（以下この問において「登録」という。）を受けている宅地建物取引士Aへの監督処分に関する次の記述のうち，宅地建物取引業法の規定によれば，正しいものはどれか。

---

❶ Aは，乙県内の業務に関し，他人に自己の名義の使用を許し，当該他人がその名義を使用して宅地建物取引士である旨の表示をした場合，乙県知事から必要な指示を受けることはあるが，宅地建物取引士として行う事務の禁止の処分を受けることはない。

❷ Aは，乙県内において業務を行う際に提示した宅地建物取引士証が，不正の手段により交付を受けたものであるとしても，乙県知事から登録を消除されることはない。

❸ Aは，乙県内の業務に関し，乙県知事から宅地建物取引士として行う事務の禁止の処分を受け，当該処分に違反したとしても，甲県知事から登録を消除されることはない。

❹ Aは，乙県内の業務に関し，甲県知事又は乙県知事から報告を求められることはあるが，乙県知事から必要な指示を受けることはない。

（本試験 2013 年問 42 出題）

☆ ❶ 誤 事務禁止処分を受けることもある。

　都道府県知事は，当該都道府県の区域内において，宅地建物取引士が，他人に自己の名義の使用を許し，当該他人がその名義を使用して宅地建物取引士である旨の表示をした場合，他の都道府県知事の登録を受けている宅地建物取引士であっても，必要な指示をすることができ，さらに事務の禁止の処分をすることもできる（業法68条3項，4項，1項2号）。よって，本肢は誤り。

☆ ❷ 正 不正の手段により宅地建物取引士証の交付を受けたとき，当該宅地建物取引士が登録している都道府県知事は登録を消除しなければならない（業法68条の2第1項3号）。この場合，登録している都道府県知事以外の知事は登録を消除することはできない。したがって，Aは乙県知事から登録を消除されることはない。よって，本肢は正しく，本問の正解肢となる。

☆ ❸ 誤 他の都道府県知事の事務禁止処分に反しても登録を消除される。

　登録している都道府県知事以外の知事から事務の禁止の処分を受け，当該処分に違反したときは，登録している都道府県知事から登録を消除される（業法68条の2第1項4号，68条4項）。よって，本肢は誤り。

☆ ❹ 誤 他の都道府県知事から指示処分を受けることもある。

　都道府県知事は，その登録を受けている宅地建物取引士及び当該都道府県の区域内で事務を行う宅地建物取引士に対して，報告を求めることができる（業法72条3項）。また，都道府県知事は，当該都道府県の区域内において，他の都道府県知事の登録を受けている宅地建物取引士に対し，必要な指示をすることができる（業法68条3項）。よって，本肢は誤り。

●第1編 宅建業法

# 監督・罰則

重要度 A

## 問153

宅地建物取引業法の規定に基づく監督処分等に関する次の記述のうち，誤っているものはどれか。

❶ 宅地建物取引業者A（甲県知事免許）は，自ら売主となる乙県内に所在する中古住宅の売買の業務に関し，当該売買の契約においてその目的物の契約不適合を担保すべき責任を負わない旨の特約を付した。この場合，Aは，乙県知事から指示処分を受けることがある。

❷ 甲県に本店，乙県に支店を設置する宅地建物取引業者B（国土交通大臣免許）は，自ら売主となる乙県内におけるマンションの売買の業務に関し，乙県の支店において当該売買の契約を締結するに際して，代金の30％の手付金を受領した。この場合，Bは，甲県知事から著しく不当な行為をしたとして，業務停止の処分を受けることがある。

❸ 宅地建物取引業者C（甲県知事免許）は，乙県内に所在する土地の売買の媒介業務に関し，契約の相手方の自宅において相手を威迫し，契約締結を強要していたことが判明した。この場合，甲県知事は，情状が特に重いと判断したときは，Cの宅地建物取引業の免許を取り消さなければならない。

❹ 宅地建物取引業者D（国土交通大臣免許）は，甲県内に所在する事務所について，業務に関する帳簿を備えていないことが判明した。この場合，Dは，甲県知事から必要な報告を求められ，かつ，指導を受けることがある。

（本試験2015年問43改題）

正解肢 2

☆❶ **正** 宅建業者は，自ら売主となって，宅建業者でないものとの間で宅地又は建物の売買契約をする場合，その目的物の契約不適合担保責任に関し，民法に規定するものより買主に不利となる特約をしてはならない（業法40条1項）。したがって，（買主が宅建業者でない場合は）契約不適合担保責任を負わない旨の特約をしてはならず，当該規定に違反すれば，指示処分を受けることがある（業法65条1項）。この場合，業務が行われた地の都道府県知事も指示処分をすることができる（業法65条3項）。よって，本肢は正しい。

ステップ59

☆❷ **誤** 免許権者及び業務地の知事以外から業務停止処分を受けることはない。

ステップ59

宅建業者に対して指示処分又は業務停止処分をすることができるのは，免許権者と違反行為が行われている地の都道府県知事のみである。本肢の場合，免許権者は国土交通大臣で，違反行為が行われている地の知事は乙県知事であり，甲県知事から業務停止処分を受けることはない（業法65条2項4項参照）。よって，本肢は誤りであり，本問の正解肢となる。

☆❸ **正** 宅建業者が業務停止処分に該当する行為を行い，情状が特に重い場合，免許権者は，当該宅建業者の免許を取り消さなければならない（業法66条1項9号，65条2項2号，47条の2第2項）。したがって，宅建業者Cの免許権者である甲県知事は，Cの免許を取り消さなければならない。よって，本肢は正しい。

15-2-4

☆❹ **正** 国土交通大臣又は，都道府県知事（その都道府県の区域内で宅建業を営む場合に限る）は，必要な指導，助言，勧告を行うことができ，また，報告を受けることができる（業法71条，72条1項）。よって，本肢は正しい。

15-5-1

●第1編　宅建業法

# 監督・罰則

**問154** 宅地建物取引業者Aに対する監督処分に関する次の記述のうち、宅地建物取引業法の規定によれば、正しいものはどれか。

❶ Aが、宅地建物取引業の業務に関して、建築基準法の規定に違反して罰金に処せられた場合、これをもって業務停止処分を受けることはない。

❷ Aは、自ら貸主となり、借主との間でオフィスビルの一室の賃貸借契約を締結した業務において、賃貸借契約書は当該借主に対して交付したが、重要事項の説明を行わなかった場合、これをもって指示処分を受けることはない。

❸ 都道府県知事は、Aに対し、業務停止処分をしようとするときは、聴聞を行わなければならないが、指示処分をするときは、聴聞を行う必要はない。

❹ Aの取締役が宅地建物取引業の業務に関するものではないが、脱税し、所得税法に違反したとして罰金刑に処せられた場合、Aは指示処分を受けることがある。

（本試験 2002 年問 39 出題）

**正解肢 2**

合格者正解率 **26.9%** ／ 不合格者正解率 **13.5%**

受験者正解率 **20.8%**

❶ **誤** 「業務に関して」であるから処分を受けることがある。

15-2-3

宅建業者が業務に関し他の法令に違反し，宅建業者として不適当であると認められるときは，業務停止処分を受けることがある（業法 65 条 1 項 3 号，2 項 1 号の 2）。よって，本肢は誤り。

☆❷ **正** 宅建業ではないので，重要事項説明は不要。

ステップ1

宅建業者が指示処分を受けるためには，その行為が宅建業法上の業務にあたることが前提である（業法 65 条 1 項各号）。宅建業者が自ら貸主となり賃貸借契約を締結すること，いわゆる「自ら貸借」は宅建業にあたらない（業法 2 条 2 号）。したがって，自ら貸借である本肢の場合，重要事項の説明を行わなかったとしても指示処分を受けることはない。よって，本肢は正しく，本問の正解肢となる。

☆❸ **誤** 指示処分の場合も聴聞必要。

ステップ61

国土交通大臣又は都道府県知事は，宅建業者に対し処分をしようとするときは，聴聞を行わなければならない。指示処分の場合も同様である（業法 69 条 1 項，65 条 1 項）。よって，本肢は誤り。

❹ **誤** 「業務に関しない」ので処分を受けることはない。

15-2-2

宅建業の業務に関するものでない行為については，指示処分の対象とはならない（業法 65 条 1 項）。したがって，A は，指示処分を受けることはない。よって，本肢は誤り。

●第1編　宅建業法

# 宅建業法の総合問題　特A　重要度

## 問155

次の記述のうち，宅地建物取引業法（以下この問において「法」という。）の規定によれば，正しいものはいくつあるか。

**ア** 宅地建物取引業者が，買主として，造成工事完了前の宅地の売買契約を締結しようとする場合，売主が当該造成工事に関し必要な都市計画法第29条第1項の許可を申請中であっても，当該売買契約を締結することができる。

**イ** 宅地建物取引業者が，買主として，宅地建物取引業者との間で宅地の売買契約を締結した場合，法第37条の規定により交付すべき書面を交付しなくてよい。

**ウ** 営業保証金を供託している宅地建物取引業者が，売主として，宅地建物取引業者との間で宅地の売買契約を締結しようとする場合，営業保証金を供託した供託所及びその所在地について，買主に対し説明をしなければならない。

**エ** 宅地建物取引業者が，宅地の売却の依頼者と媒介契約を締結した場合，当該宅地の購入の申込みがあったときは，売却の依頼者が宅地建物取引業者であっても，遅滞なく，その旨を当該依頼者に報告しなければならない。

**❶** 一つ

**❷** 二つ

**❸** 三つ

**❹** なし

(本試験 2018 年問 28 出題)

| 正解チェック欄 | ／ | ／ | ／ |
|---|---|---|---|

LEC東京リーガルマインド　2022年版出る順宅建士 ウォーク問過去問題集②宅建業法　　311

正解肢 1

合格者正解率 **78.6%** 　不合格者正解率 **51.4%**
受験者正解率 **66.7%**

☆**ア 誤** 確認があった後でなければ、売買契約を締結してはならない。

　宅建業者は、宅地の造成又は建物の建築に関する工事の完了前においては、当該工事に関し必要とされる許可、確認等の処分があった後でなければ、売買・交換の契約を締結してはならない（業法36条）。売買契約の締結が禁止されているのであり、宅建業者が買主であることは影響しない。

☆**イ 誤** 宅建業者に対しても37書面の交付は省略できない。

　宅建業者は、宅地又は建物の売買に関し、自ら当事者として契約を締結したときはその相手方に、遅滞なく、所定の事項を記載した書面を交付しなければならない（業法37条1項）。「宅建業者が買主であること」「売主が宅建業者であること」は当該交付義務に影響しない。よって、本肢は誤り。

☆**ウ 誤** 宅建業者に対して供託所等の説明をする必要はない。

　宅建業者は、その相手方等に対して、当該売買、交換又は貸借の契約が成立するまでの間に、供託所の所在地等の所定の事項について説明をしなければならないのが原則であるが、この説明の相手方から宅建業者は除かれている（業法35条の2）。したがって、宅建業者に対して当該説明をする必要はない。よって、本肢は誤り。

☆**エ 正** 媒介契約を締結した宅建業者は、当該媒介契約の目的物である宅地又は建物の売買又は交換の申込みがあったときは、遅滞なく、その旨を依頼者に報告しなければならない（業法34条の2第8項）。この報告は依頼者が宅建業者であっても省略できない。よって、本肢は正しい。

　以上より、正しいものはエの一つだけであり、**❶**が本問の正解肢となる。

●第1編　宅建業法

# 宅建業法の総合問題

重要度 A

## 問156

宅地建物取引業者Aが行う業務に関する次の記述のうち，宅地建物取引業法（以下この問において「法」という。）の規定によれば，正しいものはどれか。

❶ Aは，宅地建物取引業者Bから宅地の売却についての依頼を受けた場合，媒介契約を締結したときは媒介契約の内容を記載した書面を交付しなければならないが，代理契約を締結したときは代理契約の内容を記載した書面を交付する必要はない。

❷ Aは，自ら売主として宅地の売買契約を締結したときは，相手方に対して，遅滞なく，法第37条の規定による書面を交付するとともに，その内容について宅地建物取引士をして説明させなければならない。

❸ Aは，宅地建物取引業者でないCが所有する宅地について，自らを売主，宅地建物取引業者Dを買主とする売買契約を締結することができる。

❹ Aは，宅地建物取引業者でないEから宅地の売却についての依頼を受け，専属専任媒介契約を締結したときは，当該宅地について法で規定されている事項を，契約締結の日から休業日数を含め5日以内に指定流通機構へ登録する義務がある。

（本試験 2016 年問 41 出題）

**正解肢 3**

| 合格者正解率 | 不合格者正解率 |
|---|---|
| **79.9%** | **56.2%** |

受験者正解率 **71.5%**

☆**❶ 誤 代理でも交付義務がある。** ステップ36

　宅建業者は，宅地又は建物の売買又は交換の媒介の契約を締結したときは，遅滞なく，媒介契約の内容を記載した書面を作成して記名押印し，依頼者にこれを交付しなければならない（業法34条の2第1項）。これは代理契約の場合であっても同様である（業法34条の3）。よって，本肢は誤り。

☆**❷ 誤 内容の説明は不要。** ステップ42

　宅建業者は，37条書面を作成したときには，宅地建物取引士をして，当該書面に記名押印させなければならない（業法37条3項参照）。しかし，その内容を説明することまでは必要でない。よって，本肢は誤り。

☆**❸ 正 買主が宅建業者である場合には，自ら売主制限の規定の** ステップ46 ステップ51
**適用はない**（業法78条2項）。したがって，Aは，自己の所有に属しない宅地について，宅建業者であるDを買主とする売買契約を締結することができる（業法33条の2第1号参照）。よって，本肢は正しく，本問の正解肢となる。

☆**❹ 誤 休業日数は含まない。** ステップ35

　宅建業者は，専属専任媒介契約を締結したときには，一定の事項を指定流通機構に登録をしなければならず，この登録は，契約締結の日から5日以内に行う必要がある。そしてこの期間の計算については，休業日数は算入しない（業法34条の2第5項，規則15条の10）。よって，本肢は誤り。

314　LEC東京リーガルマインド　2022年版出る順宅建士 ウォーク問過去問題集②宅建業法

●第1編 宅建業法

# 宅建業法の総合問題

**問157** 宅地建物取引業者Aが行う業務に関する次の記述のうち，宅地建物取引業法（以下この問において「法」という。）の規定に違反しないものはいくつあるか。

**ア** Aは，法第49条に規定されている業務に関する帳簿について，業務上知り得た秘密が含まれているため，当該帳簿の閉鎖後，遅滞なく，専門業者に委託して廃棄した。

**イ** Aは，宅地の売却を希望するBと専任代理契約を締結した。Aは，Bの要望を踏まえ，当該代理契約に指定流通機構に登録しない旨の特約を付したため，その登録をしなかった。

**ウ** Aの従業者Cは，投資用マンションの販売において，勧誘に先立ちAの名称を告げず，自己の氏名及び契約締結の勧誘が目的であることを告げたうえで勧誘を行ったが，相手方から関心がない旨の意思表示があったので，勧誘の継続を断念した。

**エ** Aは，自ら売主として新築マンションを分譲するに当たり，売買契約の締結に際して買主から手付を受領した。その後，当該契約の当事者の双方が契約の履行に着手する前に，Aは，手付を買主に返還して，契約を一方的に解除した。

❶ 一つ
❷ 二つ
❸ 三つ
❹ なし

（本試験 2017 年問 28 出題）

**正解肢 4**

| 合格者正解率 | 不合格者正解率 |
|---|---|
| **76.1%** | **57.0%** |
| 受験者正解率 **67.7%** | |

☆**ア　違反する**　帳簿は閉鎖後一定期間保存しなければならない。　ステップ4

　宅建業者は，その事務所ごとに，その業務に関する帳簿を備える必要があり（業法49条），当該帳簿は，帳簿の閉鎖後5年間(当該宅建業者が自ら売主となる新築住宅に係るものにあっては10年間)保存しなければならない(規則18条第3項)。閉鎖後，遅滞なく破棄している本肢は，宅建業法の規定に違反する。

☆**イ　違反する**　専任代理契約の場合，必ず指定流通機構へ登録しなければならない。　ステップ35

　売買又は交換の媒介において，専任媒介契約を締結したときは，契約の相手方を探索するため指定流通機構に登録しなければならない（業法34条の2第5項）。そして，これに反する特約は，依頼者の要望であっても，無効とされる（業法34条の2第10項）。本肢は専任代理契約であるが，その場合，媒介契約の規定が準用される（業法34条の3）。よって，登録しなかった本肢は，宅建業法の規定に違反する。

**ウ　違反する**　販売の勧誘に際して，宅建業者の名称を告げなければならない。　12-3-7

　宅建業者の従業者は，宅建業に係る契約の締結の勧誘をするに際し，宅建業者の相手方などに対し，当該勧誘に先立って宅建業者の商号又は名称及び当該勧誘を行う者の氏名並びに当該契約の締結について勧誘をする目的である旨を告げなければならない(業法47条の2第3項，規則16条の12第1号ハ)。よって，宅建業者の商号又は名称を告げていない本肢は，宅建業法の規定に違反する。

☆**エ　違反する**　売主である宅建業者は，手付の倍額を現実に提供しなければならない。　ステップ48

　宅建業者が，自ら売主となった場合において，宅地又は建物の売買契約の締結に際して手付を受領したときは，その手付がいかなる性質のものであっても，相手方が契約の履行に着手するまでは，買主はその手付を放棄して，当該宅建業者はその倍額を現実に提供して，契約の解除をすることができる（業法39条2項）。よって，売主である宅建業者が手付を返還して解除している本肢は，宅建業法の規定に違反する。

　以上より，宅建業法に違反しないものは，一つもなく，❹が本問の正解肢となる。

316　LEC東京リーガルマインド　2022年版出る順宅建士 ウォーク問過去問題集②宅建業法

●第1編 宅建業法

# 宅建業法の総合問題

**重要度 特A**

## 問158

宅地建物取引業者Aが，自ら売主となり，宅地建物取引業者Bと建物の売買契約を締結しようとする場合に関する次の記述のうち，宅地建物取引業法の規定によれば正しいものはどれか。

❶ AがBから受け取る手付金の額が売買代金の2割を超える場合にはその手付金について宅地建物取引業法第41条又は第41条の2の規定による手付金等の保全措置を講じなければならない。

❷ 買主Bも宅地建物取引業者であるので，AがBに対し手付金を貸し付けて契約の締結を誘引してもさしつかえない。

❸ 売買予定の建物が，建築工事完了前の建物である場合には，Aは，建築基準法第6条第1項の確認の申請をすれば，Bと売買契約を締結することができる。

❹ AB間で，建物の譲渡価格について値引きをするかわりに，契約不適合担保責任を追及するためにその不適合である旨を売主に通知すべき期間については，引渡しの日から6月間とする特約を結ぶ場合，この特約は有効である。

(本試験 2001 年問 42 改題)

| 正解チェック欄 | ／ | ／ | ／ |
| --- | --- | --- | --- |

**正解肢 4**

| 合格者正解率 | 不合格者正解率 |
|:---:|:---:|
| **78.9%** | **42.0%** |

受験者正解率 **58.1%**

☆**❶ 誤 宅建業者間取引では保全措置不要。**

　手付額の制限や手付金等の保全措置の制限は宅建業者相互間の取引については，適用されない（業法78条2項）。したがって，Aは保全措置を講じることなくBから当該手付金を受領することができる。よって，本肢は誤り。

ステップ46

☆**❷ 誤 宅建業者間取引でも手付金を貸し付けてはならない。**

　宅建業者は，手付について貸付けその他信用の供与をすることにより契約の締結を誘引する行為をしてはならない（業法47条3号）。そして，当該制限は宅建業者相互間の取引についても適用される（業法78条2項参照）。よって，本肢は誤り。

ステップ45
ステップ46

☆**❸ 誤 宅建業者間取引でも建築確認前は売買契約不可。**

　宅建業者は，建物の建築に関する工事の完了前においては，当該工事に関し必要とされる建築基準法6条1項の確認その他があった後でなければ，売買契約を締結してはならない（業法36条）。そして，当該制限は宅建業者相互間の取引についても適用される（業法78条2項参照）。したがって，当該確認の申請をしているにすぎないAは，Bと売買契約を締結することができない。よって，本肢は誤り。

ステップ40
ステップ46

☆**❹ 正 契約不適合担保責任についての特約の制限は，宅建業者相互間の取引については，適用されない（業法78条2項）。したがって，契約不適合担保責任を追及するためのその不適合である旨の通知期間については，引渡しの日から6カ月間とするAB間の特約は有効である。よって，本肢は正しく，本問の正解肢となる。

ステップ46

```
―――――― POINT ――――――
　本問は，一見自ら売主規制の場面のように思えるが，設問部分
を見ると買主Bは宅建業者である。このように，設問部分には重
要なヒントが隠されていることが多く，注意する必要がある。
```

●第1編 宅建業法

# 宅建業法の総合問題 特A 重要度

## 問159

次の記述のうち，宅地建物取引業法の規定によれば，正しいものはどれか。

❶ 宅地建物取引業者（甲県知事免許）が，乙県内に新たに事務所を設置して宅地建物取引業を営むため，国土交通大臣に免許換えの申請を行い，その免許を受けたときは，国土交通大臣から，免許換え前の免許（甲県知事）の有効期間が経過するまでの期間を有効期間とする免許証の交付を受けることとなる。

❷ 宅地建物取引士（甲県知事登録）が，乙県に所在する宅地建物取引業者の事務所の業務に従事することとなったため，乙県知事に登録の移転の申請とともに宅地建物取引士証の交付の申請をしたときは，乙県知事から，有効期間を5年とする宅地建物取引士証の交付を受けることとなる。

❸ 宅地建物取引士（甲県知事登録）が，乙県に所在する建物の売買に関する取引において宅地建物取引士として行う事務に関し不正な行為をし，乙県知事により事務禁止処分を受けたときは，宅地建物取引士証を甲県知事に提出しなければならない。

❹ 宅地建物取引業者（甲県知事免許）は，乙県内で一団の建物の分譲を行う案内所を設置し，当該案内所において建物の売買の契約を締結し，又は契約の申込みを受ける場合，国土交通大臣に免許換えの申請をしなければならない。

（本試験 2020 年 12 月 問 29 出題）

| 正解チェック欄 | / | / | / |
|---|---|---|---|

LEC東京リーガルマインド　2022年版出る順宅建士 ウォーク問過去問題集②宅建業法　319

## 正解肢 3

☆❶ 誤　免許換えの日から5年間である。

　国土交通大臣に免許換えの申請を行い，その免許を受けた場合，当該免許の有効期間は国土交通大臣が免許を付与した日から5年となる（業法3条2項）。よって，本肢は誤り。

ステップ8

☆❷ 誤　前の宅地建物取引士証の有効期間が経過するまでの期間である。

　登録の移転の申請とともに宅地建物取引士証の交付の申請があったときは，移転後の都道府県知事は，従前の宅地建物取引士証の有効期間が経過するまでの期間を有効期間とする宅地建物取引士証を交付しなければならない（業法22条の2第4項，5項）。よって，本肢は誤り。

ステップ20

☆❸ 正　宅地建物取引士は，自己が宅地建物取引士の登録を受けている都道府県知事以外の知事から事務禁止の処分を受けたときは，速やかに，宅地建物取引士証を交付を受けた都道府県知事に提出しなければならない（業法68条1項3号，4項，22条の2第7項）。よって，本肢は正しく，本問の正解肢となる。

5-4-4

☆❹ 誤　案内所を設置する場合，免許換えの申請は不要である。

　案内所を設置しても，免許換えの必要はない。よって，本肢は誤り。なお，事務所の新設・廃止・移転の結果，免許権者に変更が生じる場合は免許換えが必要となる（業法3条1項，7条）。

2-1

●第1編 宅建業法

# 宅建業法の総合問題 重要度 B

**問160** 次の記述のうち，宅地建物取引業法（以下この問において「法」という。）の規定によれば，正しいものはどれか。

❶ 宅地建物取引業者が，他の宅地建物取引業者が行う一団の宅地建物の分譲の代理又は媒介を，案内所を設置して行う場合で，その案内所が専任の宅地建物取引士を置くべき場所に該当しない場合は，当該案内所には，クーリング・オフ制度の適用がある旨を表示した標識を掲げなければならない。

❷ 宅地建物取引業者が，その従業者をして宅地の売買の勧誘を行わせたが，相手方が明確に買う意思がない旨を表明した場合，別の従業者をして，再度同じ相手方に勧誘を行わせることは法に違反しない。

❸ 宅地建物取引業者が，自ら売主となる宅地建物売買契約成立後，媒介を依頼した他の宅地建物取引業者へ報酬を支払うことを拒む行為は，不当な履行遅延（法第44条）に該当する。

❹ 宅地建物取引業者は，その事務所ごとに従業者名簿を備えなければならないが，退職した従業者に関する事項は従業者名簿への記載の対象ではない。

（本試験 2014 年問 41 出題）

❶ **正** 宅建業者は，他の宅建業者が行う一団の宅地建物の分譲の代理又は媒介を案内所を設置して行う場合，当該案内所に，一定事項を記載した国土交通省令で定める標識を掲げなければならない（業法50条1項，規則19条1項4号，2項6号）。そして，宅地建物取引士の設置義務のない案内所に関する当該標識にはクーリング・オフ制度の適用がある旨を表示しなければならないとしている。よって，本肢は正しく，本問の正解肢となる。

4-2

☆❷ **誤** 相手方が明確に買う意思がない旨を表明した場合，再度勧誘してはならない。

宅建業者の相手方等が当該契約を締結しない旨の意思（当該勧誘を引き続き受けることを希望しない旨の意思を含む。）を表示したにもかかわらず，当該勧誘を継続することは禁止されている（業法47条の2第3項，規則16条の12第1号ニ）。よって，本肢は誤り。

12-3-7

❸ **誤** 報酬の支払いを拒むことは，不当な履行遅延に該当しない。

宅地建物取引業者は，その業務に関してなすべき宅地もしくは建物の登記もしくは引渡し又は取引に係る対価の支払いを不当に遅延する行為をしてはならない（業法44条）。しかし，報酬を支払うことを拒んでも，業法44条（不当な履行遅延）に該当しない。よって，本肢は誤り。

ステップ45

☆❹ **誤** 最終の記載から10年間保存しなければならず，退職者も対象である。

宅建業者は，その事務所ごとに，従業者名簿を備えなければならず，その従業者名簿には，当該事務所の従業者でなくなったときは，その年月日を記載する（業法48条3項，規則17条の2第1項5号）。このように，退職した従業者に関する事項も従業者名簿への記載事項である。よって，本肢は誤り。

ステップ4

322　LEC東京リーガルマインド　2022年版出る順宅建士 ウォーク問過去問題集②宅建業法

# 第2編
## 令和3年度
### （10月試験）
## 本試験問題

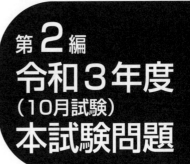

# 【宅建業法の出題傾向と対策】

　例年どおり，過去に出題されたテーマが繰り返し出題されており，平均的な出題であったといえます。また，無駄に長いだけの選択肢や意地の悪い引っ掛け問題等もなかったことから，しっかり過去問対策をしておけば，高得点を獲得することができたものと考えられます。

　【問31】では保証協会の業務，【問39】ではクーリング・オフの告知書面に関する知識，【問45】の正解肢である肢3は指定住宅紛争処理機関の役割といったような若干ひねった出題もありましたが，過去問の知識を使えば消去法等で正解を導くことができるので得点すべき問題といえます。

　【問38】はテーマこそ「媒介・代理契約」という頻出テーマですが，例年とは異なり，「一般媒介」に焦点を当てた問題であることから，まごついた受験生が多かったものと推測されます。

　【問33】は，予想通り，改正の目玉である「水害ハザードマップ」に関する知識からの出題でした。出題が予想されていたことから，講座や模試を活用していれば容易に得点できたでしょう。

　なお，個数問題は5問の出題であり，これも平均的といえます。

| 問 | 内容・項目 | 本試験 | 難易度 |
|---|---|---|---|
| 161 | 重要事項の説明 | 問26 | 易 |
| 162 | 免許の基準 | 問27 | 易 |
| 163 | 宅地建物取引士 | 問28 | 易 |
| 164 | 宅建業法総合 | 問29 | 易 |
| 165 | 広告等に関する規制 | 問30 | 易 |
| 166 | 弁済業務保証金 | 問31 | 普 |
| 167 | 宅地建物取引業の意味 | 問32 | 普 |
| 168 | 重要事項の説明 | 問33 | 易 |
| 169 | 営業保証金 | 問34 | 易 |
| 170 | 宅地建物取引士 | 問35 | 易 |
| 171 | 重要事項の説明 | 問36 | 易 |
| 172 | 35条・37条書面 | 問37 | 易 |
| 173 | 媒介・代理契約 | 問38 | 普 |
| 174 | クーリング・オフ | 問39 | 普 |
| 175 | 宅建業法総合 | 問40 | 易 |
| 176 | 37条書面 | 問41 | 易 |
| 177 | 自ら売主制限総合 | 問42 | 易 |
| 178 | その他の業務上の規制 | 問43 | 易 |
| 179 | 報酬額の制限 | 問44 | 易 |
| 180 | 住宅瑕疵担保履行法 | 問45 | 易 |

●第2編 令和3年度（10月試験）本試験問題

# 重要事項の説明

## 問161

宅地建物取引業者Aが，自ら売主として宅地建物取引業者ではない買主Bに対し建物の売却を行う場合における宅地建物取引業法第35条に規定する重要事項の説明に関する次の記述のうち，正しいものはどれか。

❶ Aは，Bに対し，専任の宅地建物取引士をして説明をさせなければならない。

❷ Aは，Bに対し，代金以外に授受される金銭の額だけでなく，当該金銭の授受の目的についても説明しなければならない。

❸ Aは，Bに対し，建物の上に存する登記された権利の種類及び内容だけでなく，移転登記の申請の時期についても説明しなければならない。

❹ Aは，Bに対し，売買の対象となる建物の引渡しの時期について説明しなければならない。

（本試験 2021 年 10 月問 26 出題）

## 正解肢 2

受験者正解率 93.6%

☆❶ **誤** 専任の宅地建物取引士である必要はない。

　宅建業者は、宅地建物取引士をして、重要事項の説明をさせなければならない。しかし、この説明は宅地建物取引士であれば足り、専任の宅地建物取引士によることを要しない（業法35条1項）。よって、本肢は誤り。

☆❷ **正** 代金以外に授受される金銭の額だけでなく、当該金銭の授受の目的も説明すべき事項とされている（業法35条1項7号）。よって、本肢は正しく、本問の正解肢となる。

☆❸ **誤** 移転登記の申請時期については、説明が義務付けられていない。

　当該宅地又は建物の上に存する登記された権利の種類及び内容は、重要事項として説明を要する事項である（業法35条1項1号）。しかし、移転登記の申請時期については、重要事項として説明が義務付けられていない（業法35条1項参照）。よって、本肢は誤り。なお、売買・交換における移転登記の申請時期は、37条書面の必要的記載事項である（業法37条1項5号）。

☆❹ **誤** 建物の引渡しの時期については、説明が義務付けられていない。

　建物の引渡しの時期については、重要事項として説明が義務付けられていない（業法35条1項参照）。よって、本肢は誤り。なお、建物の引渡しの時期は、37条書面の必要的記載事項である（業法37条1項4号）。

# 免許の基準

## 問162

宅地建物取引業の免許（以下この問において「免許」という。）に関する次の記述のうち、宅地建物取引業法の規定によれば、正しいものはどれか。

❶ 個人Aが不正の手段により免許を受けた後、免許を取り消され、その取消しの日から5年を経過した場合、その間に免許を受けることができない事由に該当することがなかったとしても、Aは再び免許を受けることはできない。

❷ 免許を受けようとする個人Bが破産手続開始の決定を受けた後に復権を得た場合においても、Bは免許を受けることができない。

❸ 免許を受けようとするC社の役員Dが刑法第211条（業務上過失致死傷等）の罪により地方裁判所で懲役1年の判決を言い渡された場合、当該判決に対してDが高等裁判所に控訴し裁判が係属中であっても、C社は免許を受けることができない。

❹ 免許を受けようとするE社の役員に、宅地建物取引業法の規定に違反したことにより罰金の刑に処せられた者がいる場合、その刑の執行が終わって5年を経過しなければ、E社は免許を受けることができない。

(本試験 2021 年 10 月問 27 出題)

正解肢 **4**

| 合格者正解率 | 不合格者正解率 |
|---|---|
| — | — |

受験者正解率 **95.7**%

出る順宅建士 ②

☆**❶ 誤** 取消しの日から5年を経過すれば，免許を受けることができる。 [ステップ7]

不正の手段により免許を受けたことを理由に免許を取り消され，その取消しの日から5年を経過しない者は，免許を受けることができない（業法5条1項2号）。本肢のAは，免許の取消しの日から，免許を受けることができない事由に該当することなく5年を経過していることから，免許を受けることができる。よって，本肢は誤り。

☆**❷ 誤** 復権を得た場合，免許を受けることができる。 [ステップ7]

破産手続開始の決定を受けた者であっても復権を得れば直ちに免許を受けることができる（業法5条1項1号）。したがって，破産手続開始決定を受けた後，復権を得た場合であれば，免許を受けることができる。よって，本肢は誤り。

**❸ 誤** 控訴審が係属中であり，刑が確定していないので，免許を受けることができる。 [ステップ7]

法人の役員に免許欠格事由に該当する者がいる場合，その法人は免許を受けることができない（業法5条1項12号）。そして，禁錮以上の刑に処せられ，その刑の執行を終わり，又は執行を受けることがなくなった日から5年を経過しない者は，免許欠格事由に該当する（業法5条1項5号）。しかし，本肢のDは地方裁判所で懲役1年の判決を受けているものの，高等裁判所に控訴しており訴訟が係属中である。それゆえ，Dは，未だ禁錮以上の刑に処せられたとはいえないので，免許欠格事由に該当する者ではない。したがって，C社は免許を受けることができる。よって，本肢は誤り。

☆**❹ 正** 宅建業法の規定に違反したことにより罰金刑を受けた者 [ステップ7]
は，罰金の刑に処せられ，その刑の執行を終わり，又は執行を受けることがなくなった日から5年を経過しない限り，免許を受けることができない（業法5条1項6号）。そして，このような者を役員としている法人もまた，免許を受けることができない（業法5条1項12号）。本肢では，E社の役員に宅建業法に違反して罰金刑に処せられた者がいることから，その刑の執行が終わって5年を経過しなければ，E社は免許を受けることができない。よって，本肢は正しく，本問の正解肢となる。

●第2編　令和3年度（10月試験）本試験問題

# 宅地建物取引士

## 問163

宅地建物取引士の登録（以下この問において「登録」という。）に関する次の記述のうち，宅地建物取引業法の規定によれば，正しいものはどれか。

❶ 宅地建物取引士A（甲県知事登録）が，乙県に所在する宅地建物取引業者の事務所の業務に従事することとなったときは，Aは甲県知事を経由せずに，直接乙県知事に対して登録の移転を申請しなければならない。

❷ 甲県知事の登録を受けているが宅地建物取引士証の交付を受けていないBが，宅地建物取引士としてすべき事務を行った場合，情状のいかんを問わず，甲県知事はBの登録を消除しなければならない。

❸ 宅地建物取引士C（甲県知事登録）は，宅地建物取引業者D社を退職し，宅地建物取引業者E社に再就職したが，CはD社及びE社のいずれにおいても専任の宅地建物取引士ではないので，勤務先の変更の登録を申請しなくてもよい。

❹ 甲県で宅地建物取引士資格試験を受け，合格したFは，乙県に転勤することとなったとしても，登録は甲県知事に申請しなければならない。

（本試験 2021 年 10 月問 28 出題）

## 正解肢 4

受験者正解率 86.4%

☆❶ **誤** 甲県知事を経由して申請をする。

　宅地建物取引士の登録を受けている者は，当該登録をしている都道府県知事の管轄する都道府県以外の都道府県に所在する宅建業者の事務所の業務に従事し，又は従事しようとするときは，当該事務所の所在地を管轄する都道府県知事に対し，当該登録をしている都道府県知事を経由して，登録の移転の申請をすることができる（業法19条の2）。本肢のAは，甲県知事を経由して，乙県知事に登録の移転の申請をすることとなる。よって，本肢は誤り。

ステップ18

❷ **誤** 特に情状の重い場合に限られる。

　宅地建物取引士の登録を受けている者で宅地建物取引士証の交付を受けていないものが，宅地建物取引士としてすべき事務を行い，情状が特に重いとき，当該登録をしている都道府県知事は，当該登録を消除しなければならない（業法68条の2第2項3号）。情状が特に重いときに限られるため，情状のいかんを問わず登録の消除がなされるものではない。よって，本肢は誤り。

15-3-4

☆❸ **誤** 専任の宅地建物取引士でなくても変更の登録を申請しなければならない。

　宅建業者の業務に従事する者が，自己の従事する当該宅建業者の商号等に変更があった場合，遅滞なく，変更の登録を申請しなければならない（業法20条，18条2項，規則14条の2の2第1項5号）。Cは転職したので，変更の登録の申請をしなければならない。この変更の登録の申請は，専任の宅地建物取引士でなくてもする必要がある。よって，本肢は誤り。

ステップ17

☆❹ **正** 宅地建物取引士資格試験に合格した者が登録の申請をする場合，その申請先は当該試験を行った都道府県知事である（業法18条1項柱書本文）。したがって，Fは乙県に転勤しても，宅地建物取引士資格試験に合格した甲県知事に対して登録の申請をすることとなる。よって，本肢は正しく，本問の正解肢となる。

ステップ15

330　LEC東京リーガルマインド　2022年版出る順宅建士 ウォーク問過去問題集②宅建業法

●第2編 令和3年度（10月試験）本試験問題

# 宅建業法総合

## 問164

次の記述のうち，宅地建物取引業法の規定によれば，正しいものはどれか。

❶ 宅地建物取引業者は，その事務所ごとに従業者の氏名，従業者証明書番号その他国土交通省令で定める事項を記載した従業者名簿を備えなければならず，当該名簿を最終の記載をした日から5年間保存しなければならない。

❷ 宅地建物取引業者は，一団の宅地の分譲を行う案内所において宅地の売買の契約の締結を行わない場合，その案内所には国土交通省令で定める標識を掲示しなくてもよい。

❸ 宅地建物取引業者が，一団の宅地の分譲を行う案内所において宅地の売買の契約の締結を行う場合，その案内所には国土交通大臣が定めた報酬の額を掲示しなければならない。

❹ 宅地建物取引業者は，事務所以外の継続的に業務を行うことができる施設を有する場所であっても，契約（予約を含む。）を締結せず，かつ，その申込みを受けない場合，当該場所に専任の宅地建物取引士を置く必要はない。

（本試験 2021 年 10 月問 29 出題）

## 正解肢 4

受験者正解率 80.4%

☆❶ 誤　5年間ではなく10年間保存しなければならない。

　宅建業者は，その事務所ごとに，従業者証明書番号等を記載した従業者名簿を備えなければならない（業法48条3項，1項，規則17条の2第2項，様式8号の2）。そして，宅建業者は，従業者名簿を最終の記載をした日から10年間保存しなければならない（規則17条の2第4項）。よって，本肢は誤り。

☆❷ 誤　標識の掲示は必要である。

　宅建業者は，一団の宅地建物の分譲を案内所を設置して行う場合にあっては，その案内所の公衆の見やすい場所に標識を掲げなければならない（業法50条1項，規則19条1項3号）。契約の締結を行うか否かは影響しない。よって，本肢は誤り。

☆❸ 誤　案内所には，報酬額の掲示は不要である。

　宅建業者は，その事務所ごとに報酬額を掲示しなければならないが，案内所についてはその必要はない（業法46条4項参照）。よって，本肢は誤り。

☆❹ 正　宅建業者は，継続的に業務を行うことができる施設を有する場所で事務所以外のもので，契約（予約を含む。）を締結し，又は契約の申込みを受けるものについては，専任の宅地建物取引士を置かなければならない（業法31条の3第1項，規則15条の5の2第1号）。本肢では，契約（予約を含む。）を締結せず，かつ，その申込みを受けないことから，専任の宅地建物取引士を置く必要はない。よって，本肢は正しく，本問の正解肢となる。

● 第 2 編　令和 3 年度（10 月試験）本試験問題

# 広告等に関する規制 重要度 特A

**問 165**　宅地建物取引業者がその業務に関して行う広告に関する次の記述のうち，宅地建物取引業法の規定によれば，正しいものはいくつあるか。

---

**ア**　宅地の販売広告において，宅地に対する将来の利用の制限について，著しく事実に相違する表示をしてはならない。

**イ**　建物の貸借の媒介において広告を行った場合には，依頼者の依頼の有無にかかわらず，報酬の限度額を超えて，当該広告の料金に相当する額を受領することができる。

**ウ**　複数の区画がある宅地の売買について，数回に分けて広告するときは，最初に行う広告に取引態様の別を明示すれば足り，それ以降は明示する必要はない。

**エ**　賃貸マンションの貸借に係る媒介の依頼を受け，媒介契約を締結した場合であっても，当該賃貸マンションが建築確認申請中であるときは広告をすることができない。

**❶**　一つ

**❷**　二つ

**❸**　三つ

**❹**　四つ

（本試験 2021 年 10 月問 30 出題）

| 正解<br>チェック<br>欄 | ／ | ／ | ／ |
|---|---|---|---|

LEC東京リーガルマインド　2022年版出る順宅建士 ウォーク問過去問題集②宅建業法　　333

| 合格者正解率 | 不合格者正解率 |
| --- | --- |
| — | — |
| 受験者正解率 **94.3**% | |

**正解肢 2**

☆**ア 正** 宅建業者は，その業務に関して広告をするときは，当該
広告に係る宅地の現在もしくは将来の利用の制限について，著し
く事実に相違する表示をし，又は実際のものよりも著しく優良で
あり，もしくは有利であると人を誤認させるような表示をしては
ならない（業法32条）。よって，本肢は正しい。 ステップ38

☆**イ 誤** 依頼者の依頼によらない通常の広告の料金は報酬額に含
まれる。 ステップ58

　宅建業者は，宅地又は建物の売買，交換又は貸借の代理又は媒
介に関し，依頼者の依頼によって行う広告の料金に相当する額に
ついては，報酬とは別に受領することができる（報酬告示第9）。
したがって，依頼者の依頼によらない広告の料金に相当する額を
受領することはできない（業法46条2項）。よって，本肢は誤り。

☆**ウ 誤** 広告のつど取引態様の別を明示しなければならない。 ステップ37

　宅建業者は，宅地又は建物の売買，交換又は貸借に関する広告
をするときは，取引態様の別を明示しなければならない（業法34
条1項）。数回に分けて広告する場合には，最初に行った広告に
限らず，それ以降の広告についても，そのつど取引態様の別を明
示しなければならない。よって，本肢は誤り。

☆**エ 正** 宅建業者は，宅地の造成又は建物の建築に関する工事の
完了前においては，当該工事に関し必要とされる許可，確認等が
あった後でなければ，すべての取引態様における広告をすること
ができない（業法33条）。よって，本肢は正しい。なお，許可
や確認を受ける前であっても，貸借の媒介・代理をすることは禁
止されていない（業法36条）。この規制と混乱しないように注
意してほしい。 ステップ39

　以上より，正しいものはア，エの二つであり，**❷**が本問の正解
肢となる。

334　　LEC東京リーガルマインド　2022年版出る順宅建士 ウォーク問過去問題集②宅建業法

# 弁済業務保証金

**問166** 宅地建物取引業保証協会(以下この問において「保証協会」という。)に関する次の記述のうち,宅地建物取引業法の規定によれば,誤っているものはどれか。

❶ 保証協会は,当該保証協会の社員である宅地建物取引業者が社員となる前に当該宅地建物取引業者と宅地建物取引業に関し取引をした者の有するその取引により生じた債権に関し弁済業務保証金の還付が行われることにより弁済業務の円滑な運営に支障を生ずるおそれがあると認めるときは,当該社員に対し,担保の提供を求めることができる。

❷ 保証協会の社員である宅地建物取引業者は,取引の相手方から宅地建物取引業に係る取引に関する苦情について解決の申出が当該保証協会になされ,その解決のために当該保証協会から資料の提出の求めがあったときは,正当な理由がある場合でなければ,これを拒んではならない。

❸ 保証協会の社員である宅地建物取引業者は,当該宅地建物取引業者と宅地建物取引業に関し取引をした者の有するその取引により生じた債権に関し弁済業務保証金の還付がなされたときは,その日から2週間以内に還付充当金を保証協会に納付しなければならない。

❹ 還付充当金の未納により保証協会の社員がその地位を失ったときは,保証協会は,直ちにその旨を当該社員であった宅地建物取引業者が免許を受けた国土交通大臣又は都道府県知事に報告しなければならない。

(本試験 2021 年 10 月問 31 出題)

❶ 正 保証協会は，社員が社員となる前に当該社員と宅建業に関し取引をした者の有するその取引により生じた債権に関し弁済業務保証金の還付が行われることにより弁済業務の円滑な運営に支障を生ずるおそれがあると認めるときは，当該社員に対し，担保の提供を求めることができる（業法64条の4第3項）。よって，本肢は正しい。

7-3-1

❷ 正 保証協会は，宅建業者の取引の相手方からの宅建業に係る取引に関する苦情の解決について必要があると認めるときは，保証協会の社員に対し，文書もしくは口頭による説明を求め，又は資料の提出を求めることができる（業法64条の5第2項）。そして，保証協会の社員は，保証協会から説明又は資料の提出の求めがあったときは，正当な理由がある場合でなければ，これを拒んではならない（業法64条の5第3項）。よって，本肢は正しい。

7-6-2

☆❸ 誤 通知を受けた日から2週間以内である。

ステップ32

保証協会の社員である宅建業者は，保証協会から還付充当金を納付すべき旨の通知を受けた日から2週間以内に還付充当金を納付しなければならない（業法64条の10第1項，2項）。通知を受けた日から2週間以内であって，還付がなされた日から2週間以内ではない。よって，本肢は誤りであり，本問の正解肢となる。

❹ 正 保証協会は，保証協会の社員がその地位を失ったときは，直ちに，その旨を社員であった宅建業者が免許を受けた国土交通大臣又は都道府県知事に報告しなければならない（業法64条の4第2項）。よって，本肢は正しい。

7-6-1

●第2編 令和3年度（10月試験）本試験問題

# 宅地建物取引業の意味 重要度 特A

**問167** 宅地建物取引業の免許（以下この問において「免許」という。）に関する次の記述のうち，宅地建物取引業法の規定によれば，正しいものはどれか。なお，いずれの場合も，その行為を業として営むものとする。

---

❶ A社が，都市計画法に規定する用途地域外の土地であって，ソーラーパネルを設置するための土地の売買を媒介しようとする場合，免許は必要ない。

❷ B社が，土地区画整理事業の換地処分により取得した換地を住宅用地として分譲しようとする場合，免許は必要ない。

❸ 農業協同組合Cが，組合員が所有する宅地の売却の代理をする場合，免許は必要ない。

❹ D社が，地方公共団体が定住促進策としてその所有する土地について住宅を建築しようとする個人に売却する取引の媒介をしようとする場合，免許は必要ない。

（本試験 2021 年 10 月問 32 出題）

| 合格者正解率 | 不合格者正解率 |
|---|---|
| ― | ― |

正解肢 **1**

受験者正解率 **60.9**%

☆❶ **正** 本肢の土地は用途地域外の土地であるが，用途地域外の ステップ1
土地であっても建物の敷地に供せられる土地は「宅地」である（業
法2条1号）。この点，ソーラーパネルは建物ではないため，本
肢の土地は建物の敷地に供せられるものとはいえない。したがっ
て，本肢の土地は宅建業法上の「宅地」にあたらない。結果，A
社は宅地の売買の媒介を業として行うものではないので，免許は
必要ない（業法2条2号，3条）。よって，本肢は正しく，本問
の正解肢となる。

☆❷ **誤** 本肢の土地は「宅地」にあたるので，免許が必要である。 ステップ1
　本肢の土地は，住宅用地であるため「宅地」にあたる（業法2
条1号）。そして，B社は，分譲すなわち売買という「取引」を「業」
として行うものである（業法2条2号）。したがって，B社には
免許が必要である（業法3条1項）。よって，本肢は誤り。

☆❸ **誤** 宅地の売買の代理を業とするので，免許が必要である。 ステップ1
　農業協同組合は，免許が不要となる例外にあたらない（業法77
条，78条1項参照）。したがって，農業協同組合Cが「宅地」の
売却の代理という「取引」を「業」として行う場合，免許が必要
となる（業法2条2号，3条1項）。よって，本肢は誤り。

☆❹ **誤** 地方公共団体の取引の媒介をする場合，免許は必要であ ステップ1
る。

　宅地の売買の媒介を業として行うことは宅建業にあたるので免
許が必要となる（業法2条2号，3号）。よって，本肢は誤り。
なお，地方公共団体には宅建業法の適用がなく，免許は不要であ
る（業法78条1項）。しかし，そのことを理由として，その代
理や媒介をする者の免許が不要となるわけではない。

338　LEC東京リーガルマインド　2022年版出る順宅建士 ウォーク問過去問題集②宅建業法

●第2編　令和3年度（10月試験）本試験問題

# 重要事項の説明

**問168**

宅地建物取引業法第35条に規定する重要事項の説明における水防法施行規則第11条第1号の規定により市町村（特別区を含む。以下この問において同じ。）の長が提供する図面（以下この問において「水害ハザードマップ」という。）に関する次の記述のうち、正しいものはどれか。なお、説明の相手方は宅地建物取引業者ではないものとする。

---

❶ 宅地建物取引業者は、市町村が、取引の対象となる宅地又は建物の位置を含む水害ハザードマップを作成せず、又は印刷物の配布若しくはホームページ等への掲載等をしていないことを確認できた場合は、重要事項説明書にその旨記載し、重要事項説明の際に提示すべき水害ハザードマップが存在しない旨を説明すればよい。

❷ 宅地建物取引業者は、市町村が取引の対象となる宅地又は建物の位置を含む「洪水」、「雨水出水（内水）」、「高潮」の水害ハザードマップを作成している場合、重要事項説明の際にいずれか1種類の水害ハザードマップを提示すればよい。

❸ 宅地建物取引業者は、市町村が取引の対象となる宅地又は建物の位置を含む水害ハザードマップを作成している場合、売買又は交換の媒介のときは重要事項説明の際に水害ハザードマップを提示しなければならないが、貸借の媒介のときはその必要はない。

❹ 宅地建物取引業者は、市町村が取引の対象となる宅地又は建物の位置を含む水害ハザードマップを作成している場合、重要事項説明書に水害ハザードマップを添付すれば足りる。

（本試験 2021年10月問33出題）

❶ **正** 宅建業者は、市町村に照会し、当該市町村が取引の対象となる宅地又は建物の位置を含む水害ハザードマップの全部又は一部を作成せず、又は印刷物の配布もしくはホームページ等への掲載等をしていないことが確認された場合は、提示すべき水害ハザードマップが存しない旨の説明を行う（業法35条1項14号、規則16条の4の3第3号の2、解釈・運用の考え方）。よって、本肢は正しく、本問の正解肢となる。

❷ **誤** 洪水・内水・高潮のそれぞれを提示する必要がある。

水害ハザードマップについての重要事項の説明は、取引の対象となる宅地又は建物の位置を含む水害ハザードマップを、洪水・内水・高潮のそれぞれについて提示し、当該宅地又は建物の概ねの位置を示すことにより行うこととする（業法35条1項14号、規則16条の4の3第3号の2、解釈・運用の考え方）。したがって、取引の対象となる宅地又は建物の位置を含む「洪水」、「雨水出水（内水）」、「高潮」の水害ハザードマップが作成されている場合は、それぞれについて提示が必要であって、いずれか1種類の水害ハザードマップの提示では足りない。よって、本肢は誤り。

☆❸ **誤** 売買・交換・貸借のいずれのときも提示する必要がある。

水害ハザードマップについての重要事項の説明は、売買・交換・貸借の対象である宅地又は建物の位置を含む水害ハザードマップを提示して行う（業法35条1項14号、規則16条の4の3第3号の2、解釈・運用の考え方）。貸借の媒介のときも必要となる。よって、本肢は誤り。

❹ **誤** 水害ハザードマップを添付するのみでは足りない。

水害ハザードマップについての重要事項の説明は、売買・交換・貸借の対象である宅地又は建物が水害ハザードマップ上のどこに所在するかについて消費者に確認せしめるものであり、取引の対象となる宅地又は建物の位置を含む水害ハザードマップを、洪水・内水・高潮のそれぞれについて、単に添付するだけではなく、提示し、当該宅地又は建物の概ねの位置を示すことにより行うこととする（業法35条1項14号、規則16条の4の3第3号の2、解釈・運用の考え方）。よって、本肢は誤り。

●第2編　令和3年度（10月試験）本試験問題

# 営業保証金

**問169** 宅地建物取引業法の規定に基づく営業保証金に関する次の記述のうち，正しいものはどれか。

❶ 国土交通大臣から免許を受けた宅地建物取引業者が，営業保証金を主たる事務所のもよりの供託所に供託した場合，当該供託所から国土交通大臣にその旨が通知されるため，当該宅地建物取引業者は国土交通大臣にその旨を届け出る必要はない。

❷ 宅地建物取引業者と宅地建物取引業に関し取引をした者は，その取引により生じた債権に関し，当該宅地建物取引業者が供託した営業保証金について，その債権の弁済を受ける権利を有するが，取引をした者が宅地建物取引業者に該当する場合は，その権利を有しない。

❸ 営業保証金は，金銭による供託のほか，有価証券をもって供託することができるが，金銭と有価証券とを併用して供託することはできない。

❹ 有価証券を営業保証金に充てる場合における当該有価証券の価額は，国債証券の場合はその額面金額の100分の90，地方債証券の場合はその額面金額の100分の80である。

（本試験 2021 年 10 月問 34 出題）

## ☆❶ 誤 国土交通大臣に届け出る必要がある。

宅建業者は、営業保証金を供託したときは、その旨をその免許を受けた国土交通大臣又は都道府県知事に届け出なければならない（業法25条4項）。本肢において、営業保証金を供託した旨は、国土交通大臣に届け出る必要がある。よって、本肢は誤り。なお、宅建業法では、営業保証金を供託した旨を、供託所から免許をした国土交通大臣あてに通知するという規定はない。

## ☆❷ 正

宅建業者と宅建業に関し取引をした者は、その取引により生じた債権に関し、宅建業者が供託した営業保証金について、その債権の弁済を受ける権利を有する（業法27条1項）。しかし、宅建業者はこの宅建業に関し取引をした者から除外されているので、宅建業者に該当する者は、営業保証金から弁済を受ける権利を有しない（業法27条1項かっこ書）。よって、本肢は正しく、本問の正解肢となる。

## ☆❸ 誤 金銭と有価証券の併用も認められる。

営業保証金の供託は、金銭ですることができるほか、有価証券を充てることもできる（業法25条1項、3項）。そして、金銭と有価証券との併用を禁止する規定はない。よって、本肢は誤り。

## ☆❹ 誤 国債証券はその額面金額、地方債証券は100分の90である。

有価証券を営業保証金に充てる場合における当該有価証券の価額は、国債証券の場合はその額面金額（100分の100）、地方債証券と政府保証債証券はその額面金額の100分の90である（業法25条3項、規則15条1項1号、2号）。よって、本肢は誤り。なお、国債証券、地方債証券、政府保証債証券以外の債券が額面金額の100分の80となる（規則15条1項3号）。

●第2編 令和3年度（10月試験）本試験問題

# 宅地建物取引士

重要度 特A

## 問170

宅地建物取引士の登録（以下この問において「登録」という。）及び宅地建物取引士証に関する次の記述のうち，正しいものはいくつあるか。

**ア** 宅地建物取引士（甲県知事登録）が事務禁止処分を受けた場合，宅地建物取引士証を甲県知事に速やかに提出しなければならず，速やかに提出しなかったときは10万円以下の過料に処せられることがある。

**イ** 宅地建物取引士（甲県知事登録）が宅地建物取引士としての事務禁止処分を受け，その禁止の期間中に本人の申請により登録が消除された場合は，その者が乙県で宅地建物取引士資格試験に合格したとしても，当該期間が満了していないときは，乙県知事の登録を受けることができない。

**ウ** 宅地建物取引士（甲県知事登録）が甲県から乙県に住所を変更したときは，乙県知事に対し，登録の移転の申請をすることができる。

**エ** 宅地建物取引士（甲県知事登録）が本籍を変更した場合，遅滞なく，甲県知事に変更の登録を申請しなければならない。

❶ 一つ
❷ 二つ
❸ 三つ
❹ 四つ

（本試験 2021 年 10 月問 35 出題）

## 正解肢 3

受験者正解率 77.8%

☆**ア 正** 宅地建物取引士は、事務禁止処分を受けたときは、速やかに、宅地建物取引士証をその交付を受けた都道府県知事に提出しなければならない（業法22条の2第7項）。そして、これに違反したときは、10万円以下の過料に処せられることがある（業法86条）。よって、本肢は正しい。

☆**イ 正** 宅地建物取引士が事務禁止処分を受け、その禁止の期間中に本人の申請によりその登録が消除され、まだその期間が満了しない者は、宅地建物取引士の登録を受けることができない（業法18条1項11号、22条1号）。登録を消除された都道府県以外の都道府県で宅地建物取引士資格試験に合格したとしても、当該期間を満了していなければ、登録を受けることができないことに変わりはない。よって、本肢は正しい。

☆**ウ 誤** 住所の変更を原因として登録の移転の申請はできない。

宅地建物取引士の登録を受けている者は、当該登録をしている都道府県知事の管轄する都道府県以外の都道府県に所在する宅建業者の事務所の業務に従事し、又は従事しようとするときは、当該事務所の所在地を管轄する都道府県知事に対し、当該登録をしている都道府県知事を経由して、登録の移転の申請をすることができる（業法19条の2本文）。要するに勤務先の都道府県に変更があった場合にできる手続きであって、住所を変更したとしても、登録の移転の申請をすることはできない。よって、本肢は誤り。

☆**エ 正** 宅地建物取引士の本籍は、宅地建物取引士の登録事項である（業法18条2項、規則14条の2の2第1項1号）。そして、宅地建物取引士の登録を受けている者は、登録を受けている事項に変更があったときは、遅滞なく、変更の登録を申請しなければならない（業法20条）。よって、本肢は正しい。

以上より、正しいものはア、イ、エの三つであり、**❸**が本問の正解肢となる。

●第2編 令和3年度（10月試験）本試験問題

# 重要事項の説明

## 問171

宅地建物取引業者が行う宅地建物取引業法第35条に規定する重要事項の説明に関する次の記述のうち，同法の規定に少なくとも説明しなければならない事項として掲げられていないものはどれか。

---

❶ 建物の貸借の媒介を行う場合における，「都市計画法第29条第1項の規定に基づく制限」

❷ 建物の貸借の媒介を行う場合における，「当該建物について，石綿の使用の有無の調査の結果が記録されているときは，その内容」

❸ 建物の貸借の媒介を行う場合における，「台所，浴室，便所その他の当該建物の設備の整備の状況」

❹ 宅地の貸借の媒介を行う場合における，「敷金その他いかなる名義をもって授受されるかを問わず，契約終了時において精算することとされている金銭の精算に関する事項」

（本試験2021年10月問36出題）

## 正解肢 1

☆❶ **掲げられていない** 都計法29条1項の規定に基づく制限は，建物賃借人には説明不要である。

建物の貸借を行う場合，「新住宅市街地開発法32条1項」，「新都市基盤整備法51条1項」，「流通業務市街地の整備に関する法律38条1項」の規定に基づく制限は重要事項の説明対象となる事項として掲げられているが，「都市計画法29条1項」の規定に基づく制限は掲げられていない（業法35条1項2号，施行令3条3項）。よって，本肢の事項は掲げられておらず，本問の正解肢となる。

☆❷ **掲げられている** 建物の売買又は交換もしくは貸借の契約の場合，当該建物について，石綿の使用の有無の調査の結果が記録されているときは，その内容は重要事項の説明事項となる（業法35条1項14号，規則16条の4の3第4号）。よって，本肢の事項は掲げられている。

☆❸ **掲げられている** 建物の貸借の契約の場合，台所，浴室，便所その他の当該建物の設備の整備の状況は，重要事項の説明事項となる（業法35条1項14号，規則16条の4の3第7号）。よって，本肢の事項は掲げられている。

☆❹ **掲げられている** 宅地又は建物の貸借の契約の場合，敷金その他いかなる名義をもって授受されるかを問わず，契約終了時において精算することとされている金銭の精算に関する事項は，重要事項の説明事項となる（業法35条1項14号，規則16条の4の3第11号）。よって，本肢の事項は掲げられている。

# 35条・37条書面

**問 172** 宅地建物取引業法第35条の規定に基づく重要事項の説明及び同法第37条の規定により交付すべき書面(以下この問において「37条書面」という。)に関する次の記述のうち,正しいものはどれか。

❶ 宅地建物取引業者は,媒介により区分所有建物の賃貸借契約を成立させた場合,専有部分の用途その他の利用の制限に関する規約においてペットの飼育が禁止されているときは,その旨を重要事項説明書に記載して説明し,37条書面にも記載しなければならない。

❷ 宅地建物取引業者は,自ら売主となる土地付建物の売買契約において,宅地建物取引業者ではない買主から保全措置を講ずる必要のない金額の手付金を受領する場合,手付金の保全措置を講じないことを,重要事項説明書に記載して説明し,37条書面にも記載しなければならない。

❸ 宅地建物取引業者は,媒介により建物の敷地に供せられる土地の売買契約を成立させた場合において,当該売買代金以外の金銭の授受に関する定めがあるときは,その額並びに当該金銭の授受の時期及び目的を37条書面に記載しなければならない。

❹ 宅地建物取引業者は,自ら売主となる土地付建物の売買契約及び自ら貸主となる土地付建物の賃貸借契約のいずれにおいても,37条書面を作成し,その取引の相手方に交付しなければならない。

(本試験 2021 年 10 月問 37 出題)

| 合格者正解率 | 不合格者正解率 |
|---|---|
| ― | ― |

正解肢 **3**

受験者正解率 **82.3**%

☆**❶ 誤** 37条書面に記載する必要はない。

ステップ41
ステップ42

　区分所有建物の貸借において，専有部分の用途その他の利用の制限に関する規約の定めがあるとき，宅建業者は，その内容を重要事項説明書に記載して説明しなければならない（業法35条1項6号，規則16条の2第3号）。しかし，当該事項は，37条書面の記載事項ではない（業法37条2項，1項参照）。よって，本肢は誤り。

☆**❷ 誤** 35条書面・37条書面のいずれにも記載する必要はない。

ステップ42
10-3-1

　保全措置を講ずる必要のない手付金等を受領しようとする場合，宅建業者は，手付金等保全措置についての概要を重要事項説明書に記載して説明することを要しない（業法35条1項10号参照）。また，そもそも手付金等保全措置は，37条書面の記載事項ではない（業法37条1項参照）。よって，本肢は誤り。

☆**❸ 正** 建物の敷地に供せられる土地（宅地）の売買契約を媒介

ステップ42

した場合において，代金以外の金銭の授受に関する定めがあるときは，その額並びに当該金銭の授受の時期及び目的を37条書面に記載しなければならない（業法37条1項6号）。よって，本肢は正しく，本問の正解肢となる。

☆**❹ 誤** 自ら貸主となる場合，37条書面の作成・交付をする必要はない。

ステップ1
ステップ42

　宅建業者が，土地付建物に関し自ら売主となる場合，相手方に対して，37条書面を作成し交付しなければならない（業法37条1項）。しかし，宅建業者が自ら貸主になる場合，当該取引は「自ら貸借」にあたるため宅建業法の規制を受けることがない（業法2条2号，37条2項）。したがって，37条書面の作成・交付義務が課せられることもない。よって，本肢は誤り。

●第2編　令和3年度（10月試験）本試験問題

# 媒介・代理契約

## 問173

宅地建物取引業者Aが，宅地建物取引業者BからB所有の建物の売却を依頼され，Bと一般媒介契約（以下この問において「本件契約」という。）を締結した場合に関する次の記述のうち，宅地建物取引業法の規定に違反しないものはいくつあるか。

**ア**　本件契約を締結する際に，Bから有効期間を6か月としたい旨の申出があったが，AとBが協議して，有効期間を3か月とした。

**イ**　当該物件に係る買受けの申込みはなかったが，AはBに対し本件契約に係る業務の処理状況の報告を口頭により14日に1回以上の頻度で行った。

**ウ**　Aは本件契約を締結した後，所定の事項を遅滞なく指定流通機構に登録したが，その登録を証する書面を，登録してから14日後にBに交付した。

**エ**　本件契約締結後，1年を経過しても当該物件を売却できなかったため，Bは売却をあきらめ，当該物件を賃貸することにした。そこでBはAと当該物件の貸借に係る一般媒介契約を締結したが，当該契約の有効期間を定めなかった。

❶　一つ
❷　二つ
❸　三つ
❹　四つ

（本試験 2021 年 10 月問 38 出題）

正解肢 4 　合格者正解率 ― 　不合格者正解率 ―
受験者正解率 49.2%

☆**ア　違反しない**　専任媒介契約，専属専任媒介契約であれば，媒介契約の有効期間は3カ月を超えることができない（業法34条の2第3項前段）。しかし，一般媒介契約においては，有効期間について宅建業法に規制がない。したがって，有効期間を3カ月とすることができる。よって，本肢は宅建業法に違反しない。 <!-- ステップ35 -->

☆**イ　違反しない**　媒介契約における業務の処理状況の報告は，専任媒介契約であれば2週間に1回以上，専属専任媒介契約であれば1週間に1回以上することを要する（業法34条の2第9項）。しかし，一般媒介契約において，業務の処理状況の報告の回数等について宅建業法に規制はない。したがって，AがBに対し口頭により14日に1回以上の頻度で報告しても，宅建業法に違反しない。よって，本肢は宅建業法に違反しない。 <!-- ステップ35 -->

☆**ウ　違反しない**　専任媒介契約又は専属専任媒介契約を締結した宅建業者が，目的物である宅地又は建物につき指定流通機構に登録した場合，登録を証する書面を遅滞なく依頼者に引き渡さなければならない（業法34条の2第5項，6項）。しかし，一般媒介契約には，このような規制はない。Aが登録を証する書面を依頼者Bに登録してから14日後に交付しても，宅建業法に違反しない。よって，本肢は宅建業法に違反しない。 <!-- ステップ35 -->

☆**エ　違反しない**　宅建業者が，宅地又は建物の売買又は交換の媒介の契約をした場合，媒介契約の規制を受ける（業法34条の2第1項）。しかし，貸借の媒介については，媒介契約の規制が及ばない。したがって，当該物件の貸借に係る一般媒介契約について，有効期間を定めなくても宅建業法の規定に違反しない。よって，本肢は宅建業法に違反しない。 <!-- ステップ35 -->

　以上より，違反しないものはア，イ，ウ，エの四つであり，❹が本問の正解肢となる。

●第2編　令和3年度（10月試験）本試験問題

# クーリング・オフ　重要度 A

## 問174

宅地建物取引業者Aが，自ら売主として，宅地建物取引業者Bの媒介により，宅地建物取引業者ではないCを買主とするマンションの売買契約を締結した場合における宅地建物取引業法第37条の2の規定に基づくいわゆるクーリング・オフについて告げるときに交付すべき書面（以下この問において「告知書面」という。）に関する次の記述のうち，正しいものはどれか。

---

❶ 告知書面には，クーリング・オフによる買受けの申込みの撤回又は売買契約の解除があったときは，Aは，その買受けの申込みの撤回又は売買契約の解除に伴う損害賠償又は違約金の支払を請求することができないことを記載しなければならない。

❷ 告知書面には，クーリング・オフについて告げられた日から起算して8日を経過するまでの間は，Cが当該マンションの引渡しを受け又は代金の全部を支払った場合を除き，書面によりクーリング・オフによる買受けの申込みの撤回又は売買契約の解除を行うことができることを記載しなければならない。

❸ 告知書面には，Cがクーリング・オフによる売買契約の解除をするときは，その旨を記載した書面がAに到達した時点で，その効力が発生することを記載しなければならない。

❹ 告知書面には，A及びBの商号又は名称及び住所並びに免許証番号を記載しなければならない。

（本試験2021年10月問39出題）

## 正解肢 1

受験者正解率 68.4%

☆ ❶ **正** 告知書面には，クーリング・オフによる買受けの申込みの撤回又は売買契約の解除があったときは，宅建業者は，その買受けの申込みの撤回又は売買契約の解除に伴う損害賠償又は違約金の支払を請求することができないことを記載しなければならない（業法37条の2第1項，規則16条の6第4号）。よって，本肢は正しく，本問の正解肢となる。

☆ ❷ **誤** 「又は」ではなく「かつ」。

告知書面には，クーリング・オフを告げられた日から起算して8日を経過する日までの間は，宅地又は建物の引渡しを受け，「かつ」，その代金の全部を支払った場合を除き，書面により買受けの申込みの撤回又は売買契約の解除を行うことができることを記載しなければならない（業法37条の2第1項1号，2号，規則16条の6第3号）。引渡しを受け，「又は」，代金の全部を支払った場合ではない。よって，本肢は誤り。

☆ ❸ **誤** 発した時点で効力が生ずることの記載を要する。

告知書面には，買受けの申込みの撤回又は売買契約の解除は，買受けの申込みの撤回又は売買契約の解除を行う旨を記載した書面を発した時に，その効力を生ずることを記載しなければならない（業法37条の2第1項1号，2項，規則16条の6第5号）。告知書面が到達した時ではない。よって，本肢は誤り。

❹ **誤** 媒介業者Bについて記載する必要はない。

告知書面には，売主である宅建業者の商号又は名称及び住所並びに免許証番号を記載しなければならない（業法37条の2第1項，規則16条の6第2号）。売主業者であるAについて必要なのであって，媒介業者であるBについて記載する必要はない。よって，本肢は誤り。

●第2編　令和3年度（10月試験）本試験問題

# 宅建業法総合

## 問175

次の記述のうち，宅地建物取引業法の規定によれば，正しいものはどれか。

❶ 宅地建物取引業者は，その業務に関する帳簿を備え，取引のあったつど，その年月日，その取引に係る宅地又は建物の所在及び面積その他国土交通省令で定める事項を記載しなければならないが，支店及び案内所には備え付ける必要はない。

❷ 成年である宅地建物取引業者は，宅地建物取引業の業務に関し行った行為について，行為能力の制限を理由に取り消すことができる。

❸ 宅地建物取引業者は，一団の宅地建物の分譲をする場合における当該宅地又は建物の所在する場所に国土交通省令で定める標識を掲示しなければならない。

❹ 宅地建物取引業者は，業務上取り扱ったことについて知り得た秘密に関し，税務署の職員から質問検査権の規定に基づき質問を受けたときであっても，回答してはならない。

（本試験 2021 年 10 月問 40 出題）

## 正解肢 3

受験者正解率 94.7%

☆❶ 誤 支店には備え付ける必要がある。

宅建業者は、その事務所ごとに、その業務に関する帳簿を備え、宅建業に関し取引のあったつど、その年月日、その取引に係る宅地又は建物の所在及び面積その他国土交通省令で定める事項を記載しなければならない（業法49条）。事務所には、本店だけでなく支店も含まれる（施行令1条の2第1号）。よって、本肢は誤り。なお、案内所には備え付ける必要はないとする点は正しい。

❷ 誤 行為能力の制限を理由に取り消すことはできない。

宅建業者（個人に限り、未成年者を除く。）が宅建業の業務に関し行った行為は、行為能力の制限によっては取り消すことができない（業法47条の3）。本肢では、成年である宅建業者の行為が問われていることから、行為能力の制限を理由として取り消すことはできない。よって、本肢は誤り。なお、行為能力の制限を理由とする取消しとは、成年被後見人や被保佐人であることを理由とする取消しのことである。

☆❸ 正 宅建業者は、事務所等及び事務所等以外の国土交通省令で定めるその業務を行う場所ごとに、公衆の見やすい場所に、国土交通省令で定める標識を掲げなければならない（業法50条1項）。そして、国土交通省令で定められている場所のひとつに、一団の宅地建物の分譲をする場合における当該宅地又は建物の所在する場所がある（規則19条1項2号）。よって、本肢は正しく、本問の正解肢となる。

❹ 誤 正当な理由があるため、回答することができる。

宅建業者は、正当な理由がある場合でなければ、その業務上取り扱ったことについて知り得た秘密を他に漏らしてはならない（業法45条前段）。この「正当な理由」の具体例として「裁判の証人として証言を求められたとき」、「税務署等の職員から質問検査権の規定に基づき質問を受けたとき」等が挙げられる（解釈・運用の考え方）。よって、本肢の場合は正当な理由が認められるため、回答することができる。よって、本肢は誤り。

# 37条書面

**問176** 宅地建物取引業者Aが行う業務に関する次の記述のうち、宅地建物取引業法の規定によれば、正しいものはいくつあるか。なお、この問において「37条書面」とは、同法第37条の規定により交付すべき書面をいうものとする。

**ア** Aが自ら売主として建物を売却する場合、宅地建物取引業者Bに当該売却の媒介を依頼したときは、Bは宅地建物取引士をして37条書面に記名押印させなければならず、Aも宅地建物取引士をして37条書面に記名押印させなければならない。

**イ** Aが自ら売主として建物を売却する場合、当該売買契約に際し、買主から支払われる手付金の額が売買代金の5%未満であるときは、当該手付金の額の記載があれば、授受の時期については37条書面に記載しなくてもよい。

**ウ** Aが売主を代理して建物を売却する場合、買主が宅地建物取引業者であるときは、37条書面を交付しなくてもよい。

**エ** Aが売主を代理して抵当権が設定されている建物を売却する場合、当該抵当権の内容について37条書面に記載しなければならない。

① 一つ
② 二つ
③ 三つ
④ 四つ

(本試験 2021年10月問41出題)

## 正解肢 1

☆**ア 正** 宅建業者は、交付すべき37条書面を作成したときは、宅地建物取引士をして、当該書面に記名押印させなければならない（業法37条3項）。また、複数の宅建業者が取引に関与するときは、すべての宅建業者が宅地建物取引士をして37条書面に記名押印させなければならないので、AもBも記名押印させなければならない。よって、本肢は正しい。

☆**イ 誤** 授受の時期も記載しなければならない。

37条書面には、代金及び交換差金以外の金銭の授受に関する定めがあるときは、その額並びに当該金銭の授受の時期及び目的を記載しなければならない（業法37条1項6号）。よって、本肢は誤り。なお、手付金の額が5％未満の場合であれば授受の時期を省略できる旨の規定は存在しない。

☆**ウ 誤** 相手方が宅建業者でも37条書面の交付は省略できない。

宅建業者は、売主を代理して契約を締結したときは、その契約の相手方及び依頼者に37条書面を交付しなければならない（業法37条1項）。これは相手方が宅建業者であっても省略できない（業法78条2項参照）。よって、本肢は誤り。

☆**エ 誤** 抵当権の内容は37条書面の記載事項ではない。

抵当権の内容は37条書面の記載事項ではない（業法37条参照）。よって、本肢は誤り。なお、抵当権が登記されていれば重要事項の説明対象となるが、その場合でも37条書面の記載事項ではない（業法35条1項1号、37条1項参照）。

以上より、正しいものはアの一つであり、❶が本問の正解肢となる。

●第2編 令和3年度（10月試験）本試験問題

# 自ら売主制限総合

重要度 A

## 問177

宅地建物取引業者Aが，自ら売主として宅地建物取引業者ではないBを買主とする土地付建物の売買契約（代金3,200万円）を締結する場合に関する次の記述のうち，民法及び宅地建物取引業法の規定によれば，正しいものはどれか。

❶ 割賦販売の契約を締結し，当該土地付建物を引き渡した場合，Aは，Bから800万円の賦払金の支払を受けるまでに，当該土地付建物に係る所有権の移転登記をしなければならない。

❷ 当該土地付建物の工事の完了前に契約を締結した場合，Aは，宅地建物取引業法第41条に定める手付金等の保全措置を講じなくても手付金100万円，中間金60万円を受領することができる。

❸ 当事者の債務の不履行を理由とする契約の解除に伴う損害賠償の予定額を400万円とし，かつ，違約金の額を240万円とする特約を定めた場合，当該特約は無効となる。

❹ 当事者の債務の不履行を理由とする契約の解除に伴う損害賠償の予定額を定めていない場合，債務の不履行による損害賠償の請求額は売買代金の額の10分の2を超えてはならない。

（本試験 2021年10月問42出題）

正解肢 2

受験者正解率 88.4%

☆❶ 誤 960万円を超える賦払金の支払を受けるまで所有権移転登記をしなくてよい。  13-9-2

宅建業者は、自ら売主として割賦販売を行った場合には、当該割賦販売に係る目的物を買主に引き渡すまでに、登記を移転しなければならない（業法43条1項本文）。ただし、代金額の10分の3を超える額の金銭の支払いを受けていない場合には、代金の額の10分の3を超える額の金銭の支払いを受けるまでに登記を移転すればよい（業法43条1項かっこ書）。本肢において、Aは、代金3,200万円の10分の3である960万円を超える額を受けるまで所有権の移転登記をしなくてよい。よって、本肢は誤り。

☆❷ 正 宅建業者は、自ら未完成物件の売主となる場合、原則として、保全措置を講じなければ、宅建業者でない買主から手付金等を受領することができない（業法41条1項本文）。もっとも、この場合、代金額の5％以下かつ1,000万円以下であれば保全措置が不要である（業法41条1項但書、施行令3条の3）。本肢では、代金3,200万円の5％は160万円であることから、手付金100万円、中間金60万円の合計160万円を受領することができる。よって、本肢は正しく、本問の正解肢となる。  ステップ49

☆❸ 誤 当該特約は有効である。  ステップ50

宅建業者が自ら売主となる宅地又は建物の売買契約において、当事者の債務の不履行を理由とする契約の解除に伴う損害賠償の額を予定し、又は違約金を定めるときは、これらを合算した額が代金の額の10分の2を超えることとなる定めをしてはならず（業法38条1項）、これに反する特約は、代金の額の10分の2を超える部分について、無効となる（業法38条2項）。本肢の場合、代金の額の10分の2は640万円である。また、損害賠償の予定額400万円と違約金の額240万円との合計が640万円となり一致する。額が一致する場合は「超える」ことにならない。したがって、本肢の特約は有効である。よって、本肢は誤り。

☆❹ 誤 損害賠償の予定額の定めがなければ、実際の損害額を請求できる。  13-5-2

宅建業者が自ら売主となる宅地又は建物の売買契約において、当事者の債務不履行を理由とする契約の解除に伴う損害賠償額を予定し、又は違約金を定めるときは、これらを合算した額が代金の額の10分の2を超えることとなる定めをしてはならない（業法38条1項）。しかし、これはあらかじめ損害賠償額や違約金の額を定める場合の制限である。その定めがないのであれば、実際の損害額を証明して請求することができる。よって、本肢は誤り。

●第2編　令和3年度（10月試験）本試験問題

# その他の業務上の規制

重要度 A

## 問178

宅地建物取引業者の業務に関する次の記述のうち，宅地建物取引業法の規定に違反するものはいくつあるか。

ア　マンションの販売に際して，買主が手付として必要な額を持ち合わせていなかったため，手付を分割受領することにより，契約の締結を誘引した。

イ　宅地の売買に際して，相手方が「契約の締結をするかどうか明日まで考えさせてほしい」と申し出たのに対し，事実を歪めて「明日では契約締結できなくなるので，今日しか待てない」と告げた。

ウ　マンション販売の勧誘を電話で行った際に，勧誘に先立って電話口で宅地建物取引業者の商号又は名称を名乗らずに勧誘を行った。

エ　建物の貸借の媒介に際して，賃貸借契約の申込みをした者がその撤回を申し出たが，物件案内等に経費がかかったため，預り金を返還しなかった。

❶　一つ
❷　二つ
❸　三つ
❹　四つ

（本試験 2021 年 10 月問 43 出題）

正解肢 4

受験者正解率 91.2%

☆**ア 違反する** 手付の分割受領によって契約締結を誘引してはならない。　ステップ45

宅建業者は，その業務に関して，手付について貸付けその他信用の供与をすることにより，契約の締結を誘引する行為をしてはならない（業法47条3号）。そして，手付の分割受領も「信用の供与」に該当する（解釈・運用の考え方）。よって，本肢は宅建業法の規定に違反する。

☆**イ 違反する** 契約締結の判断のために必要な時間を与えることを拒んではならない。　12-3-7

宅建業者は，宅建業に係る契約の締結をするに際し，宅建業者の相手方等に対し，正当な理由なく，当該契約を締結するかどうかを判断するために必要な時間を与えることを拒んではならない（業法47条の2第3項，規則16条の12第1号ロ）。相手方が「明日まで考えさせてほしい」と申し出たのに対し，「今日しか待てない」と告げることは，契約を締結するかどうかを判断するために必要な時間を与えることを拒むことにあたる。また，「事実を歪め」たことについて，正当な理由は認められない。よって，本肢は宅建業法の規定に違反する。

☆**ウ 違反する** 宅建業者の商号又は名称を告げなければならない。　12-3-7

宅建業者は，宅建業に係る契約の締結の勧誘をするに際し，宅建業者の相手方等に対し，当該勧誘に先立って宅建業者の商号又は名称及び当該勧誘を行う者の氏名並びに当該契約の締結について勧誘をする目的である旨を告げずに勧誘を行ってはならない（業法47条の2第3項，規則16条の12第1号ハ）。よって，本肢は宅建業法の規定に違反する。

☆**エ 違反する** 申込みの撤回の際，預り金の返還を拒んではならない。　ステップ45

宅建業者は，相手方等が契約の申込みの撤回を行うに際し，既に受領した預り金を返還することを拒んではならない（業法47条の2第3項，規則16条の12第2号）。よって，本肢は宅建業法の規定に違反する。

以上より，宅建業法の規定に違反するのはア，イ，ウ，エの四つであり，❹が本問の正解肢となる。

●第2編 令和3年度(10月試験) 本試験問題

# 報酬額の制限

## 問179

宅地建物取引業者A（消費税課税事業者）が受け取ることができる報酬額についての次の記述のうち、宅地建物取引業法の規定によれば、正しいものはどれか。

❶ 居住の用に供する建物（1か月の借賃20万円。消費税等相当額を含まない。）の貸借であって100万円の権利金の授受があるものの媒介をする場合、依頼者双方から受領する報酬の合計額は11万円を超えてはならない。

❷ 宅地（代金1,000万円。消費税等相当額を含まない。）の売買について、売主から代理の依頼を受け、買主から媒介の依頼を受け、売買契約を成立させて買主から303,000円の報酬を受領する場合、売主からは489,000円を上限として報酬を受領することができる。

❸ 宅地（代金300万円。消費税等相当額を含まない。）の売買の媒介について、通常の媒介と比較して現地調査等の費用が6万円（消費税等相当額を含まない。）多く要した場合、依頼者双方から合計で44万円を上限として報酬を受領することができる。

❹ 店舗兼住宅（1か月の借賃20万円。消費税等相当額を含まない。）の貸借の媒介をする場合、依頼者の一方から受領する報酬は11万円を超えてはならない。

(本試験 2021年10月問44出題)

## 正解肢 2

受験者正解率 **73.5%**

☆ **❶ 誤** 11万円を超えても22万円以下であればよい。 [ステップ57]

宅建業者が居住用建物の貸借の媒介をする場合，貸主・借主合わせて借賃1カ月分の報酬を受けることができる（業法46条1項，報酬告示第4）。また，居住用建物の貸借における報酬額の算定において，権利金等の額を報酬上限額の基準とすることはできない（報酬告示第6）。そして，宅建業者が消費税課税事業者であるときは，当該報酬額に消費税等相当額を上乗せすることができる。本肢では，借賃20万円×1.1＝22万円が依頼者双方からAが受領できる報酬上限額となる。よって，本肢は誤り。

☆ **❷ 正** 宅建業者が売買の代理を受けた場合，媒介の2倍の報酬額が依頼者双方から受領することができる報酬上限額となる（報酬告示第2，第3）。本肢では，(1,000万円×3％＋6万円)×1.1×2＝79万2,000円が，Aが受領することができる報酬上限額となる。また，媒介であれば，(1,000万円×3％＋6万円)×1.1＝39万6,000円が報酬上限額となる（報酬告示第2）。Aが売買の媒介の依頼した買主から30万3,000円を報酬として受けることは，宅建業法に違反しない。そして，売買の代理を依頼した売主からは，79万2,000円－30万3,000円＝48万9,000円を受領することができる。よって，本肢は正しく，本問の正解肢となる。 [ステップ54]

**❸ 誤** 35万2,000円を上限として受領することができる。 [14-4-2]

代金300万円の宅地の売買の媒介であることから，一旦消費税を考慮せず計算すると，Aは，依頼者の一方から，300万円×4％＋2万円＝14万円を上限として報酬を受領できるのが原則である。もっとも，売買価格が400万円以下の低廉な空き家等については特例があり，現地調査等の費用を要した場合，依頼を受けた売主のみに，18万円を報酬上限額として，報酬に現地調査等の費用の上乗せをすることができる（報酬告示第7）。本肢の場合，調査費は6万円であるが，上乗せ額は4万円までとなる。そうすると，売主からは18万円，買主からは14万円を限度として受領できることになる。結果，合計で，(18万円＋14万円)×1.1＝35万2,000円が，Aの受領することができる報酬上限額となる。したがって，合計で44万を上限として報酬を受領することは，宅建業法に違反する（業法46条2項）。よって，本肢は誤り。

☆ **❹ 誤** 11万円を超えても22万円以下であればよい。 [ステップ57]

店舗兼住宅は，専ら居住の用に供される建物ではないことから，居住用建物以外の建物として，報酬上限額を検討することとなる（報酬告示第4，解釈・運用の考え方）。この場合，権利金等がなければ，貸主・借主合わせて借賃1カ月分が報酬上限額となり，貸主・借主の内訳を問わずして受領することができる（報酬告示第4前段）。したがって，本肢では借賃20万円×1.1＝22万円が報酬上限額となる。貸主・借主の内訳が問われないため，依頼者の一方から受領する報酬が11万円を超えても，宅建業法に違反しない。よって，本肢は誤り。

● 第2編　令和3年度（10月試験）本試験問題

# 住宅瑕疵担保履行法　重要度 **A**

**問180** 宅地建物取引業者Aが，自ら売主として宅地建物取引業者ではない買主Bに新築住宅を販売する場合における次の記述のうち，特定住宅瑕疵担保責任の履行の確保等に関する法律の規定によれば，正しいものはどれか。

❶ Bが建設業者である場合，Aは，Bに引き渡した新築住宅について，住宅販売瑕疵担保保証金の供託又は住宅販売瑕疵担保責任保険契約の締結を行う義務を負わない。

❷ Aが住宅販売瑕疵担保責任保険契約を締結する場合，当該契約は，BがAから当該新築住宅の引渡しを受けた時から2年以上の期間にわたって有効なものでなければならない。

❸ Aが住宅販売瑕疵担保責任保険契約を締結した場合，A及びBは，指定住宅紛争処理機関に特別住宅紛争処理の申請をすることにより，当該新築住宅の瑕疵に関するAとBとの間の紛争について，あっせん，調停又は仲裁を受けることができる。

❹ AB間の新築住宅の売買契約において，当該新築住宅の構造耐力上主要な部分に瑕疵があってもAが瑕疵担保責任を負わない旨の特約があった場合，住宅販売瑕疵担保保証金の供託又は住宅販売瑕疵担保責任保険契約の締結を行う義務はない。

（本試験 2021 年 10 月問 45 出題）

| 正解チェック欄 | ╱ | ╱ | ╱ |
|---|---|---|---|

LEC東京リーガルマインド　2022年版出る順宅建士 ウォーク問過去問題集②宅建業法　363

## 正解肢 3

受験者正解率 88.1%

☆❶ 誤 買主が宅建業者ではないので資力確保措置が必要である。

　宅建業者が住宅瑕疵担保保証金の供託又は住宅瑕疵担保責任保険契約の締結（資力確保措置）の義務を負うのは，自ら売主として新築住宅を宅建業者でない買主に販売する場合である（住宅瑕疵担保履行法2条7項2号ロ，11条1項，2項）。買主Bは建設業者であり，宅建業者でない買主にあたるので資力確保措置を行う義務を負う。よって，本肢は誤り。

☆❷ 誤 引渡しを受けた時から10年以上の期間である。

　住宅瑕疵担保責任保険契約の有効期間は，新築住宅の引渡しを受けた時から10年以上の期間でなければならない（住宅瑕疵担保履行法2条7項4号）。「2年以上の期間」だと，2年間でも有効となってしまうので適法とはいえない。よって，本肢は誤り。

❸ 正 指定住宅紛争処理機関は，住宅瑕疵担保責任保険契約に係る新築住宅（評価住宅を除く。）の建設工事の請負契約又は売買契約に関する紛争の当事者の双方又は一方からの申請により，当該紛争のあっせん，調停及び仲裁の業務を行うことができる（住宅瑕疵担保履行法33条1項）。よって，本肢は正しく，本問の正解肢となる。

☆❹ 誤 買主に不利な特約は無効。

　住宅瑕疵担保履行法における特定住宅瑕疵担保責任は，品確法の瑕疵担保責任をいう（住宅瑕疵担保履行法2条5項，品確法94条，95条）。品確法上，構造耐力上主要な部分又は雨水の浸入を防止する部分の瑕疵について瑕疵担保責任を負い，これに反する特約で買主に不利なものは無効となる（品確法95条1項，2項）。したがって，瑕疵担保責任を負わない旨の特約は買主に不利なものとして無効となるので，原則どおり資力確保措置を行う義務を負う。よって，本肢は誤り。

出る順宅建士シリーズ

## 2022年版
## 出る順宅建士 ウォーク問 過去問題集　❷宅建業法

| 1988年 8 月24日 | 第 1 版 | 第 1 刷発行 |
| 2021年12月30日 | 第35版 | 第 1 刷発行 |

　　　　　　編著者●株式会社　東京リーガルマインド
　　　　　　　　　　LEC総合研究所　宅建士試験部

　　　発行所●株式会社　東京リーガルマインド
　　　　　　　〒164-0001　東京都中野区中野4-11-10
　　　　　　　　　　　　　アーバンネット中野ビル
　　　　　　　LECコールセンター　☎ 0570-064-464
　　　　　　　　　　受付時間　平日9:30 ～ 20:00 / 土・祝10:00 ～ 19:00 / 日10:00 ～ 18:00
　　　　　　　　　　※このナビダイヤルは通話料お客様ご負担となります。
　　　　　　　書店様専用受注センター　　TEL 048-999-7581 / FAX 048-999-7591
　　　　　　　　　　受付時間　平日9:00 ～ 17:00 / 土・日・祝休み
　　　　　　　www.lec-jp.com/

　　　　　　カバーデザイン●ブルーデザイン有限会社
　　　　　　本文デザイン●エー・シープランニング　千代田　朗
　　　　　　本文イラスト●髙橋　雅彦
　　　　　　印刷・製本●倉敷印刷株式会社

©2021 TOKYO LEGAL MIND K.K., Printed in Japan　　　　　　ISBN978-4-8449-9721-4
**複製・頒布を禁じます。**

本書の全部または一部を無断で複製・転載等することは、法律で認められた場合を除き、著作者及び出版者の権利侵害になりますので、その場合はあらかじめ弊社あてに許諾をお求めください。
なお、本書は個人の方々の学習目的で使用していただくために販売するものです。弊社と競合する営利目的での使用等は固くお断りいたしております。
落丁・乱丁本は、送料弊社負担にてお取替えいたします。出版部（TEL03-5913-6336）までご連絡ください。

# 宅建士 LEC渾身の書籍ラインナップ

## インプット&アウトプットの"リンク学習"で効率的に合格しよう

### ゼロから一気に合格したい！
# 宅建士 合格の トリセツ

テキストはオールカラー＆イラスト図解＆やさしい文章でスラスラ学べる

**基本テキスト** | **基本問題集** | **頻出 一問一答式 過去問題集(仮題)**（2022年4月発刊予定）

**購入特典** 基本テキストには ★無料講義動画20本 ★スマホ対応一問一答

### 自信満々に合格したい！
# 出る順 宅建士 シリーズ

試験範囲を全網羅！詳しい解説で難問にも打ち勝つ合格力を身につける

完全リンク

第①巻：権利関係
第②巻：宅建業法
第③巻：法令上の制限・税・その他

**合格テキスト 全3巻** | **ウォーク問 過去問題集 全3巻**

**購入特典** ウォーク問過去問題集には 最新12月試験問題&解説 ダウンロード

## 試験日 例年10月第3日曜日

受験申込期間：例年7月上旬～下旬
※最新情報は試験指定機関HPをご確認ください。

# 直前期！本試験形式の演習で試験対策を万全に！

**過去30年良問厳選問題集**
(2022年4月発刊予定)

**当たる！直前予想模試**
(2022年6月発刊予定)

**購入特典** 当たる！直前予想模試には　WEB無料解説動画4回分＆無料採点サービス
順位や平均点・偏差値が一目瞭然

# 短期学習に特化したテキスト

ウォーク問過去問題集
**リンク**

**どこでも宅建士 とらの巻 短期決戦型 速習テキスト**
(2022年5月発刊予定)

 試験当日まで使える別冊暗記集「とらの子」

# アプリ＆オーディオブックで効率学習

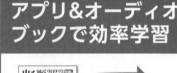

**リンク** 合格テキスト

**一問一答 ○×1000肢問題集** 赤シート付き
(2022年1月発刊予定)

**購入特典** スマホで学べるアプリ

**リンク**
・合格テキスト
・とらの巻

**逆解き式！最重要ポイント555** 赤シート付き
(2022年4月発刊予定)

**購入特典** オーディオブック

※特典の名称や書籍のタイトル・表紙・デザイン・内容・発刊予定等は、実際と異なる場合がございます。予めご了承ください。

**基礎から万全！「合格のトレーニングメニュー」を完全網羅！**

# プレミアム合格フルコース 全78回

| スーパー合格講座<br>(34回×2.5h) | 出た順必勝<br>総まとめ講座<br>(12回×2.5h) | とにかく6点アップ！<br>直前かけこみ講座<br>(2回×2h) |
|---|---|---|
| 分野別！コレだけ演習<br>総まとめ講座<br>(3回×3.5h) | 究極のポイント300<br>攻略講座<br>(3回×2h) | 全日本宅建公開模試<br>基礎編(2回)<br>実戦編(3回) |
| マスター演習講座<br>(15回×2.5h) | 試験に出るトコ<br>大予想会<br>(3回×2h) | ファイナル模試<br>(1回) |

※講座名称は変更となる場合がございます。予めご了承ください。

**受講形態**

**通学クラス**

**通信クラス**

● 各受講スタイルのメリット

**通学** 各本校での生講義が受講できます。講師に直接質問したい方、勉強にリズムを作りたい方にオススメ！

**通信**  Web通信動画はPC以外にもスマートフォンやタブレットでも視聴可能。シーンに応じた使い分けで学習効率UP。

**内容** 「スーパー合格講座」では合格に必要な重要必須知識を理解・定着させることを目標とします。講師が、難しい専門用語を極力使わず、具体例をもって分かりやすく説明します。「分野別！これだけ演習総まとめ講座」ではスーパー合格講座の分野終了時に演習を行いながら総まとめをします。WebまたはDVDでの提供となりますので進捗にあわせていつでもご覧いただけます。「マスター演習講座」では、スーパー合格講座で学んだ内容を、○×式の演習課題を実際に解きながら問題の解き方をマスターし、重要知識の定着をさらに進めていきます。「出た順必勝総まとめ講座」は、過去の本試験問題のうち、合格者の正答率の高い問題を題材にして、落としてはならない論点を実際に解きながら総復習します。最後に、「全日本公開模試・ファイナル模試」で本試験さながらの演習トレーニングを受けて、その後の直前講座で実力の総仕上げをします。

**対象者**
・初めて宅建の学習を始める方
・何を勉強すればよいか分からず不安な方

● 受講料

| 受講形態 | 一般価格(税込) |
|---|---|
| 通信・Web動画＋スマホ＋音声DL | 154,000円 |
| 通信・DVD | 170,500円 |
| 通学・フォロー(Web動画＋スマホ＋音声DL)付 | 181,500円 |

**詳細はLEC宅建サイトをご覧ください**
**⇒ http://www.lec-jp.com/takken/**

**圧倒的な演習量を誇るリベンジ講座に徹底復習のための基礎講座をプラスアルファ！**

## 学習経験者専用コース　再チャレンジ合格フルコース
### ＋スーパー合格講座　全73回

- スーパー合格講座（34回×2.5h）
- 総合実戦答練（3回×4h）
- 全日本宅建公開模試　基礎編（2回）／実戦編（3回）
- ハイレベル合格講座（18回×3h）
- 直前バックアップ総まとめ講座（3回×3h）
- ファイナル模試（1回）
- 分野別ベーシック答練（6回×3h）
- 過去問対策ナビゲート講座（2回×3h）
- ラスト1週間の重要ポイント見直し講座（1回×3h）

※講座名称は変更となる場合がございます。予めご了承ください。

**受講形態**

**通学クラス**

通学　＋　フォロー

Web通信（動画）　or　音声ダウンロード　／　DVD

**通信クラス**

Web通信（動画）　or　音声ダウンロード　／　DVD

● 各受講スタイルのメリット

 **通学**　各本校での生講義が受講できます。講師に直接質問したい方、勉強にリズムを作りたい方にオススメ！

 **通信**　Web通信動画はPC以外にもスマートフォンやタブレットでも視聴可能。シーンに応じた使い分けで学習効率UP。

**内容**　「スーパー合格講座」で徹底的に基礎知識を復習し、あやふやな部分を取り除きましょう。「ハイレベル合格講座」と2種類の答練を並行学習することで最新の出題パターンと解法テクニックを習得します。さらに4肢択一600問（模試6回＋答練9回）という業界トップクラスの演習量があなたを合格に導きます。

**対象者**
・基礎から学びなおしてリベンジしたい方
・テキストの内容は覚えたのに過去問が解けない方

● **受講料**

| 受講形態 | 一般価格（税込） |
| --- | --- |
| 通信・Web動画＋スマホ＋音声DL | 148,500円 |
| 通信・DVD | 165,000円 |
| 通学・フォロー（Web動画＋スマホ＋音声DL）付 | 176,000円 |

**詳細はLEC宅建サイトをご覧ください**
**⇒ http://www.lec-jp.com/takken/**

## 「とら」＋「模試」が効く！

### 5月〜8月に始める方のための

# 短期集中講座ラインナップ

合格まで全力疾走できる短期合格目標コース

## ウルトラ合格フルコース ＜全48回＞

| | | |
|---|---|---|
| ウルトラ速習<br>35時間完成講座<br>（15回×2.5h） | 出た順必勝<br>総まとめ講座<br>（12回×2.5h） | とにかく6点アップ！<br>直前かけこみ講座<br>（2回×2h） |
| 短期合格を目指す<br>宅建スタートダッシュ講座<br>（3回×2.5h） | 究極のポイント<br>300攻略講座<br>（3回×2h） | 全日本宅建公開模試<br>（実戦編3回） |
| ウルトラ演習<br>解きまくり講座<br>（6回×2.5h） | 試験に出るトコ<br>大予想会<br>（3回×2h） | ファイナル模試<br>（1回） |

### ＜講座内容＞

5月以降に学習を始めて今年の宅建士試験に合格するためには、めったに出題されない論点や他の受験生が得点できない論点を思い切って切り捨てることが必要です。LECは、過去の出題傾向・正解率データをもとに、膨大な論点をダウンサイジングし、「合格に必要な知識」に絞り込みました。この「合格に必要な知識」を何度も繰り返し学習することで、「引っ掛け問題」や「受験生心理を揺さぶる問題」にも対応できる「合格力」が身につきます。合格まで一気に駆け抜けましょう。

- ①短期合格を目指す宅建スタートダッシュ講座⇒しっかり入門！
- ②ウルトラ速習35時間完成講座⇒短期学習の決定版！
- ③ウルトラ演習解きまくり講座⇒習得した知識を"使える"知識へ
- ④出た順必勝総まとめ講座⇒出た順で知識を総まとめ
- ⑤全日本宅建公開模試⇒自分の弱点を発見・克服する
- ⑥究極のポイント300攻略講座⇒○×チェック
- ⑦試験に出るトコ大予想会⇒本試験予想
- ⑧とにかく6点アップ！ かけこみ講座⇒超直前！
- ⑨ファイナル模試⇒最後の予想模試

詳細はLEC宅建ホームページまたはコールセンターまで

### ＜別売テキスト（税込）＞

| | | |
|---|---|---|
| 2022どこでも宅建士とらの巻 | 定価2,420円 | |
| 2022ウォーク問過去問題集　❶権利関係 | 定価1,760円 | |
| ❷宅建業法 | 定価1,760円 | |
| ❸法令上の制限・税・その他 | 定価1,980円 | 合計4冊／7,920円 |

### ＜受講料＞

| 受講形態 | 一般価格（税込） |
|---|---|
| 通信・Web動画＋スマホ＋音声DL | 110,000円 |
| 通学・フォロー（Web動画＋スマホ＋音声DL）付 | 121,000円 |

※通信DVDもございます。また、通学・提携校通学の詳細はLEC宅建サイトをご覧ください。
※上記の内容は発行日現在のものであり、事前の予告なく変更する場合がございます。あらかじめご了承ください。

**詳細はLEC宅建サイトをご覧ください ⇒ http://www.lec-jp.com/takken/**

○×チェックでスピーディーにまとめる!

# 究極のポイント300攻略講座 全3回 <通学/通信>

**内容** 合格のためには、知識を確実に身につけなければなりません。試験直前期には、その知識をより確実なものにする必要があります。この講座では、「合格に必要な知識」をさらに精錬した究極の300のポイントを示し、知識の再確認をします。

### こんな人にオススメです
・合格に必要な知識を確実にし、合格を不動のものにしたい方
・直前期の勉強法に悩んでいる方

### 使用教材
究極のポイント300攻略講座
オリジナルテキスト(受講料込)

### 受講料

| 受講形態 | 一般価格(税込) | 講座コード |
|---|---|---|
| 通信・Web動画+スマホ+音声DL | 14,300円 | TB22571 |

※通学・通信DVDなどその他受講形態もございます。詳しくはLEC宅建ホームページをご覧ください。

---

今年も当てます!本試験!!

# 試験に出るトコ大予想会 全3回 <通学/通信>

**内容** 過去問の徹底分析に基づき、LEC宅建講師陣が総力をあげて2022年度の宅建士試験に「出るトコ」を予想する講座です。復習必要度の高い重要論点ばかりで問題が構成されています。2022年度の宅建士試験合格を、より確実なものにできます。

### こんな人にオススメです
・今年の宅建本試験に何がなんでも合格したい方
・一発逆転を狙う方
・2021年度宅建本試験にあと一歩だった方

### 使用教材
試験に出るトコ大予想会
オリジナルテキスト(受講料込)

### 受講料

| 受講形態 | 一般価格(税込) | 講座コード |
|---|---|---|
| 通信・Web動画+スマホ+音声DL | 14,300円 | TB22576 |

※通学・通信DVDなどその他受講形態もございます。詳しくはLEC宅建ホームページをご覧ください。

---

本試験前日の超直前講座!

# とにかく6点アップ!直前かけこみ講座 全2回 <通学/通信>

**内容** 2022年度宅建士試験は10月16日(日)に実施されます(予定)。本講座は、その前日、10月15日(土)に行います。本試験前日ともなると、なかなか勉強が手につかないもの。やり残した細かい所が気になってしまうのも受験生の心理でしょう。そんなときこそ、当たり前のことを落ち着いて勉強することが重要です。本講座で重要ポイントをチェックして、本試験に臨んでください。

### こんな人にオススメです
・本試験に向けて最後の総まとめをしたい方
・最後の最後に合格を確実にしたい方

### 使用教材
とにかく6点アップ!直前かけこみ講座
オリジナルテキスト(受講料込)

### 受講料

| 受講形態 | 一般価格(税込) | 講座コード |
|---|---|---|
| 通信・Web動画+スマホ+音声DL | 7,150円 | TB22565 |

※通学・通信DVDなどその他受講形態もございます。詳しくはLEC宅建ホームページをご覧ください。

※上記の内容は発行日現在のものであり、事前の予告なく変更する場合がございます。あらかじめご了承ください。

---

■お電話での講座に関するお問い合わせ(平日9:30～20:00 土・祝10:00～19:00 日10:00～18:00)

**LECコールセンター** ☎**0570-064-464**

※このナビダイヤルは通話料お客様のご負担となります。
※固定電話・携帯電話共通(一部のPHS・IP電話からもご利用可能)。

**LEC Webサイト** ▷▷ **www.lec-jp.com/**

## 情報盛りだくさん！

資格を選ぶときも、
講座を選ぶときも、
最新情報でサポートします！

### ≫最新情報
各試験の試験日程や法改正情報、対策講座、模擬試験の最新情報を日々更新しています。

### ≫資料請求
講座案内など無料でお届けいたします。

### ≫受講・受験相談
メールでのご質問を随時受付けております。

### ≫よくある質問
LECのシステムから、資格試験についてまで、よくある質問をまとめました。疑問を今すぐ解決したいなら、まずチェック！

### ≫書籍・問題集（LEC書籍部）
LECが出版している書籍・問題集・レジュメをこちらで紹介しています。

## 充実の動画コンテンツ！

ガイダンスや講演会動画、
講義の無料試聴まで
Webで今すぐCheck！

### ≫動画視聴OK
パンフレットやWebサイトを見てもわかりづらいところを動画で説明。いつでもすぐに問題解決！

### ≫Web無料試聴
講座の第1回目を動画で無料試聴！気になる講義内容をすぐに確認できます。

スマートフォン・タブレットからはQRコードでのアクセスが便利です。 ▷▷▷

## 自慢のメールマガジン配信中！（登録無料）

LEC講師陣が毎週配信！ 最新情報やワンポイントアドバイス、改正ポイントなど合格に必要な知識をメールにて毎週配信。

# www.lec-jp.com/mailmaga/

## LEC E学習センター

新しい学習メディアの導入や、Web学習の新機軸を発信し続けています。また、LECで販売している講座・書籍などのご注文も、いつでも可能です。

# online.lec-jp.com/

## LEC電子書籍シリーズ

LECの書籍が電子書籍に！ お使いのスマートフォンやタブレットで、いつでもどこでも学習できます。

※動作環境・機能につきましては、各電子書籍ストアにてご確認ください。

# www.lec-jp.com/ebook/

LEC書籍・問題集・レジュメの紹介サイト **LEC書籍部** www.lec-jp.com/system/book/

| LECが出版している書籍・問題集・レジュメをご紹介 | 当サイトから書籍などの直接購入が可能（*） |
| --- | --- |
| 書籍の内容を確認できる「チラ読み」サービス | 発行後に判明した誤字等の訂正情報を公開 |

＊商品をご購入いただく際は、事前に会員登録（無料）が必要です。
＊購入金額の合計・発送する地域によって、別途送料がかかる場合がございます。

※資格試験によっては実施していないサービスがありますので、ご了承ください。

# LEC 全国学校案内

＊講座のお問合せ、受講相談は最寄りのLEC各校へ

## LEC本校

### ■北海道・東北

**札　幌**本校　　　☎011(210)5002
〒060-0004 北海道札幌市中央区北4条西5-1　アスティ45ビル

**仙　台**本校　　　☎022(380)7001
〒980-0021 宮城県仙台市青葉区中央3-4-12
仙台ＳＳスチールビルⅡ

### ■関東

**渋谷駅前**本校　　　☎03(3464)5001
〒150-0043 東京都渋谷区道玄坂2-6-17　渋東シネタワー

**池　袋**本校　　　☎03(3984)5001
〒171-0022 東京都豊島区南池袋1-25-11　第15野萩ビル

**水道橋**本校　　　☎03(3265)5001
〒101-0061 東京都千代田区神田三崎町2-2-15　Daiwa三崎町ビル

**新宿エルタワー**本校　　　☎03(5325)6001
〒163-1518 東京都新宿区西新宿1-6-1　新宿エルタワー

**早稲田**本校　　　☎03(5155)5501
〒162-0045 東京都新宿区馬場下町62　三朝庵ビル

**中　野**本校　　　☎03(5913)6005
〒164-0001 東京都中野区中野4-11-10　アーバンネット中野ビル

**立　川**本校　　　☎042(524)5001
〒190-0012 東京都立川市曙町1-14-13　立川MKビル

**町　田**本校　　　☎042(709)0581
〒194-0013 東京都町田市原町田4-5-8　町田イーストビル

**横　浜**本校　　　☎045(311)5001
〒220-0004 神奈川県横浜市西区北幸2-4-3　北幸GM21ビル

**千　葉**本校　　　☎043(222)5009
〒260-0015 千葉県千葉市中央区富士見2-3-1　塚本大千葉ビル

**大　宮**本校　　　☎048(740)5501
〒330-0802 埼玉県さいたま市大宮区宮町1-24　大宮GSビル

### ■東海

**名古屋駅前**本校　　　☎052(586)5001
〒450-0002 愛知県名古屋市中村区名駅4-6-23　第三堀内ビル

**静　岡**本校　　　☎054(255)5001
〒420-0857 静岡県静岡市葵区御幸町3-21　ペガサート

### ■北陸

**富　山**本校　　　☎076(443)5810
〒930-0002 富山県富山市新富町2-4-25　カーニープレイス富山

### ■関西

**梅田駅前**本校　　　☎06(6374)5001
〒530-0013 大阪府大阪市北区茶屋町1-27　ABC-MART梅田ビル

**難波駅前**本校　　　☎06(6646)6911
〒542-0076 大阪府大阪市中央区難波4-7-14　難波フロントビル

**京都駅前**本校　　　☎075(353)9531
〒600-8216 京都府京都市下京区東洞院通七条下ル2丁目
東塩小路町680-2　木村食品ビル

**京　都**本校　　　☎075(353)2531
〒600-8413 京都府京都市下京区烏丸通仏光寺下ル
大政所町680-1 第八長谷ビル

**神　戸**本校　　　☎078(325)0511
〒650-0021 兵庫県神戸市中央区三宮町1-1-2　三宮セントラルビル

### ■中国・四国

**岡　山**本校　　　☎086(227)5001
〒700-0901 岡山県岡山市北区本町10-22　本町ビル

**広　島**本校　　　☎082(511)7001
〒730-0011 広島県広島市中区基町11-13　合人社広島紙屋町アネクス

**山　口**本校　　　☎083(921)8911
〒753-0814 山口県山口市吉敷下東 3-4-7　リアライズⅢ

**高　松**本校　　　☎087(851)3411
〒760-0023 香川県高松市寿町2-4-20　高松センタービル

**松　山**本校　　　☎089(961)1333
〒790-0003 愛媛県松山市三番町7-13-13　ミツネビルディング

### ■九州・沖縄

**福　岡**本校　　　☎092(715)5001
〒810-0001 福岡県福岡市中央区天神4-4-11　天神ショッパーズ
福岡

**那　覇**本校　　　☎098(867)5001
〒902-0067 沖縄県那覇市安里2-9-10　丸姫産業第2ビル

### ■EYE関西

**EYE 大阪**本校　　　☎06(7222)3655
〒530-0013　大阪府大阪市北区茶屋町1-27　ABC-MART梅田ビル

**EYE 京都**本校　　　☎075(353)253
〒600-8413 京都府京都市下京区烏丸通仏光寺下ル
大政所町680-1 第八長谷ビル

【LEC公式サイト】www.lec-jp.com/　QRコードからかんたんアクセス！

## LEC提携校

＊提携校はLECとは別の経営母体が運営をしております。
＊提携校は実施講座およびサービスにおいてLECと異なる部分がございます。

### ■北海道・東北

**北見駅前校【提携校】**　☎0157(22)6666
〒090-0041　北海道北見市北1条西1-8-1　一燈ビル　志学会内

**八戸中央校【提携校】**　☎0178(47)5011
〒031-0035　青森県八戸市寺横町13　第1朋友ビル　新教育センター内

**弘前校【提携校】**　☎0172(55)8831
〒036-8093　青森県弘前市城東中央1-5-2
まなびの森　弘前城東予備校内

**秋田校【提携校】**　☎018(863)9341
〒010-0964　秋田県秋田市八橋鯲沼町1-60
株式会社アキタシステムマネジメント内

### ■関東

**水戸見川校【提携校】**　☎029(297)6611
〒310-0912　茨城県水戸市見川2-3092-3

**所沢校【提携校】**　☎050(6865)6996
〒359-0037　埼玉県所沢市くすのき台3-18-4　所沢K・Sビル
合同会社LPエデュケーション内

**東京駅八重洲口校【提携校】**　☎03(3527)9304
〒103-0027　東京都中央区日本橋3-7-7　日本橋アーバンビル
グランデスク内

**日本橋校【提携校】**　☎03(6661)1188
〒103-0025　東京都中央区日本橋茅場町2-5-6　日本橋大江戸ビル
株式会社大江戸コンサルタント内

**新宿三丁目駅前校【提携校】**　☎03(3527)9304
〒160-0022　東京都新宿区新宿2-6-4　KNビル　グランデスク内

### ■東海

**沼津校【提携校】**　☎055(928)4621
〒410-0048　静岡県沼津市新宿町3-15　萩原ビル
M-netパソコンスクール沼津校内

### ■北陸

**新潟校【提携校】**　☎025(240)7781
〒950-0901　新潟県新潟市中央区弁天3-2-20　弁天501ビル
株式会社大江戸コンサルタント内

**金沢校【提携校】**　☎076(237)3925
〒920-8217　石川県金沢市近岡町845-1　株式会社アイ・アイ・ピー金沢内

**福井南校【提携校】**　☎0776(35)8230
〒918-8114　福井県福井市羽水2-701　株式会社ヒューマン・デザイン内

### ■関西

**和歌山駅前校【提携校】**　☎073(402)2888
〒640-8342　和歌山県和歌山市友田町2-145
KEG教育センタービル　株式会社KEGキャリア・アカデミー内

### ■中国・四国

**松江殿町校【提携校】**　☎0852(31)1661
〒690-0887　島根県松江市殿町517　アルファステイツ殿町
山路イングリッシュスクール内

**岩国駅前校【提携校】**　☎0827(23)7424
〒740-0018　山口県岩国市麻里布町1-3-3　岡村ビル　英光学院内

**新居浜駅前校【提携校】**　☎0897(32)5356
〒792-0812　愛媛県新居浜市坂井町2-3-8　パルティフジ新居浜駅前店内

### ■九州・沖縄

**佐世保駅前校【提携校】**　☎0956(22)8623
〒857-0862　長崎県佐世保市白南風町5-15　智翔館内

**日野校【提携校】**　☎0956(48)2239
〒858-0925　長崎県佐世保市椎木町336-1　智翔館日野校内

**長崎駅前校【提携校】**　☎095(895)5917
〒850-0057　長崎県長崎市大黒町10-10　KoKoRoビル
minatoコワーキングスペース内

**沖縄プラザハウス校【提携校】**　☎098(989)5909
〒904-0023　沖縄県沖縄市久保田3-1-11
プラザハウス　フェアモール　有限会社スキップヒューマンワーク内

※上記は2021年11月1日現在のものです。

# 書籍の訂正情報の確認方法と お問合せ方法のご案内

このたびは、弊社発行書籍をご購入いただき、誠にありがとうございます。
万が一誤りと思われる箇所がございましたら、以下の方法にてご確認ください。

## 1 訂正情報の確認方法

発行後に判明した訂正情報を順次掲載しております。
下記サイトよりご確認ください。

### www.lec-jp.com/system/correct/

## 2 お問合せ方法

上記サイトに掲載がない場合は、下記サイトの入力フォームより
お問合せください。

### http://lec.jp/system/soudan/web.html

フォームのご入力にあたりましては、「Web教材・サービスのご利用について」の
最下部の「ご質問内容」に下記事項をご記載ください。

- ・対象書籍名(○○年版、第○版の記載がある書籍は併せてご記載ください)
- ・ご指摘箇所(具体的にページ数の記載をお願いします)

お問合せ期限は、次の改訂版の発行日までとさせていただきます。
また、改訂版を発行しない書籍は、販売終了日までとさせていただきます。

※インターネットをご利用になれない場合は、下記①〜⑤を記載の上、ご郵送にてお問合せください。
①書籍名、②発行年月日、③お名前、④お客様のご連絡先(郵便番号、ご住所、電話番号、FAX番号)、⑤ご指摘箇所
送付先:〒164-0001 東京都中野区中野4-11-10 アーバンネット中野ビル
東京リーガルマインド出版部 訂正情報係

- ・正誤のお問合せ以外の書籍の内容に関する質問は受け付けておりません。
  また、書籍の内容に関する解説、受験指導等は一切行っておりませんので、あらかじ
  めご了承ください。
- ・お電話でのお問合せは受け付けておりません。

---

## 講座・資料のお問合せ・お申込み

### LECコールセンター ☎ 0570-064-464

受付時間:平日9:30〜20:00/土・祝10:00〜19:00/日10:00〜18:00

※このナビダイヤルの通話料はお客様のご負担となります。
※このナビダイヤルは講座のお申込みや資料のご請求に関するお問合せ専用ですので、書籍の正誤に関する
ご質問をいただいた場合、上記「②正誤のお問合せ方法」のフォームをご案内させていただきます。